重装待发,士兵突击。

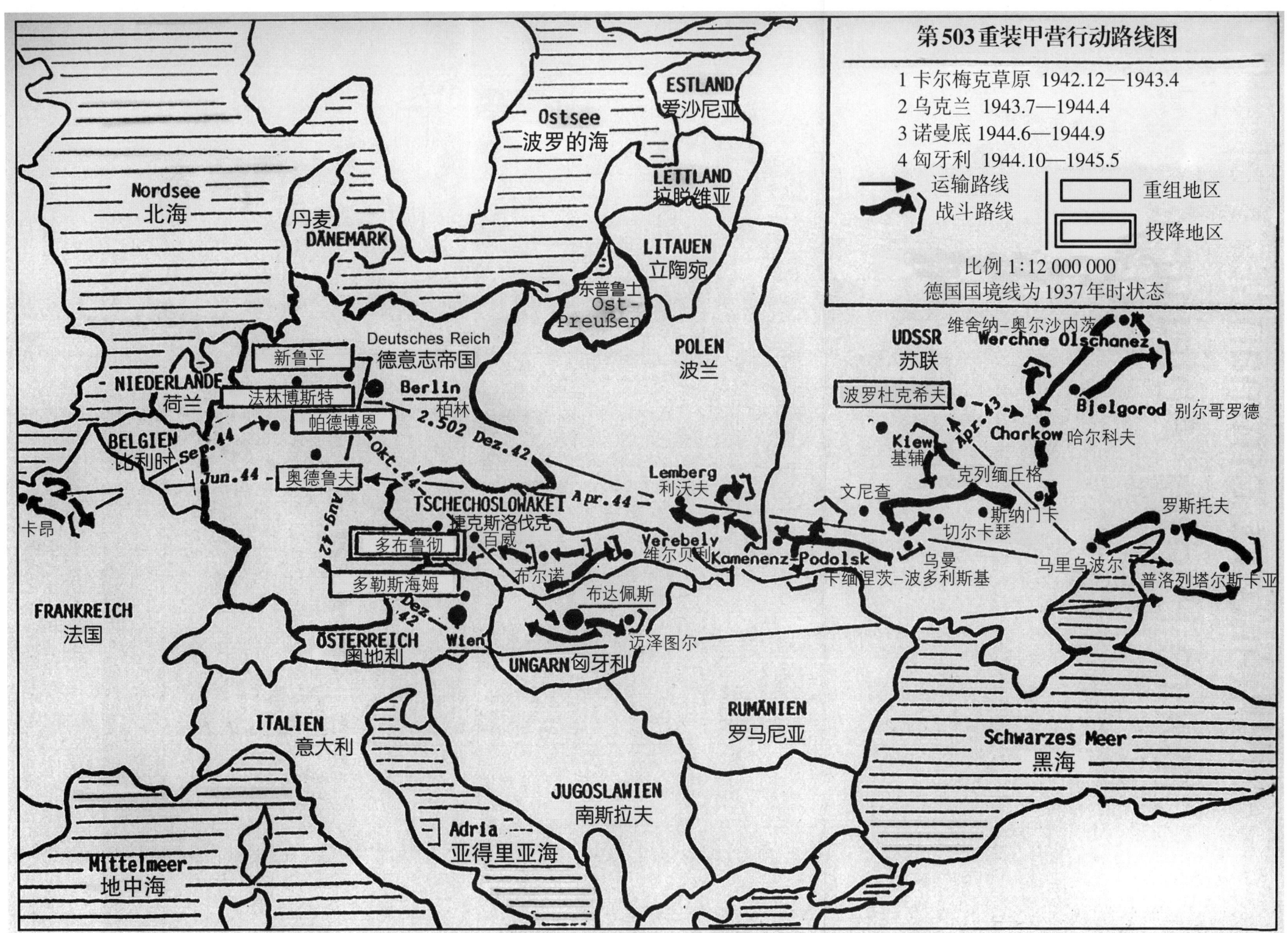

第503重装甲营在1942—1945年的活动范围

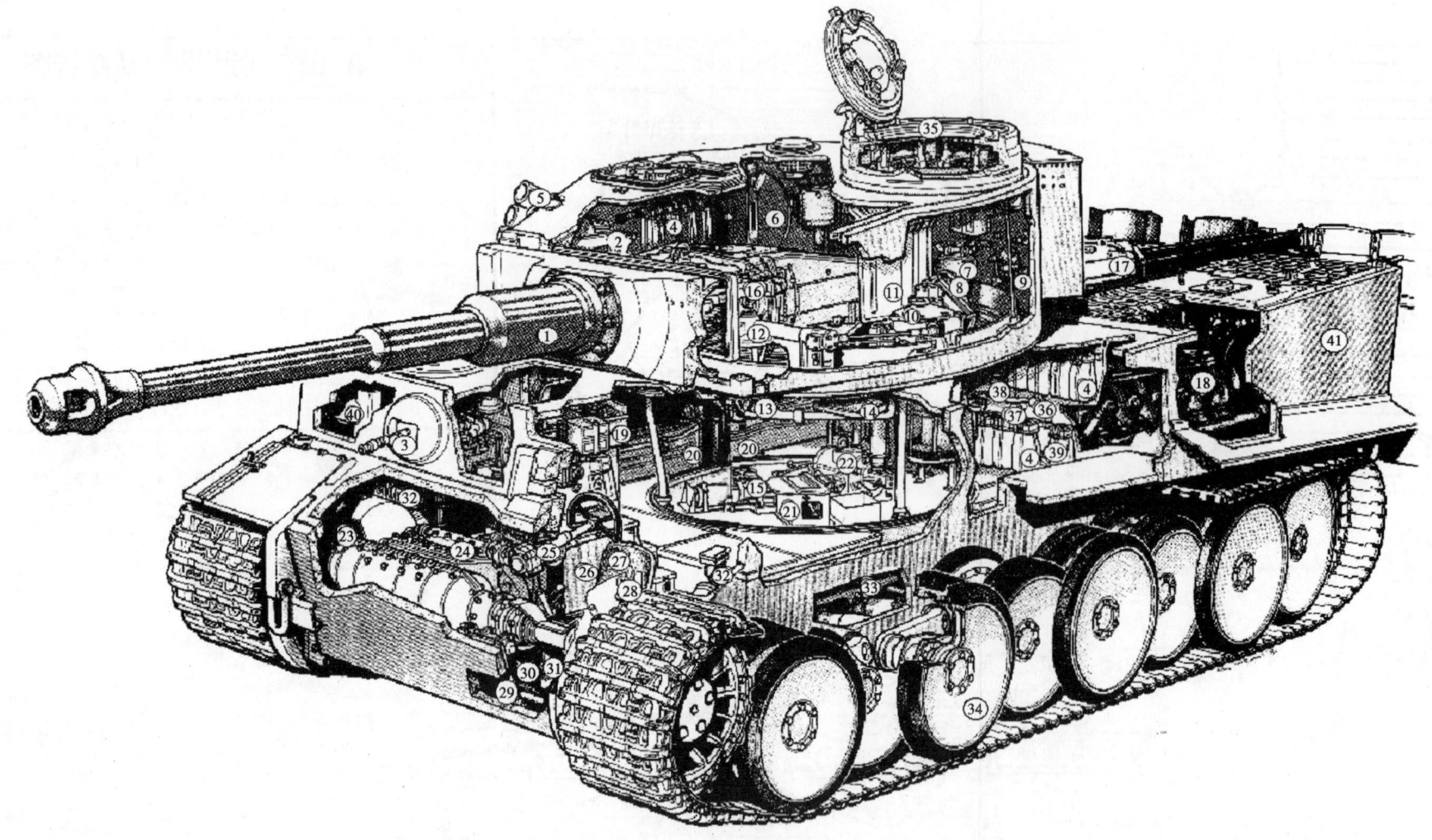

虎式坦克结构图：PzKpfwVI虎式坦克（Sdkfz 181）E型

1. 88毫米口径L/56型主炮
2. 7.92毫米MG-34机枪
3. 7.92毫米MG-34机枪
4. MG-34机枪子弹袋
5. 烟雾发射器
6. 逃生舱门
7. 车长椅
8. 转向摇柄
9. 射击孔
10. 转向机
11. 车长防护板（屏蔽炮管发射时产生的高温气浪）
12. 炮手旋转摇柄
13. 炮手升降摇柄
14. 炮手椅
15. 机枪射击踏板
16. 双目瞄准镜
17. 空气滤清器
18. 梅巴赫发动机
19. Fug-5型电台
20. 88毫米炮弹储弹架
21. 液压转向踏板
22. 液压转向机
23. 蝶式刹车片
24. 转向机构
25. 方向盘
26. 变速箱
27. 驾驶员椅
28. 手刹
29. 油门踏板
30. 脚刹
31. 离合器
32. 减震器
33. 扭杆悬架
34. 重叠负重轮
35. 车长指挥塔
36. 冷却风扇
37. 进气阀控制器
38. 加油泵
39. 汽油滤清器
40. 机枪子弹袋
41. 防磁性手雷涂层，整车增加200公斤负重

士兵突击丛书

503重装甲营战史

（上卷）

[德]弗兰茨-威廉·洛赫曼博士
理查德·冯·罗森男爵　编著
阿尔弗雷德·鲁贝尔

陈星波　林立群 译

重庆出版集团　重庆出版社
果壳文化传播公司

Erinnerung an die Tiger-Abteilung 503: Die schwere Panzerabteilung 503 an den Brennpunkten der Front in Ost und West

© 2008 by Franz-Wilhelm Lochmann, Richard Freiherr von Rosen, Alfred Rubbel
Simplified Chinese language translation right arranged with Author c/o Verlagshaus Wüzburg GmbH & Co. KG, through LEE's Literary Agency
© 2013 by CHINA POPULAR COMPUTER WEEK MANAGEMENT CO., LTD.

版贸核渝字(2011)第206号

图书在版编目(CIP)数据

503重装甲营战史 / (德) 洛赫曼博士, (德) 罗森男爵, (德) 鲁贝尔编著; 陈星波, 林立群译. —重庆: 重庆出版社, 2014.1(2019.8重印)
ISBN 978-7-229-07192-9

Ⅰ.①5… Ⅱ.①洛… ②罗… ③鲁… ④陈… ⑤林… Ⅲ.①装甲兵部队—战争史—史料—德国—1942-1945 Ⅳ.①E516.9

中国版本图书馆CIP数据核字(2013)第274734号

503重装甲营战史
Erinnerung an die Tiger-Abteilung 503
[德]弗兰茨-威廉·洛赫曼博士　理查德·冯·罗森男爵　阿尔弗雷德·鲁贝尔 编著
陈星波　林立群 译

出 版 人：罗小卫
责任编辑：连　果
责任校对：李小君
装帧设计：熙红文化·何华成

 重庆出版集团
重庆出版社 出版　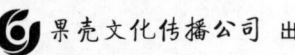 果壳文化传播公司 出品

重庆市南岸区南滨路162号1幢　邮编：400061　http://www.cqph.com
重庆出版社艺术设计有限公司制版
重庆市国丰印务有限责任公司印刷
重庆出版集团图书发行有限公司发行
E-MAIL:fxchu@cqph.com　邮购电话：023-61520646
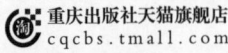 重庆出版社天猫旗舰店
cqcbs.tmall.com
全国新华书店经销

开本：710mm×1 000mm　1/16　印张：50.25　字数：500千　插页：8
2014年1月第1版　2019年8月第5次印刷
ISBN 978-7-229-07192-9

定价：98.80元(总价)

如有印装质量问题，请向本集团图书发行公司调换：023-61520678

版权所有　侵权必究

编著者

弗兰茨-威廉·洛赫曼博士（Dr. Franz-Wilhelm Lochmann）
理查德·冯·罗森男爵（Richard Freiherr von Rosen）
阿尔弗雷德·鲁贝尔（Alfred Rubbel）

特别贡献

诺德温·冯·迪斯特-科贝尔博士（Dr. Nordewin von Diest-Koerber，已故）
克莱门斯·冯·卡根内克伯爵（Clemens Graf von Kageneck，已故）
乌尔里希·库珀（Ulrich Koppe）
弗兰茨-威廉·洛赫曼博士（Dr. Franz-Wilhelm Lochmann）
格哈特·尼曼（Gerhard Niemann）
理查德·冯·罗森男爵（Richard Freiherr von Rosen）
阿尔弗雷德·鲁贝尔（Alfred Rubbel）等

德文原版统筹及编辑

阿尔弗雷德·鲁贝尔（Alfred Rubbel）

目录

1990年第一版前言 → 1
2009年再版前言（作者：阿尔弗雷德·鲁贝尔） → 4
503重装甲营标志 → 8

第1章 我们的虎式营

回顾 → 3
　　（作者：阿尔弗雷德·鲁贝尔）
503重装甲营作战概况 → 6
　　（作者：阿尔弗雷德·鲁贝尔，2008修订版）
503重装甲营历任军官名单：1942—1945 → 11
　　（作者：乌尔里希·库珀，2008修改版）
　　附：503重装甲营历任指挥官 → 16
　　503重装甲营营直属部队军官 → 17
　　503重装甲营1连军官 → 19
　　503重装甲营2连及3连军官 → 20
　　佩戴金质德意志十字勋章群像 → 21
　　503重装甲营获得荣誉一览表 → 22
　　带剑骑士十字勋章的申请书 → 24
　　503重装甲营成员 → 27
503重装甲营使用的战车和其他车辆 → 51
　　（作者：阿尔弗雷德·鲁贝尔）
一名指挥官的回忆 → 60
　　（作者：阿尔弗雷德·鲁贝尔）
技术维护和补给 → 66
　　（作者：赫尔曼·罗佩舍尔 & 阿尔弗雷德·鲁贝尔）

第2章　虎式坦克——坦克发展的巅峰

坦克发展史的转折点：虎式坦克　　　　　　→　81
（作者：阿尔弗雷德·鲁贝尔）

虎Ⅰ和虎Ⅱ——一些技术上的题外话　　　　→　84
（作者：阿尔弗雷德·鲁贝尔）

虎式坦克与其对手的比较和评价　　　　　　→　89
（作者：阿尔弗雷德·鲁贝尔）

虎式坦克——一个传奇　　　　　　　　　　→　99
（作者：阿尔弗雷德·鲁贝尔）

装备虎式坦克的部队　　　　　　　　　　　→　101
（作者：阿尔弗雷德·鲁贝尔）

第3章　草创及在卡尔梅克草原上初露锋芒

503重装甲营——历史最久的虎式坦克部队　　→　111
（作者：阿尔弗雷德·鲁贝尔）

坦克出击勋章：1939—1945　　　　　　　　→　113

3连的成立以及在顿河集团军群的第一次作战　→　122
（作者：理查德·冯·罗森男爵）

一名503重装甲营老兵的回忆·Ⅰ　　　　　→　144
（作者：弗兰茨-威廉·洛赫曼博士）

冯·科贝尔少尉的日记：1943.1.1—2.7　　　→　154
（作者：迪特里夫·冯·科贝尔少尉）

502重装甲营2连连长的总结报告　　　　　　→　167

503重装甲营编制图　　　　　　　　　　　　→　175

第4章　在乌克兰

隶属南方集团军群在乌克兰的战斗：1943.4—1944.5　→　179
（作者：阿尔弗雷德·鲁贝尔）

503重装甲营营长的回忆：1943.6—1944.1　　→　199
（作者：克莱门斯·冯·卡根内克伯爵）

一名503重装甲营老兵的回忆·Ⅱ　　　　　→　216
（作者：弗兰茨-威廉·洛赫曼博士）

目录

芬德萨克排 → 272
　　（作者：阿尔弗雷德·鲁贝尔）
城堡战役——503重装甲营3连2排的作战历程 → 284
　　（作者：理查德·冯·罗森男爵，2008版）
131号虎式车长关于城堡战役的报告 → 302
　　（作者：霍斯特·哈塞）
从顿涅茨到第聂伯：1943.9 → 323
　　（作者：阿尔弗雷德·鲁贝尔）
503重装甲营在切尔卡瑟战役：1944.1—2，南乌克兰 → 360
　　（作者：阿尔弗雷德·鲁贝尔，2008版）
米特迈尔战斗群（新503营） → 428
　　（多位作者合集）

下册内容预告
　　第5章　诺曼底
　　第6章　匈牙利、奥地利和捷克斯洛伐克
　　第7章　尾声
　　第8章　私人日志

　　附录

1990年第一版
前 言

我们一直筹划着要写一本503营的战史。大战结束后，依然有超过250名的老兵定期碰面，大家一致同意必须把珍贵的回忆保存下来。

20世纪70年代中期，克莱内/库恩（Kleine/Kuhn）出版的一本关于虎式坦

1958年8月503营老兵在巴苏姆的聚会

第二排左起为瓦尔特·拉登、赫尔穆特·格鲁特森、弗兰茨-威廉·洛赫曼博士、赫尔穆特·林赛博士、君特·派普格拉斯、理查德·冯·罗森男爵、劳尔夫·弗洛姆、汉斯·哈戈麦斯特。

前排蹲在右边的是阿尔弗雷德·鲁贝尔，他旁边那位老兵的姓名不详。

克的巨著（译注：《虎式——传奇武器的历史》德文版，加拿大的J. J. 费得罗维茨出版社亦出版了英译版）中涵盖了所有"虎式重装甲营"的战史，这是一次非常了不起的尝试。该书在联邦德国受到了热烈的欢迎，流行范围不仅仅局限在曾开过虎式坦克的老兵圈子里。里面除了包括当事人的回忆，还有老兵们提供的大量私人珍藏的照片。但是篇幅上还是没有令我们这些亲历者满意，尤其是关于第503重装甲营的部分略显不足，这也是我们为什么要单独出本书的原因之一。为了这个目标，我们在两年前开始了本书的编撰工作。本书的特色在于老兵原汁原味讲述自己的故事。

本书不能作为一份严谨的历史档案，因为很多故事都是从个人的主观观点叙述。但我们可以保证记录下来的每一句话，都是建立在事实和每个亲历者的真实经历上的。作为编者，我们无力对每段经历都去核实，这本身也不是我们编撰的目的。每位作者的名字都会列在他叙述的章节上以证其言。值得提醒读者注意的是，在大战结束45年后，记忆力并不是完全可靠的。毋庸赘言，所有参与本书写作的老兵都是毫无保留地投入这项工作，但涉及时间、地点和人物之类的错误也是无法避免的，这类问题就算在最好的战史里也会出现。我们也发现了有些事件的叙述有矛盾的地方，即使是经过多方求证后也无法解决。另外老兵们叙事方式也无法做到统一，有些个人印象深刻的战时经验在我们的书里也不一定能体现出他们所认为的重要性，我们能做到的就是让不同的人从他们各自的视角出发，讲述他们自己的故事。

我们营的战争日志在临近停战的时候遗失了，这本书当然无法取代它。本书也不是对我们战争经历的美化。编著者的目的是搜集刊印尽可能多的第一手的信息，将其钩织出一幅我们记忆中的"第503重装甲营"全景。

本书不仅仅是一本"图册"，还是一部"档案"。它不是为了某几个老兵写的，而是为了整个营。我们尽力让本书更多地用事实说话，而不是片面地发泄感情。同时希望避免过多个人的偏见。当然了，有些事情对某些老兵印象会特别深，但大部分人甚至毫无概念。

作为编者，我们要感谢很多人。首先是我们的老兵，他们是这个计划的坚定支持者，在两年的时间里，给了我们很多建议、帮助，尤其是鼓励。

这本书的完成同样离不开很多以文字、图片、文件形式的帮助。在这里一并感谢。大家也知道任何项目都离不开资金的支持，所以也要衷心地感谢那些及时提供启动资金，坚信我们会成功的赞助者。这本近700页的书也离不开帮助我们整理稿件的斯特凡妮·鲁贝尔女士。如果不是她的辛勤工作，这本书也不会这么顺利地完成。我们同样非常感谢她。

前言

现在这本回忆录摆在了面前,希望我们的努力能够对得起支持者的期望。

弗兰茨-威廉·洛赫曼博士
理查德·冯·罗森男爵
阿尔弗雷德·鲁贝尔
罗尔夫·西尔(已故)

2009年再版
前　言

（作者：阿尔弗雷德·鲁贝尔）

再版503营的战史给了我们一个诚挚地感谢一位1990版发起者的机会，他就是我们的老兵罗尔夫·西尔（Rolf Sichel）。

他在2007年永远地离开我们之前，一直都在孜孜不倦地推动营史的编撰完善工作。

本书的目的是纪念那些在战场上死去的老兵：

43%的军官
26%的士官
20%的士兵

没有他，就不会有德语第一版的诞生，更不要说英语的2000版和2008版，以及这一德语版。

罗尔夫·西尔生于1925年，是我们营1连的一名无线电员。他为人友善、乐观，深受大家的喜爱和尊敬。当时大家都知道罗尔夫有着一半犹太人血统，而他在国防军的服役并没有因此中断，就是对那些诋毁说国防军是纳粹的爪牙的说法最好的辩驳。事实上，国防军提供了一个相对安全的环境。

当然，我们无法否认国防军还是受到了纳粹政权的影响。但国防军的确尽了全力来保护他的士兵不受伤害。

各级指挥官也都深深认同这一原则。随着战争的进行，大家的友情也越来越紧密地凝聚在了一起。

正是罗尔夫·西尔在战后组织了我们这些幸存者的第一次聚会，并且一直负责到他离开这个世界。我们对他充满了敬仰和追思。

前言

 **1942—1945年间的第503重装甲营官兵**

"我们坦克兵的一个特点是在狭窄的坦克车里互相协作，彼此依赖，共同面对危险——我们称之为小战斗团体；老兵们患难与共，坚信只有团结一致才能完成任务，顺便说一句，这种时候，军衔高低完全没有意义。"

装甲兵上将克劳斯·费尔德曼2006年在蒙斯特装甲兵学院成立50周年之际也强调了这样一种精神，它贯穿装甲部队的过去和现在，并且融进了每名装甲兵的灵魂。其精髓就在于"在狭小的空间里互相依赖，共赴危机"。如果想要取得战斗的胜利，每名装甲兵在投入战斗的时候，必须要忘掉他的军衔职位高低。任何的成就都是全体协作的成果，不能归功于某个个人。坦克只是一台机器，其乘员的能力和意志力才是对结果起决定性作用的因素。我们不赞赏个人主义，团结起来的一辆车，一个排，一个连，构成了我们的503重装甲营。所以对我们来说，包括营里的火炮校正员对于每一名坦克指挥官或者炮手来说都不是无足轻重的角色。如果指挥官没能及时指认目标，或者不能引导坦克进入合适的发射阵地，炮长和车长不能有百分百的默契，装填手不能将正确的弹药迅速装入炮膛，炮手不能算好合适的弹着点，我们的坦克随时可能变成一个"大礼花"。所有的角色缺一不可，所有的战果都是集体的成果，而不能单单归功于某一名坦克指挥官。这和那些战斗机王牌的作战模式是截然不同的。坦克在战场上的目标不完全是针对装甲目标，还有很多别的任务，根本不会去刻意记录取得了几个战果来排个名次。一般我们所做的也就是在分发坦克成员出击勋章的时候做个大概统计。只有一个例外，就是在1944年的4月25日，国防军公报上报道了军士长库尔特·科尼斯佩尔取得的101个战绩。这很可能是因为不愿意风头老是被党卫军那些令人瞠目的战绩所独占才刊登的。公布的这些名字和与之相连的战绩在这么多年后的互联网时代，还被大家津津乐道，其实这些对我们装甲兵来说，却是最无关紧要的事。

装甲连的长官对连队有绝对的指挥权。数年的前线经历证明了连是作战中大小最合适的一个单位，而不是排或班。通过无线电，连长可以直接指挥下属的13名车长，坦克里的其他乘员也可以直接听到连长的指令。这样做的好处是在战场的信息及时透明，所有人都可以受到领导的榜样行为熏陶。通过这样的方法，老兵的经验在战场上可以很有效地传递给新兵，并且建立起一种集体归属感。坦克乘员们几乎一直待在一起，在同一辆坦克作战，同一个帐篷睡觉。坦克部队的基石就是这样形成的，成为指挥官达成目标的利器。正如我们的上校施奈德在他所著的《战斗中的虎式坦克》(*Tiger im Kampf*)里面说的那样：

"第503重装甲营是战果最为辉煌的虎式坦克营,他们一共击毁了超过1 700辆对手的坦克以及超过2 000门火炮。"

从这段话也能看出,除了坦克外,我们还要对付别的威胁。比如说对手的反坦克炮和野战炮,这些火炮其实比坦克对我们造成的危险更大,因为他们几乎永远可以首先开火(隐蔽性好,不易发现)。为了这些战绩,我们也付出了沉痛的伤亡,尤其是军官们。关于军官的伤亡比例高这个现象,我相信在德国国防军的其他部队里应该也是一样。我不太清楚苏军的情况,但是在二战的美军部队里,他们的损失分布恰恰是和德军相反的。以下是第503重装甲营到1945年1月1日的统计数据:

人员	损失（1942—1945）
军官 28	12（43%）
士官 278	72
士兵 598	122
总共 904	206

以上数据主要来自3个装甲连。我们为了本书搜集到了几乎全营人员的照片,以纪念所有曾经一起战斗过的老兵。照片中的很多人,都倒在了战场上,还有很多人没能从战俘营活着走出来,到现在,许多幸存者都已经去世了。我们要感谢现在还健在的那些老兵们。同时也要感谢维尔茨堡出版社,他们为了搜集这些资料,付出了很多努力。

 2009新版导读

(作者:阿尔弗雷德·鲁贝尔)

1990年,我们出版了国防军第503重装甲营的编年史,作为我们对老兵的纪念。那一版总共印刷了250本,并没有公开发售。只是给某些档案馆和历史学家收藏。距离初版,现在已经过去了20年,很多那时候还健在的老兵也陆续离开了我们。

战后的年轻人对于我们营的历史还是兴趣不减,因此我们认为在2000年出版的英文简化版之后,重新修订并出版新的德语版很有意义。所以在1990年的版本基础上,洛赫曼博士、冯·罗森男爵和鲁贝尔于2008—2009年间重新编撰

前言

完成了本书。

在此对那些为了新版付出贡献的前重装甲营成员致以崇高的敬意。为了保证这个版本的精准程度，我们进行了大量的核实工作。亲爱的老兵们在65年后，记忆依然清晰如昨，给我们工作带来了很大帮助。很多谬传在这里都得到了纠正。现在还在世的老兵数量不多了，所以本书努力使得尽可能多的老兵名字能够列出来，以表达对他们和这段历史的尊重。除了我们三名出版人提供的照片外，还得到了格特霍德·乌德里希和约阿希姆·耶克尔的私人收藏。我们成立了一个专门的工作组去联系所有的老兵或者他们的后人，借此获取了数量可观的当事人的文件、日记和照片，以致我们必须有所割爱，无法全部出版。如果本书的反响不错，我们将考虑出一部更加翔实丰富的版本。

由阿明·巴德尔、贝恩德·布尔迈斯特、彼得·胡兰斯基和奥利弗·巴本贝格发起的"503工程"完美地实现了用文字和图片来展现我们营的历史。我们也要感谢出版社的米尼安·费女士的工作，虽然谈论的话题对这位年轻的小姐来说有点陌生，她还是出色地帮我们的文字作了润色工作。尽管我们努力使得2009版完全基于事实，但是错误依然是不可避免的。如果读者发现有任何谬误，请不吝赐教。因为搜集的图片数量非常之大，出版人正在考虑会尽快另外出版一本图册。我们在此要感谢以下人士无私提供了图片。

菲利普·德·博克
京特·多纳特（1连）
霍尔斯特·于尔根·菲德勒（1连）
格哈德·弗赖尔（修理连）
约阿希姆·耶克尔（3连）
弗雷德里希·克罗洛夫（2连 家属提供）
弗兰茨-威廉·洛赫曼博士（1连）
威利·纳赫施德特（2连）
理查德·冯·罗森男爵（3连）
阿尔弗雷德·鲁贝尔（1连）
齐格弗里德·席勒（1连）
汉斯·维尔施（1连 家属提供）
赫尔穆特·维森法斯（1连 家属提供）
戈特霍德·乌德里希（3连）

503重装甲营标志

502重装甲营的"猛犸"标志

照片中的坦克属于该营2连。2连在转调至第503重装甲营后成为该营的第3个连，但"猛犸"标志仍被2连一直保留至1943年春季。

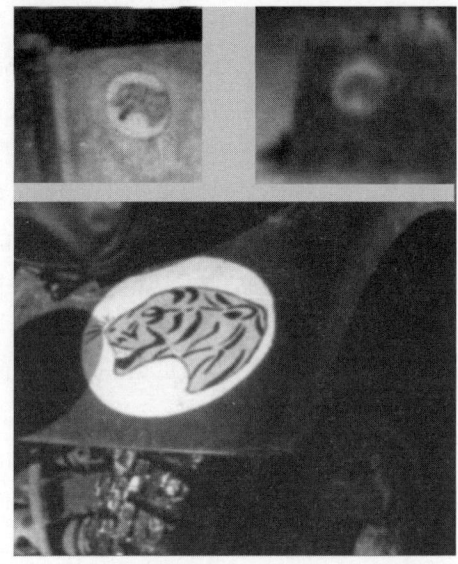

503重装甲营的"虎首"标志

这个标志直到1943年中才开始流行开来。通常这类又大又清晰的标志是不允许涂装在坦克上的，但上级也没有严格禁止这一行为。

卡车挡风玻璃上的白色斜杠

常见于1943—1944年。

在车尾涂装的白色三角

常见于1943—1944年的载重卡车上。

前言

船形帽上的标志

是用88毫米炮弹的弹壳制作的。出现在1944年，有虎式和虎王坦克两种版本。

横置的T标志

1944—1945年用于在路标上标志第503重装甲营。这张示意图上方的"凯蒙德"是匈牙利赫龙河地区的一个小镇。

第 1 章

我们的虎式营

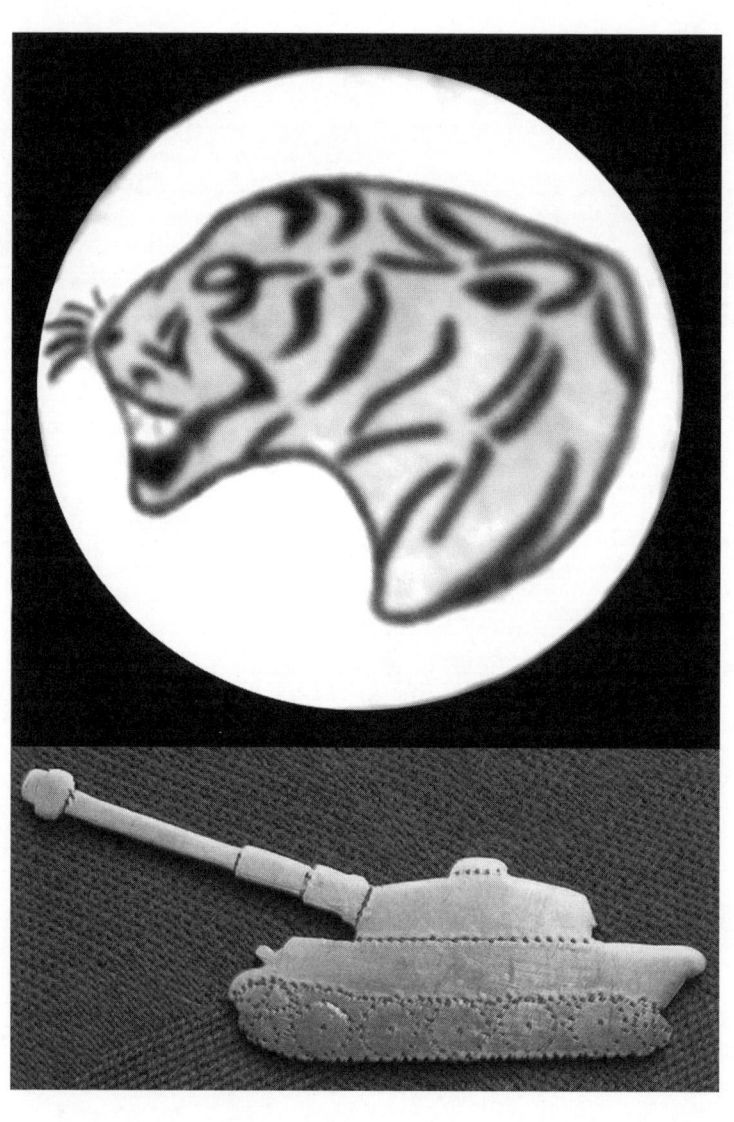

第1章　我们的虎式营

回　顾

（作者：阿尔弗雷德·鲁贝尔）

当2009年这本新版503营战史展现在大家面前的时候，离我们营解散的日子已经过去了60多年。那是1945年的5月10日，部队撤退到了百威（译注：捷克著名啤酒产地，不是现在著名的美国百威啤酒）以西的杜布鲁士（Dobrusch），营里剩下大概450人和不多的一些车辆，当时没人意识到，再过几个小时，这支队伍就会解散，像风一样消散得无影无踪。当然，风向肯定是朝着西面，朝着祖国的方向。我们在为写这本书四处采访老兵的时候，发现记忆力也不是完全可靠了。因此在这里首先简单梳理一下我们营的历史。

东线战争爆发后，德军装备的Ⅲ号和Ⅳ号坦克不足以应对苏军KV-1和T-34带来的威胁，因此加快了从1939年就开始的坦克后续车型的研究，并在12个月内将虎式坦克定型成功。特别要提到的是技术上创新（电动）的VK4501（P）试验车，它就是后来的保时捷虎，一度很有可能赢得竞争成为最终量产型。但因为该技术在当时尚不可靠，所以最后获得订单的是亨舍尔的VK3601（H）型，也就是后来为世人所熟知的虎式坦克。我们的1连有幸接触过几辆保时捷虎，那是在多勒斯海姆（Doellersheim，奥地利的林区城市）接收一些试验车和光光的底盘——主要是给驾驶员和维修人员练手用的。

我们的机械师在尼伯龙根工厂（Nibelungenwerk）接受了保时捷虎的完善培训。后来为了接收亨舍尔虎，又去了卡塞尔（Kassel）和其他几个生产虎式坦克的工厂学习。最后全营都换装了亨舍尔虎。

当时争议较多的一个问题是虎式坦克应当以什么规模及战术使用。希特勒在1941年指示："每个装甲师应该配备20辆虎式作为尖刀部队。"但是出于战术和技术上的实际要求出发，最终还是决定将虎式坦克编成独立作战的重装甲营，同时直接隶属于国防军最高统帅部（OKH）。这样做的优缺点都很明显：优点是直接联系最高统帅部可以纠正临时指挥虎式重装甲营的军或者师级单位给的不合适的战术指令。缺点则是反正我们不从属那些军或者师，他们在使用虎式坦克的时候，很少有长远的打算，对繁杂的后勤保障更是爱理不理。这一切我们后来都深有体会。古德里安将军还特意给装甲部队的高级指挥官制定了《虎式坦克使用守则》，就是希望防止由于不了解虎而滥用的现象。最终的结果是德国国防军建立了10个独立的虎式重装甲营，其中503营是建立最早的一个。它一共存在了3年时间，也是最早齐装满员的虎式坦克营（1943年2月，三个连编制，45辆虎式）。根据各营战史来看，也是唯一一个始终完整建制作战的营。战斗力强的名声使得我们总是被派到战斗最艰难的地点。在总共36个月的生涯中，有25个月（译注：之前英文资料中大多写成27个月）是在前线战斗中。截至1944年10月，取得了击毁1 500辆苏军坦克的战果。503营在1945年3月还剩下大约20辆虎式，到战败的时候，战果应当在2 000以上，而在持续不断的作战中，本营也遭受了相当大的损失。稍后会有专门的章节涉及这个问题。

我花了很多工夫终于搜集到了下面这个503营各分队的战邮编码：

营	20086A
营部和后勤连	20086
第一连	21346
第二连	22402
第三连	30628
修理连	23787

我们还设计了自己营的徽章标志，以和别的部队区分开来。这些标志广泛地涂装在我们的车辆和路标上，比如前进指示牌或者是宿营的标识。很自然的10个虎式重装甲营里的4个都在营徽里加进了虎式的元素。503营一开始在轮式车辆和指示牌上都用白底黄色的虎头作为标记，而战斗车辆还没有使用这个标记。后来成为我们营3连的原502营2连则延续了他们营的猛犸象作为标记。最后统一使用黑底上横置的字母T作为徽章。

战斗车辆一般在炮塔上只涂装白字黑框的战车编号，并不会使用营徽。而轮式车辆主要在挡风玻璃上涂装白色三角以识别。所谓的战术识别标记在战争开始后就不允许使用，以防备苏军的侦察。

士兵们最爱的事情莫过于在制服上做些小小装饰。虽然说条令上并不允许这么做，但指挥官们一般也都睁一只眼，闭一只眼。谁也说不清到底是什么时

第1章 我们的虎式营

候开始的,忽然间一个黄铜质的虎式坦克标记就在坦克兵的船帽上流行开来。先是一些年轻的军官自己戴着玩,后来就演变成修理连日夜赶工为所有人制作这个徽章。要提一下的是,它的原材料来自虎式坦克使用的88毫米炮弹弹壳。

另外大家经常在坦克、突击炮、反坦克炮以及高炮炮管上看到"战绩环",每击毁一个目标就可以加一个环。这个习惯虽然并没有被禁止,但却很少出现在我们营的坦克上。具体的原因我也说不上来,但一个很可能的猜测是很多坦克都取得了50或者100以上的战果,就算是长长的88毫米火炮的炮管也画不下吧,所以索性不画了。

每辆坦克还需要记录"出勤日志",特别是对装填手来说,他需要记录每次行动消耗掉的弹药,来估算还能继续作战的时间。在这个日志上,每个作战日都单独一页,记录乘员组的名字、作战地点、弹药使用情况和战果。一名军官,通常是车长会在这个日志上签名以保证记录的准确性。这个日志可以在之后颁发高等级的坦克出击勋章或者统计战果时作为依据。

503重装甲营作战概况

(作者：阿尔弗雷德·鲁贝尔，2008修订版)

  我们经历过的战场有卡尔梅克草原、乌克兰、诺曼底、匈牙利、奥地利和捷克。下面制作了一张详细的表来说明，这是根据我们的士兵证、文献和个人的回忆编制，错误之处还请见谅。其中包括作战的时间、地点。如果可能的话，会注明一起作战的师级单位，但是因为记忆太过遥远，有些只能写上更上级的集团军的序列号。要提醒读者注意的是，一般我们都会隶属一个主攻方向的主力师参与行动。

日期	作战区域	从属单位
国内军区		
1942年5月4日—12月底	组建、训练和装备 营部，2个重装连以及修理连	对应的军区指挥部
	- 新鲁平	
	- 普特罗斯	
	- 法林博斯特（3连）	
	- 多勒斯海姆（奥地利）	
卡尔梅克草原 顿河集团军群（冯·曼施坦因）		
1942年12月30日—1943年2月11日	进攻和防守战斗 马内奇河以东区域和顿河下游以西地区	第4装甲集团军
乌克兰 顿河集团军群（冯·曼施坦因）		
1943年2月17日—3月4日	顿涅茨地区防御战	霍利特集群 （第6集团军）
1943年3月5日—4月10日	米乌斯-顿涅茨地区防御战	

第1章 我们的虎式营

续表

日期	作战区域	从属单位
乌克兰 顿河集团军群（冯·曼施坦因）		
1943年4月11日—7月4日	在哈尔科夫地区休整 准备"城堡"战役 - 博戈杜霍夫 - 哈尔科夫 - 托罗科诺耶	肯普夫战役集群 第8集团军
1943年7月5—16日	"城堡"行动 - 别尔哥罗德 - 拉组姆诺耶 - 亚尔采博沃 - 维尔彻纳-奥尚尼兹	肯普夫战役集群第3装甲军 （第6、7、19装甲师）
1943年7月17日—8月23日	顿河中游以西地区的反击战 哈尔科夫防御战	第11军
1943年9月14日	哈尔科夫以西防御战 第聂伯河以东的反击战	第8集团军
1943年12月31日	第聂伯河防御战 - 斯内门卡作为集团军预备队 - 投入战斗区域基辅、克列缅丘格、帕夫利什、格林斯克、切格林	1943年9月1日第8集团军 1943年10月1日第11军
1944年1月1日—2月25日	基辅以西及乌克兰南部防御战	第8集团军
1944年1月5—18日	基洛夫格勒战役	第8集团军
1944年1月24日—2月25日	加入贝克重装甲团参与切尔卡瑟解围战 - 奥拉托夫 - 弗兰科夫卡 - 切斯诺夫卡	第3装甲军
南方集团军群（莫德尔/哈佩）1944年3月30日		
1944年3月4—16日	文尼察、加姆普尔、切尔卡瑟、普罗斯库罗夫地区防御战	
1944年3月17日—4月10日	卡缅涅茨-波多尔斯基突围战	第46装甲军
1944年4月10—27日	德涅斯特河和卡帕膝地区进攻战	第46装甲军
1944年4月28日—5月5日	德涅斯特河和卡帕膝地区阵地战	第46装甲军
1944年3月初—4月中旬	在捷尔诺波尔地区米特迈尔战斗群麾下作战	第48装甲军

7

续表

日期	作战区域	从属单位
国内军区		
1944年5月初—6月底	奥尔德鲁夫训练场休整 第1连接收虎王	第9军区
B集团军群（隆美尔）诺曼底		
1944年7月初—8月底	卡昂、卡涅防御战 奥恩河以东防御战 芒特拉若利防御战	第86军 第21装甲师，第116空军野战师
国内军区		
1944年9月初—10月初	帕德博恩地区休整，全营换装虎王	第6军区
南乌克兰集团军（弗里斯纳/沃勒）匈牙利，奥地利，捷克		
1944年10月初—12月底	匈牙利防御战 "霍尔蒂"行动（布达佩斯） 泰斯湖和多瑙河之间 布达佩斯地区 巴拉顿湖地域	
南方集团军群（沃勒），1945年4月，德国东部		
1945年1月—5月9日（战败）	隶属"统帅堂"装甲军 巴拉顿湖和多瑙河之间进攻战 - 塞克什白堡 - 扎莫伊 - 韦尔泰什山	
	攻击赫龙桥头堡	第44装甲掷弹兵师
	捷克卡帕滕地区反击战 - 外勒拜伊 - 纽特拉 - 泰尔瑙	统帅堂装甲军 - 统帅堂第1装甲师 - 统帅堂第2装甲师 - 第6装甲师 - 第25装甲师 - 第44装甲掷弹兵师
	维也纳北部防御战 - 齐斯特斯多夫 - 波伊斯多夫	
	通过捷克斯洛伐克撤向德国 - 波希米亚森林 - 拜仁森林	
1945年5月9—10日	在捷克百威西部向美军第3集团军（第12军）投降，本营解散	

8

第1章　我们的虎式营

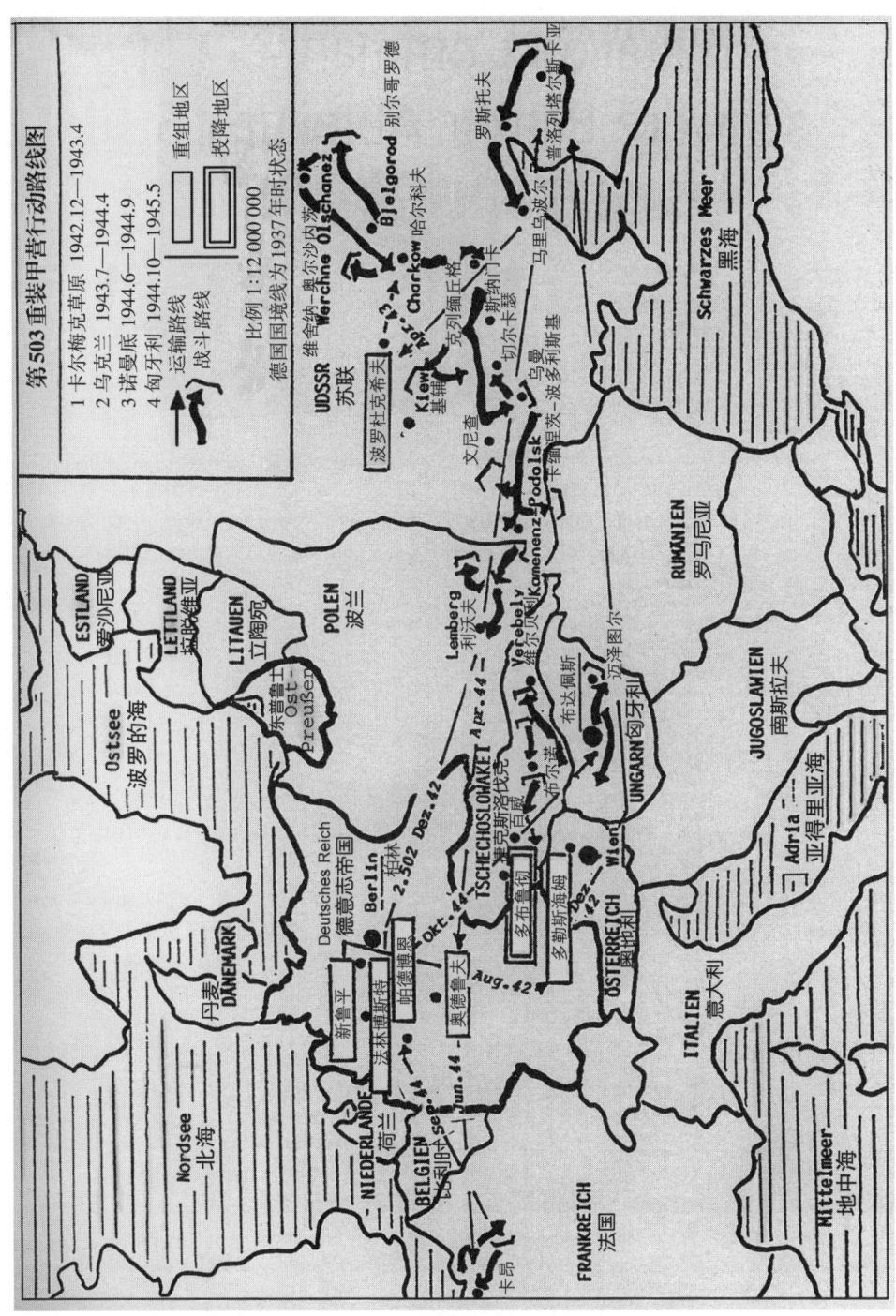

第503重装甲营在1942—1945年的活动范围

国防军公报和其他媒体上刊登的关于第503重装甲营的报道

国防军公报
Wehrmachtberichte

骑士勋章获得者

柏林,1941年10月5日。元首兼国防军最高统帅根据陆军总司令勃劳希奇陆军元帅的建议,授予以下人员骑士十字勋章:党卫军突击小队长贝斯特曼,党卫军某师侦察营营长;卡夫上尉,某步兵突击营营长;弗洛姆少尉,某装甲团连长。

1944年1月31日,第聂伯斯托克斯西南方向出现数个俄军步兵师,在坦克和攻击机的支援下发动进攻。在他们即将突破我军防线时,被我方发起的反击击退,其遭受重大损失。基洛夫格勒的西北方向遭受数量众多的敌军不断冲击,同时在其西南方向的切尔卡瑟以及东南方向的贝拉雅-泽科夫也碰到优势敌军发动进攻。我军装甲部队果断出击,给予布尔什维克沉重的打击。

1944年1月24—30日间,胡贝装甲兵上将指挥的国防军和党卫军部队在空军支持下,在博格彼施特舍特地区击溃了10个以上的俄军步兵师和数个装甲军。布尔什维克们被俘虏了6 500人,阵亡8 000人,损失了700辆坦克和自行火炮,680门火炮,340门反坦克炮,数百辆卡车和不计其数的其他武器和战略物资。我军方面尤其要嘉奖的是巴克少将指挥的第16装甲师和贝克中校指挥的重装甲团。

德军在科维尔西南地区在不利的地形条件下与几个俄军骑兵师苦战数日,成功地全歼敌军。俄军遭遇了数千人的阵亡以及大量人员被俘,被缴获38门大炮以及数量众多的其他武器。

1944年4月25日重装甲营的科尼斯佩尔下士于1942年7月—1944年3月间在东线共击毁101辆敌军坦克。

两名新橡叶饰获得者

元首统帅部,1944年6月30日

元首于6月24日将骑士十字勋章橡叶饰颁发给阿尔伯特·布鲁格上校——一名装甲掷弹兵团团长(获得该荣誉的第504人);以及6月26日颁发给克莱门斯·格拉夫·冯·卡根内克伯爵——一名重装甲营营长(获得该荣誉的第513人)。

元首统帅部,1944年11月5日

根据国防军公报的报道:
在匈牙利东部地区,由少将克拉特指挥的奥地利第3山地师成功地抵挡了优势敌军的进攻,表现出非凡的勇气。
在匈牙利西部地区,由弗洛姆上尉指挥的第503虎式营进攻取得了重要的进展。

第1章　我们的虎式营

503重装甲营历任军官名单：1942—1945

（作者：乌尔里希·库珀，2008修订版）

 **营部**

营长
波斯特中校
霍海塞尔中校
上尉卡根内克伯爵
弗洛姆少校
上尉冯·迪斯特-科贝尔博士

副官
普利维茨中尉
斯蒙德中尉
中尉巴克豪森博士
海尔莱恩中尉

联络官
斯蒙德少尉
林登少尉
海尔莱因少尉

罗利克少尉
鲁贝尔少尉

顾问工程师
费希特纳少校
吉勒少尉
申克少尉

营医
施普克霍夫博士
施拉姆博士
布瑞博士

通信官
莱彻尔中尉
贝尔格上士

11

 **营直属部队和后勤连**

连长
施普雷姆贝格中尉
费斯特上尉
魏冈特上尉
布兰特中尉
中尉巴克豪森博士

连军士长
李希特连军士长
沙德连军士长

侦察排排长
布斯纽斯少尉，1943年阵亡
哈斯少尉
库珀少尉
奥纳索格中尉

情报排排长
哈斯少尉

冯·哈戈麦斯特少尉

工兵排排长
布罗德哈根少尉
罗姆希尔德军士长

防空排排长
福林格少尉，1945年阵亡
威腾少尉

补给连连长
彼勒菲尔德少尉
库珀少尉
维特少尉
舒尔茨少尉

出纳
罗德高级出纳长
克雷特克高级出纳长

 **1连**

连长
卡彭斯特上尉
冯·福斯特中尉
布尔梅斯特上尉
阿达梅克中尉，1944年阵亡
洛特曼中尉，1944年阵亡
奥姆勒中尉
福林格少尉，1945年阵亡

皮普格拉斯少尉

连军士长
施密茨连军士长
内嘎通讯军士长
施密特参谋军士长
温特军士长
哈塞军士长

第1章　我们的虎式营

芬德萨克军士长，1944年阵亡

排长
冯·福斯特中尉
奥姆勒中尉
冯·科贝尔少尉，1943年阵亡
米勒少尉，1943年阵亡
耶梅拉特少尉，1943年阵亡
林赛少尉

拉布特少尉
维特少尉
皮普格拉斯少尉
托佩尔少尉
施罗特少尉，1944年阵亡
哈曼少尉

 **2连**

连长
海尔曼上尉
冯·埃希—施特赖贝上尉

连军士长
巴赫曼连军士长
汉赛连军士长

排长
汉森中尉

崔索夫少尉，1943年阵亡
彼勒菲尔德少尉，1943年阵亡
哈斯少尉
维特少尉
阿姆布鲁斯特少尉，1944年阵亡
贝尔少尉
林肯巴赫少尉，1945年阵亡
君特少尉

 **3连**

连长
朗格上尉
舍夫上尉
中尉冯·罗森男爵
库珀少尉

连军士长
伦道夫军士长
克斯伯特总军士长
沙德连军士长
穆勒连军士长

排长

舍夫中尉

少尉陶伯特博士，1942年阵亡

福克尔少尉

维纳特少尉，1943年阵亡

少尉冯·罗森男爵

海登军士长

罗利克少尉

拉姆波少尉

瓦格纳少尉

鲁贝尔少尉

修理连

连长

费斯特上尉

迪坎普中尉

格罗斯中尉

泰斯中尉

中尉巴克豪森博士

吉勒少尉

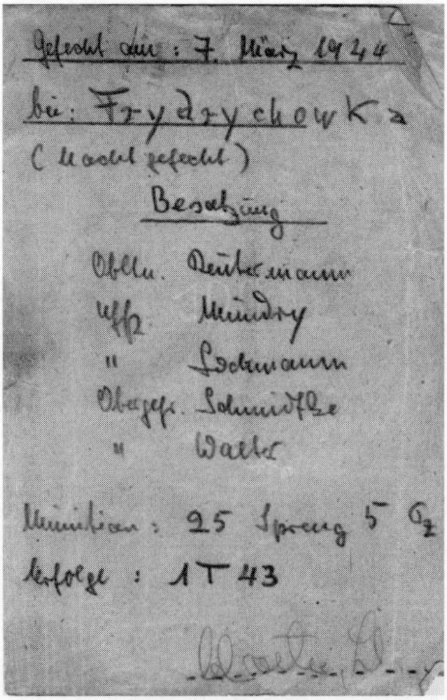

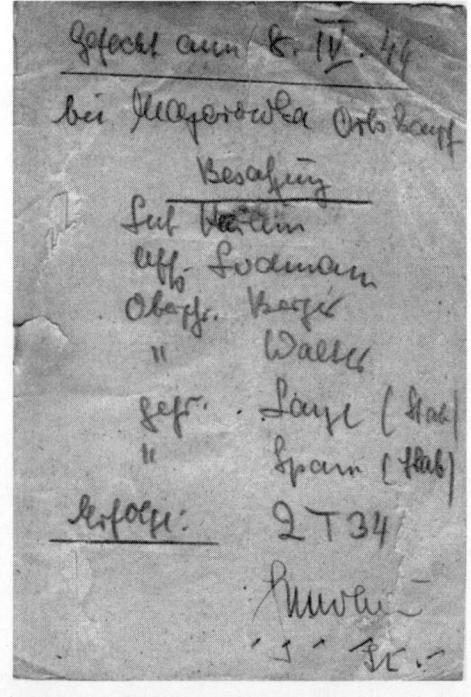

弗兰茨-威廉·洛赫曼的"出勤日志"里的两页。能看到出击的时间、地点、坦克乘员，弹药损耗量和战果。最下面有指挥官的签名。在日志的封面上标有坦克编号。

连军士长
比特科斯基总军士长

排长
巴尔军士长
诺伊伯特军士长
舍尔巴特上士

拉特耶技术专员
弗洛姆勒技术专员
施贝特上士
奥斯特工程师
科尼希少尉
申克少尉
艾勒斯少尉，1945年阵亡

注意：以上名单是按照时间顺序来编排的，因为没有官方的完整记录对照，本名单不保证完全的正确性。

附：
503重装甲营历任指挥官

虎式坦克以及虎王坦克，德军最强的武器之一。

可惜我们找不到在1942年5月—1943年2月间担任第503重装甲营营长波斯特中校的照片

波斯特中校，1942年5月—1943年2月在任。

霍海塞尔中校，1943年2—6月担任营长，1943年4月16日获得金质德意志十字勋章。

克莱门斯·格拉夫·冯·卡根内克伯爵，上尉军衔。1943年6月—1944年1月任营长。1943年8月7日获得骑士十字勋章，1944年6月26日获得橡叶饰。

鲁尔夫·弗洛姆上尉，1944年2—12月任营长。1941年9月29日获得骑士十字勋章，当时他在第1装甲团服役。

诺德温·冯·迪斯特-科贝尔博士，上尉军衔。1944年12月—1945年5月任营长。1945年获得骑士十字勋章。

第1章 我们的虎式营

503重装甲营营直属部队军官

霍尔格·魏冈上尉，1943—1944年间任营部指挥官，1944—1945年间任补给连连长。

布朗特中尉，1944年任营部指挥官。

中尉瓦尔特·巴克豪森博士，1944年任修理连连长。

费希特纳少校，1943年任顾问工程师。

冯·哈戈麦斯特少尉，1944—1945年间任情报排排长。

施拉姆博士，营军医。

斯蒙德中尉，1943年任副官。

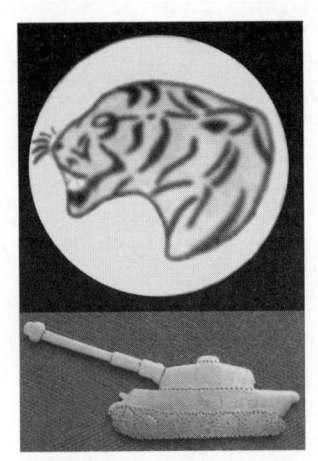

营徽和503营帽徽。官方不允许这两样标记的存在，但基层指挥官一般睁一只眼闭一只眼。

阿尔弗雷德·鲁贝尔少尉，1943—1944年间任1连指挥官，1945年任营联络官。

汉斯·林登少尉，1943—1944年间任营联络官。

理查德·海尔莱因中尉，1944—1945年间任副官和营联络官。

汉斯-约根·哈斯少尉，1943年任侦察排排长。

第1章　我们的虎式营

503重装甲营1连军官

冯·福斯特中尉，1942—1943年间任1连连长。

汉斯·布尔梅斯特上尉，1943年任1连连长，之后担任第509重装甲营营长。1943年8月7日获得金质德意志十字勋章，1944年9月2日在第509营时获得骑士十字勋章。

伦道夫·阿达梅克中尉，1943—1944年间任1连连长，1944年1月20日阵亡。1943年9月14日获得金质德意志十字勋章。

亚辛·奥姆勒中尉，1944年任1连连长。

埃利希·福林格少尉，1944年任1连连长，1945年3月27日阵亡。1943—1944年间任防空排排长。

君特·皮普格拉斯少尉，1945年任1连连长。

503重装甲营2连及3连军官

海尔曼上尉，1943年任2连连长。

冯·埃希-施特赖贝上尉，1944—1945年间任2连连长。

艾伯哈特·朗格上尉，前502营2连连长，1942年5月—1943年2月任503营3连连长。1942年5月13日在第29装甲团时获得金质德意志十字勋章。

瓦尔特·舍夫上尉，1943年2月—1944年8月任3连连长。1943年10月7日获得金质德意志十字勋章，1944年2月23日获得骑士十字勋章，1945年2月5日获得橡叶饰。

中尉理查德·冯·罗森男爵，1944年8月—1945年2月任3连连长。1945年2月28日获得金质德意志十字勋章。

乌里希·库珀少尉，1945年2—5月任3连连长。之前担任过侦察排排长。

第1章　我们的虎式营

佩戴金质德意志十字勋章群像

汉斯·芬德萨克中尉，车长。1943年10月7日获得金质德意志十字勋章。1944年8月15日在法国阵亡。

海因茨·盖特纳上士，车长。1944年6月20日获得金质德意志十字勋章，1944年7月25日获得荣誉勋饰。1945年1月7日在匈牙利阵亡。

库尔特·科尼斯佩尔上士，车长。1944年5月20日获得金质德意志十字勋章，1944年4月25日获得橡叶饰。1945年4月29日在百威/波西米亚阵亡。

海因茨·伦道夫军士长，车长。1944年5月20日获得金质德意志十字勋章。1945年晋身为少尉。

赫尔曼·塞德尔上士，车长。1944年12月15日获得金质德意志十字勋章。

康纳德·维纳特车长。1944年1月10日被追授金质德意志十字勋章。1943年12月12日在乌克兰阵亡。

21

503重装甲营获得荣誉一览表

职务、姓名	橡叶饰	骑士十字勋章	德意志十字勋章	荣誉勋饰	国防军公报	备注
营部/补给连/修理连						
埃利希·霍塞尔中校			43.4.16			
克莱门斯·格拉夫·冯·卡根内克伯爵	44.6.26	43.8.7	(42.11.28)			第6装甲团时获得
鲁尔夫·弗洛姆上尉		(41.9.29)	(44.2.17)	44.7.22	44.11.5	第1装甲团时获得
诺德温·冯·迪斯特—科贝尔上尉		1945	45.3.18			第508重装甲营时获得
霍尔格·魏冈上尉				1945		
乔治·福林格少尉				43.11.27		
赫尔穆特·肉斯特军士长						
乔治·诺伊伯特机械师		44.5.19				
1连						
亚辛·卡彭斯特上尉			42.3.25			第15装甲团时获得
汉斯—约根·布尔梅斯特上尉		(44.9.2)	43.8.7			第509重装甲营时获得
鲁道夫·阿达梅克中尉			(43.9.14)			第6装甲团时获得
汉斯·芬得萨克军士长			43.10.7	44.3.27		
库特·柯尼斯普上士			44.5.20		44.4.25	
贝尔格上士						75次坦克出击勋章

第1章 我们的虎式营

职务，姓名	橡叶饰	骑士十字勋章	德意志十字勋章	荣誉勋饰	国防军公报	备注
洛赫曼下士						75次坦克出击勋章
施米德克下士						75次坦克出击勋章
2连						
霍斯特-维尔纳·崔索夫少尉			44.2.4			追授
鲍尔·林肯巴赫少尉			(43.6.18)	45.4.22		第36装甲团时获得
奥托·拜尔少尉			45.3.18			
奥托·汉森连军士长			45.4.29			银质
尼古拉斯·埃文军士长			45.4.27			
比亚科夫斯基上士				1944		
3连						
艾伯哈特·朗格上尉		44.2.23	(42.5.13)			第29装甲团时获得
瓦尔特·舍夫·冯·罗森中尉			43.10.7	45.2.5		
里查德·冯·魏纳特少尉			45.2.28			
康拉德·魏德纳特少尉			44.1.10			追授
海因里希·伦道夫军士长			44.5.20			
赫尔曼·赛德尔上士			44.12.15			
海因茨·盖特纳下士			44.6.20	44.7.25		

表格里括号处为参见备注

带剑骑士十字勋章的申请书

1944年11月1日,由第11装甲团指挥官贝克中校签署建议授予军械上士格奥尔格·诺伊贝尔带剑骑士十字勋章的申请书。

第1章 我们的虎式营

贝克中校建议授予第2修理排排长诺伊伯特军士长带剑骑士十字勋章的推荐信。

诺伊伯特的生平

格奥尔格·诺伊伯特军士长于1899年6月7日出生于萨克森州弗莱堡的哈尔斯巴赫。战前在一家汽车厂工作,二战爆发后自愿参军。其所属部队在东线南翼作战,诺伊伯特在战火中顽强抢修,确保了坦克极高的出勤率。在部队撤退途中也努力保护受损的坦克,即使是在敌军紧紧尾随的情况下也不放弃。在俄军于1944年1月突破防线后,正是诺伊伯特刚刚抢修好的几辆虎式成功地击退了俄军,立了大功。

为了表彰诺伊伯特在无论多么险恶的环境下都保持永不言败的奉献精神,特别授予他带剑骑士十字勋章。

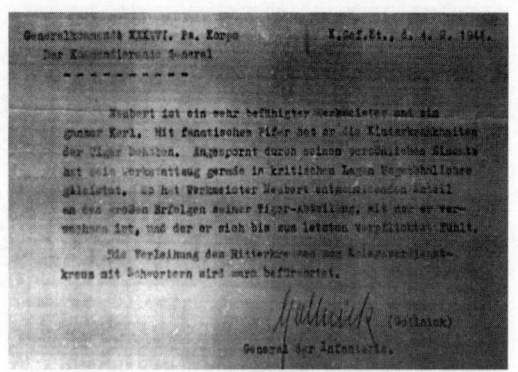

签署人:高尔尼克步兵上将对诺伊伯特受勋的推荐信

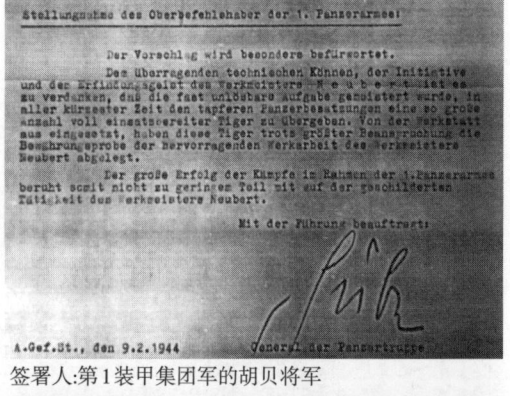

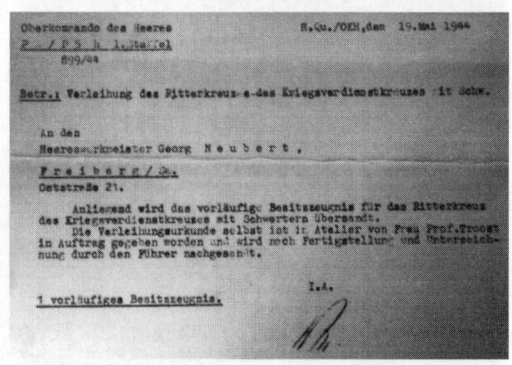

签署人:第1装甲集团军的胡贝将军

签署人:陆军统帅部签发的授予诺伊伯特带剑骑士十字勋章确认函

关于授予军械上士格奥尔格·诺伊伯特带剑骑士十字勋章的文件和报道。可以看到经过上级的层层批复,他才最终获得了该勋章。

第1章　我们的虎式营

503重装甲营成员

瓦尔特·阿什，下士，3连。

贝尔格，上士，503营营部，通讯官。

瓦尔特·比勒菲尔德，少尉，后勤排排长，2连排长。

威利·比瑟，上士，修理连，诺伊伯特排的优秀士兵。

比斯克，下士，1连，车长。

海因茨·布莱迪瑟，下士，3连，321号虎式无线电员。

尤斯图斯·伯恩舍尔，上士，3连，322号虎式车长，1944年12月10日阵亡。

赫尔穆特·冯·波利斯，下士，1连，1944年3月15日阵亡。

汉斯·布劳恩，代理下士，3连，驾驶员。

威利·布劳蒂冈，代理下士，3连，装填手。

安德烈斯·布吉斯，军士长，3连，323号虎式车长。

马丁·布尔梅斯特，下士，2连，炮手。

第1章 我们的虎式营

沃尔夫冈·布尔格，二等兵，1连，无线电员，1944年1月31日阵亡。

霍斯特-维尔纳·崔索夫，中尉，2连，排长，1943年12月31日阵亡。

威廉·德依茨，代理下士，3连，装填手。

君特·多纳特，下士，1连，维护排，牵引车驾驶员。

格哈德·多尔克，下士，3连，炮手，1944年7月18日阵亡。

乔治·艾尼克，二等兵，3连，装填手，1944年7月18日阵亡。

埃德加·艾斯纳，代理下士，3连。

瓦尔特·艾斯格，1连，114号虎式驾驶员。

阿达波特·艾斯勒，代理下士，3连，无线电员，1943年7月5日阵亡。

汉斯-约根·费德勒，二等兵，1连，无线电员。

瓦尔特·费舍尔，代理下士，1连，131号虎式无线电员。

格哈德·弗莱尔，代理下士，修理连，机械师。

第1章 我们的虎式营

威利·福克斯，上士，3连，驾驶员。

弗朗茨·福尔迈斯特，上士，3连，炮手，1943年11月23日阵亡。

威利·格林，下士，3连，334号虎式驾驶员。

阿尔弗雷德·格楞茨，下士，2连。

维尔纳·格拉斯，下士，1连，100号和113号虎式驾驶员。

弗里德里希·格罗斯曼，军士长，3连，维护排排长。

503重装甲营战史

霍斯特·哈塞，连军士长，1连，131号和113号虎式车长。

奥托·汉塞，连军士长，2连，获得西班牙十字勋章及银质德意志十字勋章。

库尔特·哈特曼，军士长，补给连，弹药排。

赫尔曼·海林，上士，3连，制服专员。

汉斯·海登，军士长，3连，排长。

乔治·海德，下士，3连，炮手。

第1章 我们的虎式营

阿尔弗雷德·海尔，下士，1连，装填手、炮手、弹药专员。

安顿·希尔默，中士，3连，司务长。

卡尔·辛茨，代理下士，营部。

戈德·霍普纳，下士，1连，车长，1945年1月11日阵亡。

霍恩克，1连，车长。

亚辛·耶克尔，下士，3连，314号虎式炮手/车长。

卡尔·海因茨·赫尔曼·耶梅拉特，少尉，1连，轻型排排长，1943年7月5日阵亡。

瓦尔特·荣，二等兵，3连，301号和334号虎式驾驶员。

瓦尔特·荣格，代理下士，1连，114号虎式炮手。

乔治·克斯伯特，连军士长，3连，连副。

齐格弗里德·克策曼，军士长，2连，车长，1944年12月6日阵亡。

赫尔穆特·克莱恩，下士，3连，314号和334号虎式装填手/炮手。

第1章 我们的虎式营

海因茨·克莱纳，昵称海诺，上士，1连，车长。

科诺贝尔斯多夫，下士，2连，车长。

德特勒夫·冯·科贝尔，少尉，1连，排长，1943年2月9日阵亡。

威利巴德·克拉考，少尉，2连，车长。

卡尔·克雷克斯，马具军士长，3连，1944年晋升为少尉。

霍斯特·科伦克，上士，1连，车长，后转调至505重装甲营。

弗里德里希·克罗劳，代理下士，1连，113号虎式乘员，1943年3月阵亡。

奥托·克罗内森，下士，3连，维护排驾驶员。

库宾，1连，坦克驾驶员。

君特·库纳特，上士，3连，324号虎式车长。

库纳特，代理下士，3连，装填手。

阿尔弗雷德·库茨毛尔，二等兵，2连，123号和200号虎式驾驶员。

第1章 我们的虎式营

格哈德·朗格，下士，3连，马具长。

赫尔穆特·雷曼，上士，1连，1943年9月7日阵亡。

汉斯·勒万朵斯基，下士，1连，车长，在509重装甲营服役时以少尉军衔阵亡。

赫尔穆特·林赛，少尉，1连，后转2连，排长。

弗兰茨-威廉·洛赫曼，下士，1连，100号虎式无线电员。

威利·马拉特，代理下士，1连，半履带车驾驶员，1944年7月27日阵亡。

威利·马库斯,军士长,1连,车长,1944年10月21日阵亡。

瓦尔特·马塔赫,上士,1连,101号虎式车长。

劳尔夫·马泰斯,下士,3连,1944年7月18日阵亡。

卡尔·梅尔,下士,3连,车长。

瓦尔特·梅尔腾斯,上士,2连。

彼得·米德勒,下士,3连,323号虎式车长,1943年6月21日阵亡。

第1章 我们的虎式营

亚辛·默德贝克，代理下士，1连，装填手。

穆尔霍夫，代理下士，1连，1连维护排。

弗里茨·穆勒，连军士长，3连，车长。

海因茨·蒙觉，二等兵，1连，111号虎式装填手。

威利·那赫施德特，上士，2连，车长。

克劳斯·尼普，上士，3连，301号虎式车长。

乔治·诺伊伯特，机械工程师，修理连，排长，战争服务骑士十字勋章。

戈德·尼曼，下士，3连，炮手。

尼姆茨，二等兵，1连，113号虎式乘员。

恩斯特·奥德，下士，3连，驾驶员。

阿尔弗雷德·鲍克，下士，1连，无线电员/炮手。

海因茨·菲利普，二等兵，补给连，弹药排。

第1章　我们的虎式营

皮彻，二等兵，3连。

君特·波尔岑，代理下士，2连，无线电员。

普雷恩，二等兵，营部，情报排。

鲍尔·拉内，上士，3连，1943年12月24日阵亡。

艾克哈德·拉姆波，少尉，3连，排长。

恩斯特·莱因哈特，上士，3连，无线电专员。

雅科布·莱茨，下士，3连，卫生兵。

李希特，连军士长，营部，会计。

弗里茨·里默，上士，1连，厨师长。

约翰·里彻尔，3连，1944年2月21日阵亡。

汉斯·里普，下士，1连，车长，1944年春阵亡。

赫伯特·里彻尔，二等兵，1连，驾驶员，1944年3月15日阵亡。

第1章 我们的虎式营

威利·洛特，下士，1连，113号虎式车长。

库特·洛特曼，下士，3连，1944年3月28日阵亡。

汉斯·罗特施尔德，二等兵，3连，无线电员。

莱因霍德·伦格，下士，3连，驾驶员。

汉斯·瓦尔特·吕森，下士，2连，车长。

奥托·萨克斯，军士长，3连，车长。

43

503重装甲营战史

沙特,总军士长,营部,营副。

恩斯特·沙德,下士,3连,炮手。

齐格弗里德·席勒,代理下士,1连,无线电员。

库特·施密特,下士,3连。

沃尔夫冈·施密特,二等兵,1连,131号虎式驾驶员,病故。

汉纳斯·施耐德,下士,3连,300号虎式无线电员。

44

第1章 我们的虎式营

曼弗雷德·施耐德，二等兵，3连，无线电员。

曼弗雷德·施耐德，代理下士，3连，装填手。

赫伯特·施恩洛克，上士，3连，车长。

哈利·舒尔茨，二等兵，1连，无线电员，1944年3月15日阵亡。

威利·斯维林，下士，3连，312号虎式车长。

劳尔夫·希舍尔，二等兵，1连，123号虎式无线电员。

45

埃尔文·希尔，代理下士，3连，驾驶员。

海因里希·斯柯达，上士，3连，车长，1945年4月28日阵亡。

奥托·施贝特，下士，修理连，排长。

霍斯特·施比克曼，下士，3连，无线电员。

库特·施德尔特，二等兵，3连，装填手。

施托贝格，营部，营长司机。

第1章 我们的虎式营

约翰·施托罗默,下士,1连,114号虎式装填手。

君特·特斯默,上士,车长。

鲍尔·托默,下士,1连,驾驶员,1943年12月10日阵亡。

霍斯特·托恩,二等兵,3连,1944年7月18日阵亡。

卡尔·特洛格,军士长,3连,机械师,1943年7月15日阵亡。

托尼·乌班斯基,下士,3连,驾驶员。

奥托·福格特，二等兵，3连，装填手。

赫尔穆特·福尔格特，上士，1连，100号虎式炮手，124号虎式车长。

瓦格纳，少尉，3连，3排排长，331号虎式车长。

瓦格纳，军士长，1连，马具军士长。

汉斯·瓦尔特，上士，3连，后转502重装甲营2连，324号虎式车长。

恩斯特·威尔海姆，下士，3连，1944年8月12日阵亡。

第1章 我们的虎式营

库特·赫尔伯特·威登卡夫，下士，1连，卫生兵。

维格尔特，下士，3连。

恩斯特·魏格尔，上士，3连，324号和313号虎式车长。

约瑟夫·魏兰，上士，3连，车长，1944年8月26日阵亡。

汉斯·维尔什，下士，1连，112号虎式无线电员兼炮手。

赫尔穆特·维森法特，二等兵，1连，维护排，1944年1月12日阵亡。

威利·温特斯，代理下士，3连，驾驶员。

瓦尔特·沃尔夫，军士长，1连，车长。

沃尔姆斯，下士，1连，维护排排长。

戈特霍德·乌德里希，下士，3连，300号虎式驾驶员。

海因茨·乌德里希，上士，3连，修理连，1943年7月6日阵亡。

乔治·齐格勒，上士，3连，驾驶员。

第1章 我们的虎式营

503重装甲营使用的战车和其他车辆

（作者：阿尔弗雷德·鲁贝尔）

接下来的照片展示了我们营在1942—1945年间所使用过的武器装备。

我们搜集齐了所有曾经使用过的战车的照片。有些因为没有自己拍的一手照片，不得已而用了其他来源的照片。有些车辆是有众多变型车的，比如卡车，无法全部列出。有趣的是战场上得来的车辆里还有些是从德国出口的。

虎式坦克（PzKpfw VI Tiger SdKfz·181），配备KwK36型88毫米56倍口径火炮，全重约57吨，引擎为迈巴赫HL210P45（早期，600马力）和迈巴赫HL230P45（晚期，700马力）。虎式坦克主要装备国防军第501—512重装甲营，3个党卫军重装甲营以及大德意志师装甲团。通常每连配备14辆，1营为45辆。亨舍尔型共生产了1 348辆。

503重装甲营战史

　　虎王坦克（PzKpfw VI Tiger Ⅱ），配备KwK43型88毫米71倍口径火炮，全重约68吨，引擎为迈巴赫HL230P30（700马力）。从1944年起开始装备国防军第501、503、505、506、507、509重装甲营以及3个党卫军重装甲营。503营1连在1944年6月底作为换装该坦克的第一个国防军单位。亨舍尔型共生产了485辆。

　　Ⅲ号坦克N型，配备24倍口径75毫米火炮。主要装备轻坦克连直到1943年初。其战斗力一般。在伴随虎式坦克作战时担任前锋，损失很大。克虏伯生产了大约660辆该型坦克。

第1章　我们的虎式营

半履带车是机械化步兵的重要装备，它还具备侦察和联络功能，因此主要装备营部、侦察部队以及医疗队。

Sdkfz 250轻型半履带车（背景处）和挎斗摩托车主要装备侦察部队和作为联络车使用。这两种车的可靠性经受住了实战考验。

8吨车载20毫米四联装自行高炮装备于防空排。1944年秋起逐渐被装甲化的自行高炮取代。

"旋风"式自行高炮，Ⅳ号坦克底盘，配备四联装20毫米高炮。对付俯冲轰炸机或对地攻击机特别有效，尤其是苏联的伊尔-2型。

第1章　我们的虎式营

"四轮马车"自行高炮，Ⅳ号坦克底盘，配备60倍口径37毫米43型高射炮，其得名于其巨大身形。当射击时，四周装甲板需要放倒，乘员要在没有防护的情况下作战。

18吨牵引车，由FAMO公司在1938年推出。230马力的输出使其可以胜任不少拖拽作业。一般一辆没有动力的坦克需要2—3辆该型车才可以拖动。我们的修理连同时还装备了6吨配吊机的卡车。

维修豹，作为火线救援车于1944年中投入使用。其拖拽能力大于18吨牵引车。我们营在1944年6月获得了6辆该型车，可惜性能这么优良的车出现得太晚，而且太少了。

Sdkfz 2半履带摩托。德国NSU公司生产，36马力。1941年6月起装备国防军，主要用于侦察和联络。该车以其可靠性广受欢迎。

第1章　我们的虎式营

"骡子"半履带卡车。3—4.5吨，很多厂家参与其研制过程（欧宝、梅赛德斯、福特、马基路斯），适用于东线的恶劣环境并作为后勤车辆使用。主要装备营部和补给连。

大众桶车，其适应性和可靠性应该是有史以来这类车型里最好的了。我相信这个评价到今天也适用。在我们营里，它可被派做任何用途。在战争末期，逐渐被一些新款轻型车辆取代。

Kfz 15型中型轿车，82马力，主要供营、连级指挥官乘坐。由霍希、汽车联盟和其他一些公司生产。除此还装备有斯太尔1500型指挥官车。

1吨牵引车，大量装备国防军，用途广泛。100马力。

第1章 我们的虎式营

3吨中型卡车，80马力，全驱。由众多厂家生产（梅赛德斯、曼、克利勃勃-道伊茨、欧宝）。主要装备修理连、野战厨房。

4.5吨卡车，120马力，全驱（布森、梅赛德斯、曼、萨奥生产）。通常用来运输弹药、燃料，主要装备于我们的营部、补给连、修理连。

一名指挥官的回忆

（作者：阿尔弗雷德·鲁贝尔）

1943年1月普特罗斯，营里的军官开始分几批回国休假。结束休假后，我在半夜里回到部队。第二天一早，我和汉纳斯·里普、赫伯特·佩茨卡还有海诺·克莱纳一起去吃早餐，我听他们谈到了前一天晚上第一批虎式坦克运到了。尽管我之前还没见过这种坦克，但是已经听说了很多关于这种坦克如何如何厉害的传闻。因为海诺已经见过，所以我问他这坦克看起来怎么样，他的回答令我记忆深刻。

海诺："想象一根非常非常长的炮管，想好了么？"

我："好了。"

海诺："比那个还要长！"

很快，我就见到了这个奇迹，立马被深深地震撼了。但也带有一丝遗憾，在我的想象里，这种坦克应该有着非常流畅的外形，就像苏联人的T-34一样。而我看到的是一个前所未有的巨型坦克，更像一只恐龙，而不是奇迹般闪闪发光的艺术品。

1943年3月在森讷拉格（Sennelager），装备舒伯连的第一批虎Ⅰ坦克终于送到了我们附近的火车站，在第二天卸装之前，它们需要被严密警卫起来，而我正是被派去干这个活的人。车站里没有专门的警卫室，天气非常寒冷。所以我就爬进了一辆虎式坦克的驾驶座上。周围的东西对我来说都是那么的新奇，漫漫长夜还是让我觉得无聊起来。钥匙就插在车上，我也大概知道怎么驾驶。启动发动机会很容易么？尽管我还没有坦克驾照，但也"非法地"在营里开过几次坦克，其实能有多难呢。最终我被好奇心完全控制了，扭下了钥匙，坦克居然发动了！

那时候我还不知道的是，为了防止晃动，所有坦克在运输时都会锁住。当我发现坦克一侧似乎开不动时，我毫不犹豫地踩下了油门。接下来发生了什

第1章　我们的虎式营

么？锁被立马拉断了，车头一下子斜出了装载坦克的车架（SSTMS，超重铁路平板车），因为担心会出更大的乱子，我也不敢把车倒回去。不知道第二天负责卸车的军官看到这辆车的奇怪样子会怎么想，所幸后来并没有发起对这件事情的调查。所以除了一开始的视觉冲击力之外，虎式坦克在普特罗斯给了我这样一个教训。打这以后，为了避免再出丑，我彻彻底底地从头学起了怎么驾驭虎式坦克。这被证明非常有用！

我们的114号虎式在1943年7月5日第一次经历了实战。那是在别尔哥罗德（Bjelgorod）附近展开的"城堡"战役。我们之前准备得很充分，在丘古耶夫（Tschugujew）附近进行过代号为"土耳其演习"的实弹演练。草原地带作战的配合练习还有射击训练使得我们可以熟练操纵这些"虎式"上战场。我们虔诚地相信"虎式狂热"这一说法：虎式可以傲视一切，其同时拥有最强大的装甲保护和最强的装甲穿透力的美誉。还能有更好的武器么？

通过城堡行动的实战检验，我们也更深刻地掌握到虎式的一些特性。

● 装甲足以应付苏军的攻击。唯一的弱点在于指挥塔附近，如果被一枚76.2毫米的反坦克炮击中，车长的脑袋会和指挥塔一起被削掉。

● 88毫米坦克炮的威力非常强大，无论是准确性、射程、穿透力还是杀伤力都是世界一流。

● 虎式坦克的机动性糟糕透顶，最大的问题在于单位动力不足，每吨车重才有10马力推动（T-34是每吨18马力）。直接后果就是行进速度非常慢，理论上号称有38公里/时，但实际上从来没有达到过。一般来说，越野速度只能控制在10公里/时。

发动机还非常容易过载，其寿命周期也因此缩短了很多。驾驶员必须非常了解其脾气，还要花费很大的精力才能保持坦克不出故障。修理连也因为这个忙得不停。我还记得当时担任车长坐在炮塔里的时候，还必须要留一个耳朵去专心听发动机有没有出问题。过热会导致汽缸塞损坏，这样冷却水就会渗入气缸。唯一的解决办法就是把残缺的火花塞掏干净，然后才能将水倒出来。但这样治标不治本，虎式的速度会变得更加缓慢。过热还可能会烧掉汽缸头的垫圈，这样发动机就会漏油。当修理连不能马上来搞定的时候，我们的驾驶员瓦尔特·艾施利格就会让大家一起嚼面包，然后将嚼碎的面包泥涂在汽缸上的空隙，这也能凑合地用一阵子。

虎式其他的弱点还包括传动装置、主减速器以及行走部分。记得有太多次我们都是用备用零件勉强让虎式支撑着爬回营地。液压系统远远称不上完善。主减速器脆弱得简直像鸡蛋，无法承受一点额外的负担。履带也经常给我们造成麻烦，要是其松紧稍微调得有些不合适，它们就会在倒车或者是转弯的时候绞在一起。这绝对是场噩梦，虽然这是可以预防的，但我们还是经历过一次。此时别无选择，只能把绞坏的那节履带截去，把主减速器从传动装置松开，然后无奈地等着牵引车来救我们，而且希望他们能比伊万快。

虎I坦克的一个"令人愉悦"的设计就是他那重叠交错的负重轮设置。每侧是16个路轮安在8个轮轴上。如果我们运气好的话，在出发时一侧可以拥有完整的16个轮子，开了没一会儿，4组外侧的轮子就会从前往后开始逐渐松动，最终滑离履带，这反过来又会加重内侧4组轮子的压力，最终使得橡胶边缘完全磨损。替换这些处在行走装置内侧的轮子非常令人头疼，因为你必须先把外侧的8个轮子先卸下来。

我说了这么多保养上的噩梦其实也是想借此特别感谢坚毅、顽强和敬业的修理连弟兄们。有多少次事故是由于成员的粗心酿成的！而你们挽救了我们！

虎I和虎II坦克的火力和防护力大大优于苏军所有的坦克，这一技术优势保持到了战争结束，所以我们在战场上有绝对的自信。当执行警戒任务时，即使是在战斗期间，我们也敢安然停在某空旷处长达几个小时，而不用担心自身的安全问题。我们因此逐渐疏忽了一些学过的坦克使用基本战术规范。那些新兵和没经验的军官来了我们部队，也很快染上了这些坏习惯。丝毫不隐蔽的杵在那儿几个小时，意味着我们丧失了突袭的可能性。一旦苏联人看到了我们，必然会竭力避开，从别的地方进攻，而我们则需作为战场救火队赶过去灭火，忙得焦头烂额。

对我们来说更好的战术是将虎式隐蔽好，布置在防线后方，当明确苏军主攻方向后，我们再给予致命一击。这样可以用较少的损失取得更大的战果。我当然也很明白我们留在防线上可以鼓舞那些陷入苦战中的步兵。所以从这点上来说，靠前布置虎式坦克又是正确的战术选择。曾经有那么几次，当个别的虎式撤离火线去补充燃料和弹药时，步兵就立马放弃了阵地，和坦克一起撤离了。

直到战争结束时，在东线都几乎没怎么面临过像样的空袭威胁。所以部队没有太强的隐蔽意识，迷彩和对空警戒都是敷衍了事，而到了盟军占有绝对空中优势的西线，他们给我们好好补上了一课。

在部队里，一般如果连长或者排长的座车没法动弹了，他们会转移到另外一辆坦克上去继续指挥战斗。但是在战争期间，这种转移却往往伴随着高伤亡率。但有一个例外就是我们第一连被昵称为"海因茨·缪克（Heinz Mueck）"

第1章　我们的虎式营

（译注：帆船时代一个来自不来梅的水手音乐家，其憨态可掬，被不来梅人认为最能代表该市的形象）的布尔梅斯特上尉，每次换车时，他先把地图和望远镜从指挥塔扔到了发动机顶盖上，然后小心翼翼地捧出来他珍藏的那盒"威廉二世"牌香烟，最后自己才大大咧咧地跳出来，他这种把烟看得比生命还重要的嗜好使得我记忆深刻，幸运的是，他每次都可以安然无恙。

老兵们都会同意我在这里不吝辞藻地赞扬一下我们的回收排及其排长——科尼希军士长（后晋升为少尉）。无论我们的坦克是被击中了还是抛锚了、翻车了或者是陷入泥沼，回收排总会及时地带着他们近乎4米长的18吨拖车出现。就算是最复杂的情况也能依靠他扎实的技术经验和冷静的头脑很好地解决。我觉得他似乎有个特别敏锐的鼻子，总是会及时出现在最麻烦和最需要他的地方。

他带着他的牵引车（后来是牵引坦克）按照以下的流程工作。首先，会先开着他的大众车来查看，离事故地点有一段距离的时候，停下车，撑着他标志性的拐杖，由一个持冲锋枪的士兵警卫，来查看事故车，盘算好营救计划。之后他会找个地方隐蔽好，等着牵引车到来。要是这时候他发现坦克乘员没有做好相应的维修准备工作，比如没有松开传动装置或者没有扫清路障，还会被他劈头盖脸地骂一顿。

虎式对我们来说不仅仅是作战的工具，还是交通工具，消磨闲暇时光的地方，也是每天生活和睡觉的所在。它可以保护我们免受苏军武器的伤害。所以我们对坦克都有深深的感情。保持它运转正常是5名乘员的共同责任。对我而言，觉得驾驶员似乎比其他所有人都更有主人的角色。他们在帕德博恩（Paderborn）接受的虎式坦克的培训不仅仅是如何保养发动机和驾驶坦克，还要张罗所有乘员一起去对坦克的装甲、底盘和行走装置进行保养。在我们营，是所有人一起动手工作的。战斗时，驾驶员也不仅仅是要将坦克按照战术意图开对方向，同时也要对整个战场态势的发展有个清晰的概念。我们车的驾驶员瓦尔特·艾施利格是个老手了，他的冷静执着使得我们总能化险为夷。

我认为重要性仅次于驾驶员的是炮手，他直接决定了我们的坦克到底是个弹弹命中的神射手还是只能胡乱发射几枚炮弹了事的看客。我对优秀的炮手瓦尔特·荣格充满了尊敬，遗憾的是他现在已经离开了我们。一起在114号坦克上度过的13个月里，因为被苏军击毁，我们换过数次坦克，但幸运的是，我们没有损失任何伙伴，这大概要归功于他出色的表现。一开始大家并没有觉得他很厉害，出乎很多人的意料，他闪电般的反应速度和对车长意图的完美理解使得他成为我们一个很可靠的同伴。

希望所有的车长、装填手和无线电员能够谅解我把他们的重要性排在驾驶员和炮手的后面。我得出上面这个结论是基于在前线度过的37个月的亲身体会。当然了，必须要承认没有其他几个乘员的协作，坦克就不可能是件完整的武器。

从我们的装填手约翰斯·施特罗姆说话的节奏来看，你不会想到他是个如此动作敏捷的人。他装填的速度非常快，从来不会让炮手因为没有炮弹在膛延误射击。要知道，一枚88毫米炮弹重达20公斤，搬运它可不是个轻松活。有时候我都有点好奇，他是怎么保证弹药供应从不断炊的。只有一次他没完成任务。那是1943年8月在梅拉法（Merefa），我们占领哈尔科夫后，发现他在炮塔吊篮下方的弹药储存箱里没有放炮弹，而是塞满了著名的哈尔科夫洗发水。

无线电员在乘员里的地位有点特别。因为他就算消失了一会儿，也不会影响到战斗的进行。所以他可以帮我们干些别的事情。他负责监听所有无线电往来，所以是车里信息最灵通的一个角色。他同时也有坦克管家的名声，比如说在本车的《战争日志》中记录各个乘员的表现得失，以备查用。当我写下这段话的时候，我想起了我们114号的无线电员阿尔弗雷德·普尔克，他可以证实我所说的这些。

我们营的团队精神和老兵感情非常好，在本书里也多次被提到。这对一个1 000人左右的集体来说，也不是个容易事。战后经常的聚会也证明了这一点。我也想借此探究一下到底是什么原因使得这个成立了仅3年的部队培养了这样深的感情。

我认为最重要的原因是我们相对快地整编完毕，所以作为一个集体取得了很多胜利。战士们不仅是在每个连内部竞赛，还会和别的连竞争。所以我们在1942年的一次经验总结会上，有个连建议不要再按照以前各连自己统计的方式做，而是在营里面一起排名。

单从部队架构上来说，1个连也没法单独行动，最好是跟着某个坦克团一

这个营徽是我们在战后聚会时所发的纪念章，可惜这枚徽章上的炮管断了。

第1章 我们的虎式营

起作战,但是这样会使得虎式坦克的特性被湮没。所以很明显,最后决定成立的独立重坦克营是最合适虎式坦克的编制。

所以说另一个塑造我们团队精神的是部队的独立性,在挑选人员和装备的时候比"一般部队"拥有更多的优先权。

技术维护和补给

（作者：赫尔曼·罗佩舍尔 & 阿尔弗雷德·鲁贝尔）

503重装甲营的概念

为了保持战斗力，需要做很多的人员上和技术上的保障工作。

不同等级的修理工作由不同的单位承担，简单的日常修理由维护排（Instandsetzungsgruppe，属于修理连）完成，轻度和中度的修理可以由营属修理连完成，而重度的修理则有赖于陆军总部修理处。

所以说，本营的修理工作一般是不会交给配属的师、军或是集团军的修理单位。只有日常的补给工作，包括弹药、燃料、易耗品和别的军需品由重装甲营所临时从属的单位（师、军级）负责提供。

为了保证虎式营的独立性，我们特别享有400吨的补给品优先份额。但实际操作中，这个量也不是可以一直保证的。我们有过数次通过走高层路线争取补给的经历。空运急需的发动机或是空投弹药燃料到前线都是常事。

不知道谁总结了这么一条规则："使用装甲车1小时，需要10小时的人力维护。"虽然不一定精准，但是大体上说明了问题。

下面列出了一些常见维护/维修活动所需要的时间，当然实际的时间还取决于人员的熟练程度。

任务	执行者	时间（人力时）
发动机更换机油	坦克乘员	大约4小时
炮塔转向装置修理	维护排	大约2小时
行动装置受到地雷毁伤	坦克乘员和维护排	大约12—14小时
发动机更换	修理连和坦克乘员	大约24小时

第1章 我们的虎式营

续表

任务	执行者	时间（人力时）
侧面损伤	修理连	24小时
主装甲贯穿伤及动力损毁	维也纳兵工厂，陆军东部修理处	2—4周

以上是关于我们45辆虎式坦克的修理工作的安排。其他大约250辆辅助车辆的修理工作重要性则在此之后。

尽管战争时期物资紧张，总的来说我们还是在前线得到了优先保障并运转得不错。

在补给品中有着这样的优先等级的区别。

- 燃料：没有汽油，虎式也只能趴窝。
- 弹药：没有弹药，虎式没法战斗，但还是可以转移。
- 食品：每个连基本上都可以准时得到，或者总能想出各种办法解决。

感谢整个后勤系统和其士兵的努力，使得大部分时候我们不用为之分心。后勤连的人员中大部分是卡车司机，还有一些伙夫及医疗兵。修理连的编制是207人，而后勤连是250人，再加上每个连里还有大约30人也负责处理此类事务，可以看到营里一半人员编制是负责保障工作的。

以上只是谈到了后勤系统的两项工作，其实还有一个很重要的任务就是坦克回收作业。回收排的排长是科尼希军士长。只要我们的坦克遇到了麻烦，他总是可以把我们的坦克挂上他的钩子，拖到安全的地方。可惜战后我们没有听到他的音讯，也无法对他亲口致谢了。

营里还有个著名的技术士官长施贝特，他是一个来自施瓦本的熟练汽车专家。值得我们尊敬的是他不会只待在他的修理排里，而是经常会在火线出没。只要我们的虎式暂停交火，他会立马冲上来维修，很多时候苏军的炮弹就落在身边。他的勇气值得所有人钦佩，尤其是他还不算职业军人，而只是迈巴赫汽车公司派来的技术支持人员。1945年4月，他也获得了应有的荣誉——一枚一级铁十字勋章。在战后聚会里也经常碰到他，回忆一下他在大战中的表现。但他现在已经离开了我们。

503重装甲营修理连的几个片段

（作者：赫尔曼·罗佩舍尔）

第一部分　我们的营是这样的

我这里说的关于修理连历史的短短几段话，完全是从我的视角出发，并不一定完整。因为我在1944年3月离开了503营的修理连，所以我第四段的服役记录也是到那时为止。

那是在1942年的春天，我们503重装甲营在古老的小城新鲁平（Neuruppin）建立了。为了使得这个技术要求非常高的营可以很快形成战斗力，部队采用的是老兵配新兵的组织架构。尤其是修理连，干的都是技术活，许多人都是在坦克工厂里学习过，亲眼看着坦克如何被生产出来并和坦克一起来到部队。这样的安排使得后来这些专家们修理起坦克来得心应手。所以说修理连是虎式营战斗力的一个重要组成部分。

我们在新鲁平的平静日子没过多久，就转移到了下奥地利的多勒斯海姆的训练场。等到1943年，我们被派往了斯大林格勒西南方向的卡尔梅克草原作战。之后舞台又转移到了乌克兰，在罗斯托夫和亚速海边的马里乌波尔奋战。无论是白天还是黑夜，酷暑还是严寒，前线还是后方，修理连的士兵们都是全力以赴。因为他们知道只有这样，3个战斗连才可以没有后顾之忧地投入战斗。特别要提到的是回收排的卓越工作，他们很多时候都是去挽救处于绝望处境中的坦克。他们的排长科尼希军士长是他那个卓越的排的最好代表。

在修理排里，不能不提到的是诺伊伯特技术军士长带领的修理2排，他们担任火线抢修的工作。后来他获得了带剑骑士十字勋章。他们经常化不可能为可能，在战场上使得发动机、传动箱起死回生。

这里提一下我们连的装备。拥有型号齐全的修理车、车床、备有吊机的4.5吨卡车、18吨牵引车、大众桶车。总之，工作需要什么装备，我们都可以搞到。

就像开始提到的那样，修理连在重装甲营的行动里起到了齿轮一样的作用，没有我们，所有作战行动都不可能很顺畅地进行。

第1章 我们的虎式营

第二部分　503重装甲营修理连的编制

在这里梳理一下修理连的架构。就和任何一个其他单位一样，由指挥人员（连长、参谋、运输顾问和其他各排排长）和作业部门组成（修理排、回收排、通信和武器修理班、备件班）。

所有的修理工作实际上是由一个军官级别的专家组成的战争管理技术咨询处（Technischer Kriegsverwaltungsrat）指导的。

我们有一个排在1943年3月被转隶属正在帕德博恩筹建的第500训练营，所以有一种猜测是我们最后只有2个修理排，但这是错误的。因为在1943年1月的时候，第502重装甲营的2连加入了我们，并带来了自己的修理排，所以我们那时候有4个排，比照编制还多出了一个排。

按照1945年的编制来说，修理连应该有207名士兵，并配有1—2辆吊车来处理虎式坦克的炮塔吊装。一开始我们的回收车辆是6辆18吨牵引车，到战争末期我们增加了3辆回收豹和11辆18吨牵引车（1944年12月15日统计数据）。

第三部分　修理连的指挥官们（1942.6—1943.10）

1942年6月

连长	费斯特上尉
连参谋	彼特克斯基军士长
运输参谋	勇万运输军士长
无线电参谋	贝内克无线电军士长
武器参谋	内斯特连军士长
排长	彼勒费尔特少尉
排长	巴尔技术军士长
排长	舍尔巴特技术军士长
回收排	科尼希军士长
备件班	鲁库普运输军士长

1942年7月
连长　　　　迪坎普中尉　（连长更换，其他职位不变）

1942年10月24日
连长　　　　格罗斯中尉
连参谋　　　同1942年6月
运输参谋　　同1942年6月
无线电参谋　恩德雷斯无线电军士长
武器参谋　　同1942年6月
排长　　　　同1942年6月
排长　　　　同1942年6月
排长　　　　同1942年6月
回收排　　　同1942年6月
备件班　　　弗洛姆勒军士长

1943年4月1日
连长　　　　格罗斯中尉
连参谋　　　同1942年10月
运输参谋　　布劳尼茨运输军士长
无线电参谋　塞德曼运输士官长
武器参谋　　同1942年10月
排长　　　　同1942年10月
排长　　　　同1942年10月
排长　　　　诺伊伯特技术军士长
回收排　　　同1942年10月
备件班　　　同1942年10月

1943年9月1日
连长　　　　格罗斯上尉

1943年10月15日
连长　　　　泰斯中尉
回收排　　　科尼希少尉
（其他职位无变化）

第四部分　战争日记

我于1942年6月12日—1944年3月1日间在修理连的通讯器械修理班服役。之后我作为通讯上士加入了1连。在1945年初我们营"精简"了人员，我和1连的其他士兵包括施密特军士长离开了503营，加入了第211国民掷弹兵师。当时这个安排令我有些震惊。施密特在奥地利的齐斯特斯多夫（Zisterdorf）阵亡了，我在塔亚（Thaya）河畔的拉镇（Laa）受了伤，就此离开了东线的战场。可惜我的士兵证里没有完整登记这一段经历。

1942年6月

6月12日：在新鲁平加入补充部队（81步兵团的通讯连）。

6月15日：加入通讯器材修理班。

6月19日：连会，见到排长彼勒菲尔德少尉。

6月22日：在通讯器材修理班第一单任务。

6月23日：营会，营长波斯特中校就任演说。

1942年7月

7月9日：分配到修理排。

7月14日：连会，新连长费斯特上尉的就任演说。

7月18日：费斯特上尉调入营部。

7月23日：新连长迪坎普中尉到任。

7月24日：新连长主持连会。

7月27日：贝内特无线电军士长调回雷根斯堡。

1942年8月

8月1日：迪坎普中尉离开修理连。新连长格罗斯中尉到任。

8月8日：503营1连开往多勒斯海姆。

8月11日：连会，格罗斯中尉的就任演说。

8月15日：恩德雷斯无线电军士长加入修理连。2连离开新鲁平。

8月29日：修理连离开新鲁平，前往下奥地利林区的多勒斯海姆的练兵场，装了几列火车。

1942年9月

正常执勤。

1942年10月

10月16日：第一届手球联赛结束，修理连三战三胜。

10月30日：参加卡车驾驶证 K 1.2 级考试；考官：作战器械咨询处的哈勒贝格。

1942年11月

11月16日：装载训练。

11月17日：科贝尔少尉给格罗斯中尉颁发手球优胜奖。科尼希军士长晋升为连军士长。

1942年12月

传说部队要被派到前线（非洲？伊朗？伊拉克？苏联？）

研究热带作战（去非洲？），无法适应热带作战的士兵被遣回补充部队。

突然停止热带准备工作，分发冬装，看来是要去苏联了。

第一批于1942年12月20日在格普弗里茨（Goepfritz）火车站登上火车出发。在圣诞夜的时候，我们坐着火车一路经过布拉格、斯洛伐克。目标：亚速海边的罗斯托夫。我们营在斯大林格勒南面下车，1942年底到达了东线。

1943年1月

1月1日：罗斯托夫。

1月2日：在萨尔斯克（Salsk）；修理连驻扎在普洛列塔尔斯卡亚。

1月3日：在普洛列塔尔斯卡亚下午3点天就黑了。

1月5日：虎式第一次作战。

1月6日：取得第一个战果，修理连工作繁忙。

1月8日：装甲车集结在普洛列塔尔斯卡亚。

1月13日：连会，陆军最高统帅部的装甲处托马勒上校演讲，表达了对我们营的感谢和赞赏。

1月14日：情况危急，苏军突击马内齐河，航空侦察警报，我们的吊机在晚上失灵。

第1章　我们的虎式营

1月15日：一早以排为单位行军至萨尔斯克，住宿在铁路附近，温度零下25摄氏度。

1月16日：轮防。

1月17日：开往锡林纳（Cilina），找到很多糖，修理连分散，第一排前往吉安特（Gigant），第二排携带通讯器材及武器前往耶格列斯卡（Jegorlyskaja）。

1月18日：汽车维修。

1月19日：野战厨房失误，最后只有饼干和糖充饥，没有面包。

1月20日：继续开往卡盖斯克（Kagaisk），在那里过夜。

1月21日：前进到巴泰斯克（Bataisk），过夜。

1月22日：到达罗斯托夫，驻扎在厂区大约14天。

1月23日：维修工作。

1月24日：天寒地冻，继续维修工作。

1月26日：指挥官视察修理连。工厂区和火车站遭到空袭。

1943年2月

2月1日：维修工作。

2月2日：维修工作。

2月4日：在国防军报道上出现了我们隶属于的57装甲集团军。

2月5日：部队换防至阿姆罗斯维卡（Amvrosiivka），1排留在罗斯托夫。

2月12日：虎式营在罗斯托夫投入战斗。

2月18日：师里的罗斯托夫战斗总结，特别表扬了503营。

2月19日：准备换防。

2月20日：前往斯大林诺（现为顿涅茨克）。

2月21日：前往沃洛纳查（Wolnonache），大雪，卡车打滑严重。

2月22日：前往马里乌波尔，15点到达。住宿在伊尔吉齐（Iljitsch）工厂酒店。

2月23日：与武器参谋到达费德罗卡（Federowka）。

2月24日：在沃洛纳查过夜。

2月25日：回到费德罗卡，第一排已经在那里了。1辆Ⅲ型坦克在进行焊接作业时发生爆炸，第一排死亡1人，别的单位死亡2人。我们修理车的顶部和冷冻管也受损了。

2月26日：回到马里乌波尔。

2月27日：彼勒菲尔德少尉根据统帅部的命令被派往第16摩托化步兵师，

之后又去了第四航空队。

1943年3月
3月4日：与第三排一起在伊尔吉齐工厂。
3月5日：伊尔吉齐工厂是苏联重要的一家坦克工厂，其产能为月生产700辆T-34，工厂里很多载重能力为100—300吨的吊机都是德国生产的！
3月19日：南方集团军指挥官曼施坦因宣布重建第六集团军，指挥官是步兵将军霍利特。
3月22日：彼勒菲尔德调往营部。
3月31日：第三排离开马里乌波尔回国，有部分第一排和第二排的人员随同，另有派遣。

1943年4月
4月5—19日：出差到第聂伯斯托斯克（Dnjepropetrowsk）的通讯基地，得到通讯器材的配件。
4月26日：乘火车换防到哈尔科夫。
4月28日：在哈尔科夫下火车，开往托罗科诺耶。

1943年5月
5月4日：巴尔技术军士长晋升为技术少尉。诺伯特军士长获得一级战争服役十字勋章。
5月13日：修理排和备件班，通讯器材班换防至哈尔科夫。
5月15日：在哈尔科夫市郊的工业区宿营，我们驻在"铁锤&镰刀"工厂。
5月16日：维修工作。
5月18日：装甲部队司令布莱特将军视察修理连。
5月19日：内斯特武器士官总长和弗洛姆士官长死于一起车祸，他们的大众桶车和一辆倒车的卡车相撞。
5月21日：两人被埋葬于哈尔科夫的士兵公墓里。

1943年6月
6月1日：服用抗疟疾药物。技术学习。
6月18日：营指挥官霍海塞尔中校离职。
6月19日：新的营指挥官卡根内克伯爵上尉到任。

第1章　我们的虎式营

德军的宣传杂志《信号》的封面，这期是由虎Ⅰ作为主打封面的法文版。

1943年7月

7月4日：第一排派往前线。本营在别尔哥罗德地区作战。

7月底：营长负伤，代理指挥官是布尔梅斯特上尉。

1943年8月

作战器械咨询处的哈勒伯格从8月1日起调往508营。格罗斯中尉晋升为上尉。

8月13日：换防至沃尔基，战线为哈尔科夫-耶格尼瓦卡一线，苏军猛烈的空袭！

8月30日：整个修理连非常繁忙。部队移防哈尔科夫，在月中放弃。

1943年9月

9月2—3日：移防前往克拉斯格勒（Krasnograd），在德希坎斯克（Dechtskansk）宿营。

9月9日：卡根内克伯爵上尉获得骑士十字勋章。

9月12日：到达克拉斯诺格勒。

9月15日：前往波尔塔瓦（Poltawa），糟糕的道路，速度缓慢，在卡洛卡（Karlowka）临时宿营。

9月19日：修理连到达波尔塔瓦。

9月22日：前往克雷蒙楚克（Krementschuk）。

9月25日：到达克雷蒙楚克，继续往帕里施（Pawlisch）前进。

9月26日：下一站是斯纳门卡（Snamenka）。

1943年10月

10月12日：格罗斯上尉离开我们营。

10月13日：泰斯中尉被任命为新的营长，斯纳门卡遭受强烈空袭，晚上和下午。

1943年11月

11月10日：连会，巴尔技术军士长和斯迪特马德下士获得一级战争服役勋章。

11月11日：修理连在斯纳门卡搬家。

11月27日：第一修理排前往诺沃-乌克兰卡（Nowo-Ukrainka）。

1943年12月
12月2日：第二修理排前往诺沃-乌克兰卡。
12月3日：通讯器材修理班前往诺沃-乌克兰卡。
12月5日：虎式在迪米特罗卡（Dimitroka）接战，第三连的魏纳特少尉阵亡。
12月6日："大德意志"的修理部队也在诺沃-乌克兰卡，1943/44年的新年在这里度过。

1944年1月
直到1月5日：停留在诺沃-乌克兰卡。
1月6日：第二修理排前往文尼查（Winniza）。

1944年2月
直到2月27日：在国内度完假后，回到施梅林卡（Shmerinka），恩德雷斯无线电军士长通知我被调往503营1连。

1944年3月
3月19日：我在修理连的日子结束了，前往第一连报到，指挥官是林登中尉。

第 2 章
虎式坦克——坦克发展的巅峰

坦克发展史的转折点：虎式坦克

（作者：阿尔弗雷德·鲁贝尔）

有一种广为流传的说法是德军的虎式坦克是为了应付KV和T-34坦克才仓促研制的，我必须要说这是一种对德国坦克发展的严重误解，因为在很短的时间内完成这种强大的坦克研发工作，本身就证明了之前有了大量的技术预研做铺垫。早在1937年，就制作出了完全不同于之前的Ⅰ—Ⅳ型的试验性坦克，拥有了更好的装甲防护和更强大的火力（75—105毫米火炮）。参与这一计划的有亨舍尔、保时捷、戴姆勒·奔驰和曼（MAN）公司。试验型DW1和DW2坦克（DW为德语Durchbruchswagen的缩写，意为突破坦克）以及突击坦克（Sturmwagen），这几种装备的名字都表明了研制的方向。

曼和戴姆勒·奔驰的产品后来演变成了豹式坦克，而亨舍尔和保时捷的发展成了虎式坦克。其发展过程中吸取了很多坦克专家的意见，尤其是古德里安将军的建议。按照陆军武器局（Heereswaffenamt）的要求，该车离实际需要还存在一定差距。实际上，对虎式坦克标准最后拍板的是希特勒，他提出：我们需要的战车第一要有强大的火力，可以消灭任何对手，第二是要有当时最强的装甲，第三是要有40公里的时速。这个要求是在苏联战役开始前的两周的1941年4月26日希特勒与国防军领导以及国防工业领袖的一场谈话中提出来的，这也是虎式坦克和豹式坦克研发的一个重要里程碑。之后这项工作进展明显加快，根据实际情况又陆续作了一些改进。负责任地说，虎式坦克绝对不是一辆为强力的88毫米高射炮量身定做的一个架子，而是作为一辆突破Ⅰ—Ⅳ号坦克发展框架的全新战车来研制，其质量的飞跃突破了那个时代，并成为一个至今流传的神话。

因为研制进入了一个全新的领域，为了稳妥起见，选择了两家公司同时竞争开发。可以确定的是新坦克的定型研发最迟开始于1941年中。竞争的双方是亨舍尔和保时捷。亨舍尔的主设计师是阿德斯博士。保时捷方则是天才教授波尔舍博士（译注：保时捷本身就是以其创始人波尔舍命名，德文为Porsche，本文采用习惯译法，进行区别翻译）。竞争本身当然是好事，但是当时德军在战场上进展顺利，同时支持两个公司研发是否真的有这个必要？实际上，造成这个现象的原因是希特勒更偏爱波尔舍的设计，而代表国防军意见的陆军武器局则更信任表现一贯稳健的亨舍尔。两家的样车几乎同时完成。在1942年4月20日希特勒生日那天，双方都将样车运往位于东普鲁士的元首大本营做了展示。整个研制周期正好是12个月。东线的战况这时也变得很糟糕，不允许他们有更多的时间去完善了。两种战车无论是外形上还是性能上都没有达到完美的程度，相比而言，亨舍尔型表现略微占优。

为了确定哪种型号最后投入量产，一个由坦克部队和兵工专家组成的委员会组建了起来，由托马勒上校领导。这不是个令人羡慕的美差。虎式坦克是当前最重要的武器项目，其选择交织着各方面的利益，包括最高统帅部、军备部、竞争企业。

尽管保时捷虎有更先进的技术解决方案和成本优势，最后还是技术保守的亨舍尔虎赢得了订单，虽然赢得有些幸运。希特勒最后带着些不满批准了亨舍尔虎的量产。

两者事先都拿到了少量生产合同，做好了物料的准备。在最终结果出来前就已经生产了一些虎式，被称为H型（亨舍尔）和P型（保时捷）虎式坦克。

我们的1连是唯一驾驶过保时捷虎的部队。当时这种坦克一共生产了120辆，后来被改造成费迪南坦克歼击车，这也是用设计师波尔舍教授的名字费迪南来命名的。在库尔斯克战役后，该车做了进一步改进，最终被称为象式坦克歼击车。

在1942年8月，虎Ⅰ型坦克开始量产。至1944年8月，亨舍尔虎共生产了1 355辆。从1943年9月，虎Ⅱ型坦克，也就是俗称的虎王投入生产，共诞生了480辆。对这些坦克的命名一开始并不统一，有人称作Ⅵ型坦克，也有人称作虎式H型。希特勒因此在1944年2月确认该型坦克的官方称呼为"虎"（Tiger）。其后继车型被命名为虎王（Koenigstiger），型号为虎Ⅱ（B型）。为了便于区别，一般称作虎Ⅰ和虎Ⅱ。我们并不受此命名的变化影响，还是称作虎式重装甲营。

通过上面这段历史，可以确定虎式坦克的研发不是由KV和T-34坦克的出现触发的，但不可否认的是它们确实大大促进了虎式的研制步伐。

前线的装甲部队要求能得到可以克制T-34的战车，甚至是直接模仿T-34造也可以接受！这个建议当然被拒绝了。举个简单的例子，在切尔卡瑟战斗期

第2章 虎式坦克——坦克发展的巅峰

间,双方大量坦克近距离混战在一起,如果坦克模样差不多,会是多大的一个灾难?另外,模仿敌方的坦克也不是个简单的事,首先就要对现存的兵工企业设备做大量的改动才行。就算这么做了,也只能取得和敌人平手的结果,并无太大意义。而我们的虎式坦克出现后取得的质量优势在各条战线一直保存到战争结束。

那些还在世的虎式坦克乘员对该坦克从来都是不吝赞美之辞,也是对其优异表现所做的一种肯定。

那时候,没有任何其他国家可以给他们的装甲兵提供这么强大的武器,也没有一个其他的部队如同虎式营一样,在培训充分,经验丰富的装甲兵驾控下取得了惊人的战绩。

我们有责任在这时候提德国的军事工业的成就,他们提供了最优秀的坦克,伴随我们赴汤蹈火,攻无不克,特别是还有别国装甲兵享受不到的待遇:一张在战场上的"生命保险单"。

图片里是一辆Ⅰ型坦克,诞生于1935年,国防军就是靠这样的装备开始了第二次世界大战。从这种坦克到1942年8月的虎Ⅰ量产,经历了天翻地覆的进化。

虎Ⅰ和虎Ⅱ——一些技术上的题外话

（作者：阿尔弗雷德·鲁贝尔）

腓特烈大帝一直要求他的将军们带兵要掌握"行军"和"列阵"的艺术，也就是说部队要做好随时行军和作战的准备。而二战时候的德国坦克兵就兼备了这两种能力，可以随时机动和进攻，超过前辈想象的是，还有装甲板替我们抵挡对手的炮火。

只有火力、防护性和机动性三者平衡结合的坦克才能称得上是好坦克。过于强调其中的某一方面，必然是以牺牲其他两项性能为基础的。

少许遗憾的是，虎式是个有所偏废的例子：为了取得武器和防护上的优势付出的代价是薄弱的机动性。虎式乘员深受其拖累。

强大的发动机可以带来更好的单位功率，但是对于重达60—70吨的虎Ⅱ坦克来说，其改善微乎其微。要想让一辆虎式拥有50公里/时的越野速度，就好像当今50吨的豹2可以做到的一样，还必须要有更先进的驱动和传动技术配合，这在当时还是不现实的。

如果想要给虎式坦克一个公正客观的评价，那就必须要以它在战场上的表现来衡量。

虎式坦克是一种拥有重型装甲防护的战车，拥有一门精准的大炮，没有任何敌方坦克可以抵挡住它的攻击。任何对手面对虎式坦克时都无法掉以轻心，尤其是虎的射程还远优于对手。虎Ⅰ能装载90枚炮弹，足够支撑3—4个战斗日。

从以上我们可以看出虎在防护性和火力这两个指标上是无可挑剔的。机动性上则有不足了。

由于研制时间的急迫，整个动力系统还不够成熟，加上一些战术上的使用不当，使得这个弱点暴露无遗，当然，整个东线越来越糟糕的战况也是雪上加霜，使得虎式疲于奔命，更容易受损。

这些都大大限制了虎式的发挥，过度的宣传还使得人们对它抱有不切实际的期望，反而造成了实际使用时的落差。

另外还有一个不利因素则是人力资源，战争后期越来越难给这珍贵的坦克配备战斗经验丰富的人员，尤其缺乏合适的车长。

值得庆幸的是，建立虎式营的时候是以成军已久的勇敢的坦克团为基础组建的，这给了部队一个很好的发展基础。

虎 II 的研制相对来说有了更多的时间，确实也有很多改良的技术运用了进去，但最终结果还是达不到设计的初衷。

虎式在坦克技术上也有所突破，其液压制动也被战后的豹1和豹2所继承。

虎式还有一个实用的能力则是在经过短时间的准备后，可以潜渡深至4米的水域。

对技术感兴趣的读者可以看以下列出的数据：

德国VI型坦克：虎 I 和虎 II

规格	虎 I，E型，Sd.kfz181	虎 II，B型，Sd.kfz182
引擎和动力		
生产商（总装公司）	亨舍尔父子公司	亨舍尔父子公司
战斗全重	56.9吨	69.7吨
乘员	5人	5人
武器		
主炮	1门88毫米 KwK36型 69倍口径火炮	1门88毫米 KwK43型 71倍口径火炮
炮塔机枪	1挺MG34型7.92毫米机枪	1挺MG34型7.92毫米机枪
前列（无线电员）机枪	1挺MG34型7.92毫米机枪	1挺MG34型7.92毫米机枪
冲锋枪	1把MP40 9毫米冲锋枪	1把MP40 9毫米冲锋枪
载弹量		
破甲弹及榴弹	92	72—84
机枪弹	3 920—4 500	5 850
冲锋枪弹	192	192
火力		
破甲弹重量	10千克	10.4千克
炮口初速	810米/秒	大约1 000米/秒
穿透力		
距离500米	140毫米	205毫米

续表

规格	虎Ⅰ，E型，Sd.kfz181	虎Ⅱ，B型，Sd.kfz182
穿透力		
距离1 000米	122毫米	186毫米
距离1 500米	108毫米	170毫米
距离2 000米	92毫米	154毫米
距离2 500米	82毫米	140毫米
车体装甲防护		
车体正面	100/66毫米	100/40毫米
驾驶室正面	100/80毫米	159/40毫米
侧面上方	60/90毫米	80/90毫米
侧面下方	80/90毫米	80/65毫米
车尾	82/82毫米	80/60毫米
车体上部	26毫米	40毫米
车体底部	26毫米	25—40毫米
炮塔装甲防护		
炮盾	110/90毫米	80毫米
炮塔侧面	80/90毫米	80/69毫米
炮塔尾部	80/90毫米	80/70毫米
炮塔顶部	26/0—9毫米	44/0—10毫米
最高时速	38—45公里	38公里
巡航速度		
公路	大约20公里/时	15—20公里/时
中等程度越野	大约15公里/时	大约15公里/时
活动半径		
公路	大约100—110公里	大约130—140公里
中等程度越野	大约60公里	大约85—90公里
载油量	534升	860升
油耗		
每百公里公路	大约500—534升	大约600—650升
每百公里越野	大约900—935升	大约1 000升

第2章 虎式坦克——坦克发展的巅峰

续表

规格	虎Ⅰ，E型，Sd.kfz181	虎Ⅱ，B型，Sd.kfz182
行驶性能		
履带压力	1.088千克/厘米^2	1.037千克/厘米^2
动力比	12.3马力/吨	10.1马力/吨
离地间隙	47厘米	49厘米
壕沟跨越能力	2.3米	2.5米
越障能力	0.8米	0.85米
爬坡度	35度	35度
涉水深度（有潜渡装置可通过4米水深）	1.2米	1.6米
长度		
炮管向前总长	8 241毫米	10 286毫米
炮管向后总长	8 350毫米	9 966毫米
无炮管总长	6 200毫米	7 374毫米
炮管向前出车身长度	2 040毫米	2 912毫米
履带着地长度	3 605毫米	4 200毫米
宽度		
全宽	3 705毫米	3 755毫米
履带外沿间宽度	3 560毫米	3 590毫米
履带间宽度	2 822毫米	2 790毫米
行进履带宽度	725毫米	800毫米
装运履带宽度	520毫米	600毫米
车身底部宽度	1 800毫米	1 760毫米
炮塔圈宽度	1 790毫米	1 850毫米
高度		
总高	2 880毫米	3 075毫米
炮口高度	2 195毫米	2 250毫米
引擎和动力		
引擎	迈巴赫 HL230 P 45	迈巴赫 HL230 P 30
第1—250号车	迈巴赫 HL210 P 45	
动力输出	2 500转/分 600马力	2 500转/分 600马力
动力输出	3 000转/分 700马力	3 000转/分 700马力

续表

规格	虎Ⅰ，E型，Sd.kfz181	虎Ⅱ，B型，Sd.kfz182
活塞运动	12/V	12/V
制冷	23 880（21 353）水冷	23 880 水冷
齿轮箱	奥尔瓦（Olvar）40 12 16	奥尔瓦 40 12 16 B
挡数	8个前进挡，4个后退挡	8个前进挡，4个后退挡
车体和炮塔	车体带旋转炮塔，由主发动机驱动	
虎Ⅰ行驶，驾驶，制动系统		虎Ⅱ行驶，驾驶，制动系统
2条履带各有96块板（节距130毫米）		2条履带各有96块板（节距130毫米）
主动轮前置，引导轮后置		主动轮前置，引导轮后置
每侧8个三重路轮，总共48个路轮		每侧9个双路轮
每个三重路轮配有2个减震弹簧		每个双路轮配有2个减震弹簧
液压助动驾驶盘		液压助动驾驶盘
双轮转向机构		双轮转向机构
阿尔古斯盘式制动		阿尔古斯盘式制动
瞄准具及通讯器材		
光学瞄准具	TZF9b	TZF9b/1，后改为1d型
导航器	速率陀螺	速率陀螺
通讯器材	1套车内通讯器	1套车内通讯器
	UKW 发射器	UKW 发射器
	UKW 接收器	UKW 接收器

注：虎式指挥型拆掉了炮塔上的并列机枪，同时装填手担任第二无线电员。

引用资料来源：武器测试6，1943，虎式狂热D656/27。武器测试6，1944，《装甲车辆技术数据》（联邦档案）。斐迪南·冯·森格和艾特林：《德国坦克1926—1945》。斐迪南·冯·森格和艾特林：《战车1916—1966》。维尔纳·奥斯瓦尔德：《帝国陆军，国防军，联邦德国陆军的战斗车辆和坦克》。瓦尔特·斯皮尔伯格：《虎式坦克及其车族》。几位前虎式乘员的口述资料。艾贡·克莱纳/福柯玛·库恩：《虎式——一种传奇武器的历史，1942—1945》。

虎式坦克与其对手的比较和评价

(作者：阿尔弗雷德·鲁贝尔)

在装甲和火力这对矛与盾的比赛中，如果我说虎Ⅰ和虎Ⅱ给坦克乘员提供了第一流的防护，小胜火力一筹，没人会反对。虎式坦克从1942年底投入战斗直到1944年初苏军大量装备85毫米坦克炮之前，76.2毫米坦克炮的直射对它几乎造不成任何威胁，除非特别背运的时候才会被毁伤，也就是说在前线坦克对决的时候，装备76.2毫米的一方处于绝对劣势。这一期间，更大的威胁是由"沉默的反坦克炮"造成的，它们一般都可以从侧面袭击虎式的弱点。后来虎Ⅱ的装甲防护虽然得到了增强，但是面对85毫米和100毫米炮的攻击时，被贯穿的可能性还是比较大。其中的原因一方面当然是对手的火力增强了，但是另一方面，因为缺少钼和铬添加到钢铁中以增加硬度，德军的装甲质量也下滑了。只有硬的碳钢才能给坦克提供完善的保护。

两型虎式的机动性都不佳，只是虎Ⅱ更为糟糕。原因还是"动力不足"。那时候的军事技术没法提供更强大的发动机了。

火力是最令人满意的地方。装备虎Ⅰ的36/L型56倍口径高射炮，这是一种准头极佳的高性能火炮，是你所能想到坦克上能有的最好武器。之后新研发的43/L型71倍口径88毫米坦克炮则是一种更为伟大的利器，在战场上就没遇到过对手。所有的长倍口径炮管都会碰到的问题就是炮弹发射带来的冷热变化会导致炮管的轻微变形，这会对射击精度有不良的影响。

从虎式诞生开始直到现在，都一直被看作是个奇迹。尤其令人惊讶的是它的粉丝里为数众多的是德国以外的人，比如法国人、美国人、瑞士人，他们对虎式的研究做得非常透彻。哪怕是现在，虎式还能激起人们极大的兴趣，而我们这些当年驾驶过它的人，却因为太熟悉了，而没有这样的感觉。当然，我们觉得自己还是很幸运的，我们那支老装甲团（指503前身）通过虎式举世皆知了。

要全面地评价虎式，还必须要考虑到虎式是在局促的战时经济条件下完成研制的。军火工业在研发、物料筹集、测试和定型上付出的卓越努力不应该被遗忘。那些科学家、技术人员和工人都做出了卓越的贡献。出于感谢，我们给随营工作的亨舍尔公司员工送上了葡萄酒作为1945年的新年礼物。

如果有谁像我一样，在国防军从事了20年的训练、作战和研发工作，并且退役之后还在坦克制造行业工作过的话，就可以看出来，虎式坦克无论是从技术角度还是从武器角度来看，都是很大的突破，其对战时和战后的坦克研发都有很大的影响。我敢说，当今这些依赖精密电子设备的坦克在恶劣的战争环境下的稳定作战能力肯定还不如虎式。

我是想用以上这段貌似"偏离"主题的话来把虎式和当今的坦克研制做个简单的比较，这样才可以更衬托出虎式在那个年代的横空出世的惊艳。503营在前线的25个月里，有23个月是在东线度过的，只有2个月是在西线作战。所以说对苏联人，尤其是苏军坦克了如指掌。当然除了坦克这个主要的对手之外，其他的武器和战术也对我们造成了重大威胁，西线亦是如此。

苏军投入了大量的技战术手段来和德军在陆战中对抗。

而德军有些优势是对手一直没能赶上的。

● 通讯：我们成熟的，各车相通的无线电联系使得所有人对战场形势非常清楚。

● 人员配备：五人制车组使得指挥官有充裕的人手去进行警戒、目标识别和作战。

● 机动性：虽然从机械的角度来说，德军稍处下风，但是指挥官的战术灵活性使得德军反而不吃亏。苏军没有像古德里安将军这样的天才指挥官，他的指令从来都很简单："坦克部队只要知道目的地是哪里就行，什么路线由自己决定。"

苏军投入了大量的直射武器和我们的装甲部队对抗：

● 装备有85毫米炮的T-34/85。

● T-34装备的76.2毫米炮也是苏军广泛装备的反坦克炮，因为它的炮弹初速很高，经常是同时听到它发射和击中的爆炸声，所以被我们称作"咔咔（Ratschbum）"炮。

● 装备100毫米炮的SU-100，可以对虎式造成非常大的威胁。

T-34/85还是挺令人尊敬的，这种坦克改善了通讯性能，很明显，苏军从我

第2章 虎式坦克——坦克发展的巅峰

们身上学到了一个真理：再好的武器，如果没有强有力的指挥协调只会沦为废物。

苏联人还是使用地雷的大师级对手。面对他们的地雷阵，我们没有什么特别好的对付办法，在它面前损失了数量令人沮丧的虎式，虽然很多并没有全毁，但也只能放弃了。

从1944年开始，苏军的伊尔-2攻击机也成为我们的梦魇，尤其是对乘员造成了重大伤亡。除此之外，苏军没有其他的武器和战术值得一提。

通过租借法案，美国给苏联从1943年起提供了大量谢尔曼坦克。但这种坦克对虎式不构成威胁。

我们在西线的作战经历仅限于在诺曼底的那两个月，对美军认识有限。但我们感觉他们的那些武器和战术对虎式的威胁微乎其微。雷电和台风战斗轰炸机对我们的攻击其实不是很奏效，但数目庞大，不间断发起袭击使得德军行动自由大受限制。

T-34/76中型坦克，装备L/41，2型76.2毫米火炮，长5.91米，高2.62米，宽3米，重26.5吨，500马力，乘员4人，正面装甲45/60毫米，时速53公里，最大行程430公里。其来自于BT快速坦克里斯蒂悬挂装置非常实用。倾斜装甲板使得该型坦克防弹外形良好。该坦克一开始定型时使用的是短身管的L30，5型火炮，在1942年被长身管的L/41，2型火炮取代。其有A和B两种没有车长塔的小炮塔的生产型。其中B型加强了前装甲防护。之后有了C型，就增加了车长指挥塔。这种坦克还有一个优势就是宽大的履带板带来了更好的泥沼地及雪地通过能力。它的地面压强仅为0.7千克每平方厘米，而动力推动比则高达19马力每吨。T-34从1941年起就逐渐成为苏军的主要装备，直到1944年中被改进的T-34/85取代为止。

T-34/85中型坦克，装备L/51，5型85毫米炮。长6.1米，高2.72米，宽3.02米。重32吨，500马力，乘员5人。正面装甲45/70毫米。其他的如速度、行程、地面压强和动力比略低于T-34/76。其车体和炮塔装甲都做了加强。简化的车长指挥塔有六向观测镜。从1944年中开始，逐渐取代T-34/76，在世界范围内使用到20世纪50年代。各种T-34车辆一共生产了大约2万辆。

SU-85自行火炮，装备L/51，5型85毫米炮，SU-100装备的则是100毫米炮。长5.93米，高2.45米，宽3米。重30吨，500马力，乘员4人，正面装甲75毫米。时速56公里。行动装置，车体和动力都来自T-34。箱式车体四面装甲都是倾斜布置，防弹性能好。长炮身并无炮口制退器。这是一种火力强大的优秀歼击车，是虎式的危险对手。

第2章 虎式坦克——坦克发展的巅峰

SU-122自行火炮，各项技术指标和SU-85类似。主要装备了一门122毫米火炮，并配有装甲强化的炮盾。主要用于支援步兵和坦克部队。在1943/44年活跃于战场，从1945年后就不多见了。非常得力的一型突击炮，射击弹道短。

ISU-122装备了D-25S火炮，并配有炮口制退器。从1943年中出现在战场。在1944年底被ISU-152取代。突击炮一般都有强大的火力，射速较低。

SU-152（ISU-122，ISU-152）自行火炮装备了37 L/29型152毫米或者122毫米火炮。底盘来自KV或者是IS型中型坦克。

IS-2约瑟夫·斯大林型重型坦克装备一门D-23 L/43型122毫米火炮。长6.65米，高2.75米，宽3.12米。重45吨，550马力，乘员4人。正面装甲105毫米，时速43公里。使用的是KV系列底盘。巨大的铸造炮塔加上厚装甲的炮盾提供了很好的防护。大型的车长指挥塔有六向观测镜。从1944年开始装备苏军重装甲团。它是一种火力强，装甲厚的坦克，缺点是射速慢。

KV-85/IS-1重型坦克装备一门85毫米火炮，继承了KV系列的坦克底盘。车体装甲都是垂直布置。炮塔和T-34/85一样为铸造一体成型。出现于1943/44年，很快被T-34/85和IS-2取代。

第2章 虎式坦克——坦克发展的巅峰

这种76.2毫米多用途炮在苏军里大量装备，并对虎式造成一定威胁。后期型装备了炮口制退器并有不同样式的炮盾。因为其射击的声音被我们称作"咔咔"炮。

英国、加拿大及美国坦克

我们在诺曼底和东线都碰到过这些坦克。

不管是这里面的哪型坦克，我们都没放在心上，因为它们没能造成任何威胁。最为可悲的是，无论是它们自己还是苏联的坦克乘员，对这些装备也没有信心。

不过它们刚出现的时候，奇异的外形还是给我们留下了一些印象，特别是美国的一些坦克，例如"格兰特/李"或是"谢尔曼"。

如果一定要找什么是值得学习的那就得算是其车内部配有的橡胶防撞层了，这可以有效地保护其乘员经受撞击时免遭伤害。这些坦克对乘员的保护考虑得比较周到，比如驾驶员在下雨天的非战斗状态下行军时可以在一个配有加热片和防雨隔板的篷子下驾驶。

动力上来说，它们装备的是飞机上使用的星式发动机，性能优良。其火炮不算坏，口径一般在75—105毫米之间，但其射击准头欠佳。

装甲防护只能用糟糕来形容。我记得在"城堡"行动中，第一次碰到了谢尔曼，我们吃惊地发现，对付它们不能用穿甲弹，因为炮弹会直接从一头钻进去，从另一头钻出来，还没来得及引爆！所以只能使用穿甲能力稍弱的榴弹对付它们，这样可以确保炮弹在车内爆炸。

我们碰到的英军坦克不多，主要是丘吉尔坦克。但在诺曼底，英军装备的主力也是美国坦克。

丘吉尔重达40吨，速度非常缓慢，装甲还是不错的，但武器很可怜，一开始装备的居然是40毫米炮，之后换成了76.2毫米炮有所改观。

它的正面装甲厚达150毫米，超过了虎的100毫米。但虎式仍然可以在1 500米外击穿丘吉尔的正面装甲，而丘吉尔没有还手之力。

所以对我们来说，主要关注的是苏军的坦克，而在西方没有碰到真正的威胁。而英美坦克不强的原因主要还是因为战术需要不同。因为对他们来说，坦克主要是用作支援步兵的，所以相关的坦克技术要求、乘员的主动性和坦克的指挥运用都是围绕这个思路展开的。

苏军则在和我们的常年作战中，学到了装甲部队使用的精华。所以他们也按照他们的理解去使用西方装备，表现大大优于他们的西方同盟。

租借法案的真正价值就是苏联没有付出任何成本就迅速获得了大量技术装备。从1942年起，大约1万辆坦克由美国送抵苏联，这占苏联二战所有装甲力量的10.2%。

丘吉尔坦克，装备57毫米或者75毫米火炮。长7.45米，高2.49米，宽3.25米，重40吨，350马力，乘员5人，正面装甲100/150毫米，时速30公里，最大行程150公里。其特征是垂直的侧面装甲和高至车身的履带。良好的装甲防护加上糟糕的武器和机动性。

第2章 虎式坦克——坦克发展的巅峰

M4型谢尔曼将军坦克，装备短身管75毫米火炮，长5.9米，高2.82米，宽2.75米。重31吨，乘员5人，正面装甲55/65毫米，时速36公里。从1941年起装备美军，在增强了火力后装备了英军和加拿大军。是西方盟军攻占欧陆中的主力装备。也装备于苏军。

换装长身管76.2毫米的M4谢尔曼将军坦克，出现于1944年中。谢尔曼有25种变形战车，另外还有31种非战斗车型。该坦克直到1955年还在美国和世界范围内服役。其在服役中一直有所改进，但依然没法和苏军的同类坦克相提并论。

M3格兰特/李坦克。长5.65米，高3.05米，宽2.75米。重28吨，乘员7人。车体有一门75毫米火炮，在炮塔上有一门37毫米火炮。正面装甲60/75毫米。在盟军的坦克部队和步兵部队都有服役。自1944年开始逐渐退役，因为其作战能力实在太弱。

第2章 虎式坦克——坦克发展的巅峰

虎式坦克——一个传奇

(作者：阿尔弗雷德·鲁贝尔)

对我们这些虎式的乘员来说，它不算是个传奇。它只是我们完成使命的得力工具，并且为我们抵挡危险。

之所以虎式会成为一个大众眼里的传奇，是因为在战争中，西方盟军一直没有找到可以克制它的武器。而苏联人更为实干，尝试了各种手段来和虎式对抗。

当虎式出现在东线战场上进行防御时，苏联人会注意避开这段防线，寻找别的突破口。而当虎式进攻时，都会碰到苏联人的纵深防御，防坦克壕、雷区、各种口径的反坦克炮、榴弹炮，而他们的坦克则会藏得很深作为预备队。"城堡"战役是对这种苏式防守的最好诠释。虎式面对这样的敌人也是无可奈何。苏军的战术规范里面尤其强调进攻的作用，一旦发现我们的虎式攻势有所迟钝，会立马投入力量进行反攻。一名战友很好地描述了这种战术："每个伊万手里都拿着一支反坦克火箭筒，每四个人就操纵着一门76.2毫米咔咔炮或者是152毫米炮对着我们直射，T-34则到处都是。"

除了战术外，苏联人在武器方面也是进展神速，有1943/44年间T-34/85、KV-85、JS-1、JS-2坦克，以及SU-85、SU-100和SU-152自行火炮大量投入作战。苏联人的学习能力令人惊叹。

我们这些老兵都还记得每次进攻苏军阵地，都能听到苏军尖利的哨音，并且到处都是"虎式！"的喊声，他们应对虎式的战术发展得很快，包括加入了朝着我们低空俯冲过来猛烈扫射的轰炸机。

这是苏联版的德军战术手册，集中火力打得对手根本摸不着北，更别提还手了。

虎式直到1943年才出现在西线的北非战线上，之后再次交手已经是1944年的欧陆之战了，然后是鲁尔区包围战和最后的一些战斗。盟军不仅仅是在坦克上拥有压倒性的数量优势，陆地上和空中的优势完全吞没了虎式的质量优势。

　　虎式几乎没有什么机会展示自己的能力。我们营在1944年7月18日在法国芒讷维尔（Manneville）的遭遇战就是个典型的例子。虎式在西线几乎没有在战斗中发挥过决定性的作用，但其出场给西方的军人震撼过于巨大，并流传至今。

一辆正在进行测试的崭新的虎Ⅰ（Ⅵ型）坦克

第2章 虎式坦克——坦克发展的巅峰

装备虎式坦克的部队

(作者：阿尔弗雷德·鲁贝尔)

亨舍尔公司一共生产了1 348辆虎Ⅰ（E）型及485辆虎Ⅱ（B）型坦克。保时捷研制并生产了120辆虎Ⅰ，这些战车被改装成了坦克歼击车。利用虎Ⅰ和虎Ⅱ的底盘还生产出了"猎虎"和"突击虎"两种重型战车。

虎式坦克部队简史

第501重装甲营

于1942年5月10日在埃尔富特（Erfurt）建立。1942年冬被派往北非。1943年5月在突尼斯被歼灭。于1943年9月7日在帕德博恩重建，隶属中央集团军群。1944年7月在奥德鲁夫（Ohrdruf）整编，换装虎Ⅱ，随后投入了巴拉诺（Baranow）桥头堡作战。1944年12月番号改为424重装甲营，隶属24装甲军。该营最后在1945年春于下西里西亚被歼灭。

最后一任指挥官是萨米施（Saemisch）少校。

第502重装甲营

于1942年5月25日在法林博斯特建立，2个连编制。第1连被投入到列宁格勒作战，第2连在顿河下游作战，之后划归503营编制。1943年该营在森纳拉格（Sennelager）达到满编3个连，随后隶属北方集团军群在苏联战场作战。1945年1月31日，番号改为511重装甲营。该营最后在1945年春于北普鲁士被歼灭。

最后一任指挥官是冯·福斯特少校。

第503重装甲营

于1942年5月4日在新鲁平建立，2个连编制。1943年2月6日得到了502

营/3连的加强。隶属顿河/南方集团军群在苏联作战。1944年5—6月在奥尔德鲁夫整编并换装虎Ⅱ。在诺曼底作战（1944年8月）之后，于帕德博恩整编，随后投入匈牙利作战。1945年1月起隶属统帅堂（FHH）装甲军，并改番号为FHH重装营。于战败时在捷克斯洛伐克解散。

最后一任指挥官是诺德温·冯·迪斯特-科贝尔博士，军衔为上尉。

第504重装甲营

于1943年1月13日在法林博斯特建立，2个连编制。部分部队被派往北非协同501营作战。1943年5月12日随非洲军一起投降。该营留守部队转而隶属大德意志团。1944年11月18日，504营重建。作战地域为北乌克兰和意大利。

最后一任指挥官是尼尔（Nill）少校。

第505重装甲营

于1943年2月12日在法林博斯特建立。隶属西线最高统帅部，之后于1943年5月先后隶属中央集团军群和北乌克兰集团军群在奥廖尔（Orjol）地区作战。1944年6月投入诺曼底战役。1944年换装虎Ⅱ后隶属北方集团军群在东普鲁士作战。

最后一任指挥官是森福特·冯·皮尔萨赫（Senft von Pilsach）少校。

第506重装甲营

于1943年7月20日在圣帕尔腾（St. Poelten，今奥地利）建立，3个连编制。1943年9月—1944年夏，隶属南方集团军群。之后换装虎Ⅱ。1944年9月投入西线作战，包括阿登和鲁尔区包围战。1945年4月停止作战行动。

最后一任指挥官是冯·罗姆（von Roemer）上尉。

第507重装甲营

于1943年9月23日在维也纳-默德林（Moedling）建立，3个连编制。担任西线最高统帅部的预备队。1944年3月转而隶属北乌克兰集团军群。在捷尔诺波尔（Tarnpol）、维斯瓦河（Weichsel）和捷克斯洛伐克作战。该营在1945年获得过数辆虎Ⅱ。

最后一任指挥官是烁科（Schoeck）上尉。

第2章　虎式坦克——坦克发展的巅峰

第508重装甲营

于1943年8月25日建立。在德国境内和法国作战过。数次将编制内部队提供给别的虎式营。1944年前往意大利作战，经历了聂图诺（Nettuno，安齐奥附近）、乌迪内战役。在战争结束的时候，部队分散在帕德博恩、柏林、布拉格。

最后一任指挥官是施德尔特（Stelter）上尉。

第509重装甲营

于1943年9月9日在施韦青根（Schwetzingen）建立，3个连编制。1943年11月起隶属北乌克兰集团军群在卡缅涅茨-波多利斯基（Kamenez-Podolsk）、利沃夫（Lemberg）作战。1945年参加了匈牙利战役。该营自1944年起装备虎Ⅱ。

最后一任指挥官是科尼希博士，军衔上尉。

第510重装甲营

于1944年6月10日在帕德博恩建立。1944年8月参加了考纳斯（Kowno，今立陶宛）北段的作战以及在东普鲁士的行动。1945年3月，部分部队在卡塞尔作战，其余部队支援库尔兰前线。

最后一任指挥官是吉尔伯特少校。

第511重装甲营（参见第502营）
大德意志重装甲营

作为大德意志师的第3坦克团于1943年5月1日在森纳拉格（Sennelager）建立。这个营随大德意志装甲师隶属南方集团军群作战。

1944年在罗马尼亚整编后，部队被派往东普鲁士作战，直到战争结束。

最后一任指挥官是戈米勒（Gomille）少校。

党卫军第101（501）重装甲营

该营于1943年以党卫军"阿道夫·希特勒警卫旗队"装甲师的一个虎式连为基础在法国组建，当时这个师隶属南方集团军群。在组建党卫军第一装甲军后，改营番号为501，作为军直属部队。其先是在诺曼底地区和阿登地区作战，随后派往东线。最后是在匈牙利和奥地利防御。从1944年起开始装备虎Ⅱ。

最后一任指挥官是冯·韦斯特哈根，一级突击队大队长。

第500重装甲营在帕德博恩的训练场，背景处是一辆虎Ⅰ

党卫军第102（502）重装甲营

在党卫军"帝国"师的一个虎式连基础上组建，于1942年12月在法林博斯特成军。隶属南方集团军群配合师级部队作战。之后转战诺曼底。

后在帕德博恩整编，于1945年1月装备虎Ⅱ后隶属党卫军第二装甲军，改番号为502投入东线作战。最后该营终结于柏林战役。

最后一任指挥官是哈特腾普夫（Hartrampf），二级突击队大队长。

党卫军第103（503）重装甲营

1944年底，以党卫军"骷髅"装甲师的一个虎式连为基础扩建而成，同时换装虎Ⅱ。番号后改为503，隶属党卫军第三装甲军。

1945年1月在西线被拆分，一部分部队被投入东线的但泽保卫战，这部分部队后来通过海路撤离但泽，参加了柏林的最后保卫战。

最后一任指挥官是贺茨希（Herzig），一级突击队大队长。

第301（FKL）重装甲营和第316（FKL）重装甲营

于1943年组建的特殊装甲营，其装备有虎Ⅰ和虎Ⅱ型坦克，并配备BⅣ型遥控炸药车。除了执行一般作战任务外，BⅣ型战车主要被用于对付严密防守的重要目标。

这两个营都没有满员过，稍后被用来补充其他的虎式营而解散。

第512和第653重坦克歼击营

装备有猎虎（虎Ⅱ的底盘），该车装备一门128毫米的火炮（Pak 44型）。从1944年中开始，共生产了60辆。

第656重坦克歼击团

装备费迪南/象式坦克歼击车，该车是由保时捷虎的底盘加上L 71型88毫米炮（同虎Ⅱ）组合而成。从1943年起装备了部队大约90辆，共2个营。其生产终止于1944年。

第1000和第1001突击虎连

自行火炮，由虎Ⅱ的底盘和一门380毫米炮组成，从1944年9月起共生产了16辆，其主要在华沙和德国境内的一些地区作战。

第500重装甲营

于1942年12月20日在普特罗斯组建，其主要任务是为别的虎式营进行培训工作，包括党卫军。1943年2月移驻帕德博恩，隶属虎式作战及培训部，该部门是装甲部队学校的一个分部。

一部分部队投入了西线的最后抵抗。于1945年4月解散。

最后一任指挥官是霍海塞尔中校。

因为培训和研究需要，还有以下部队装备了虎Ⅰ和虎Ⅱ

位于帕德博恩的第500重装甲营，卑尔根的装甲兵学校，普特罗斯的装甲兵射击学校，库莫斯多夫试验场（Kummersdorf）。

番号的一些澄清

因为党卫军阿道夫·希特勒警卫旗队装甲师的原因，骷髅师和帝国师的新建虎式装甲营占用了5开头的虎式重装甲营的番号，原先国防军的501、502和503营不得不放弃初始的番号，改用了新的称呼。这一变化直到现在还混淆了不少人。

资料来源

乔治·特辛（Georg Tessin）：《德国国防军和党卫军的部队》，第10卷和第11卷。

虎式营总览

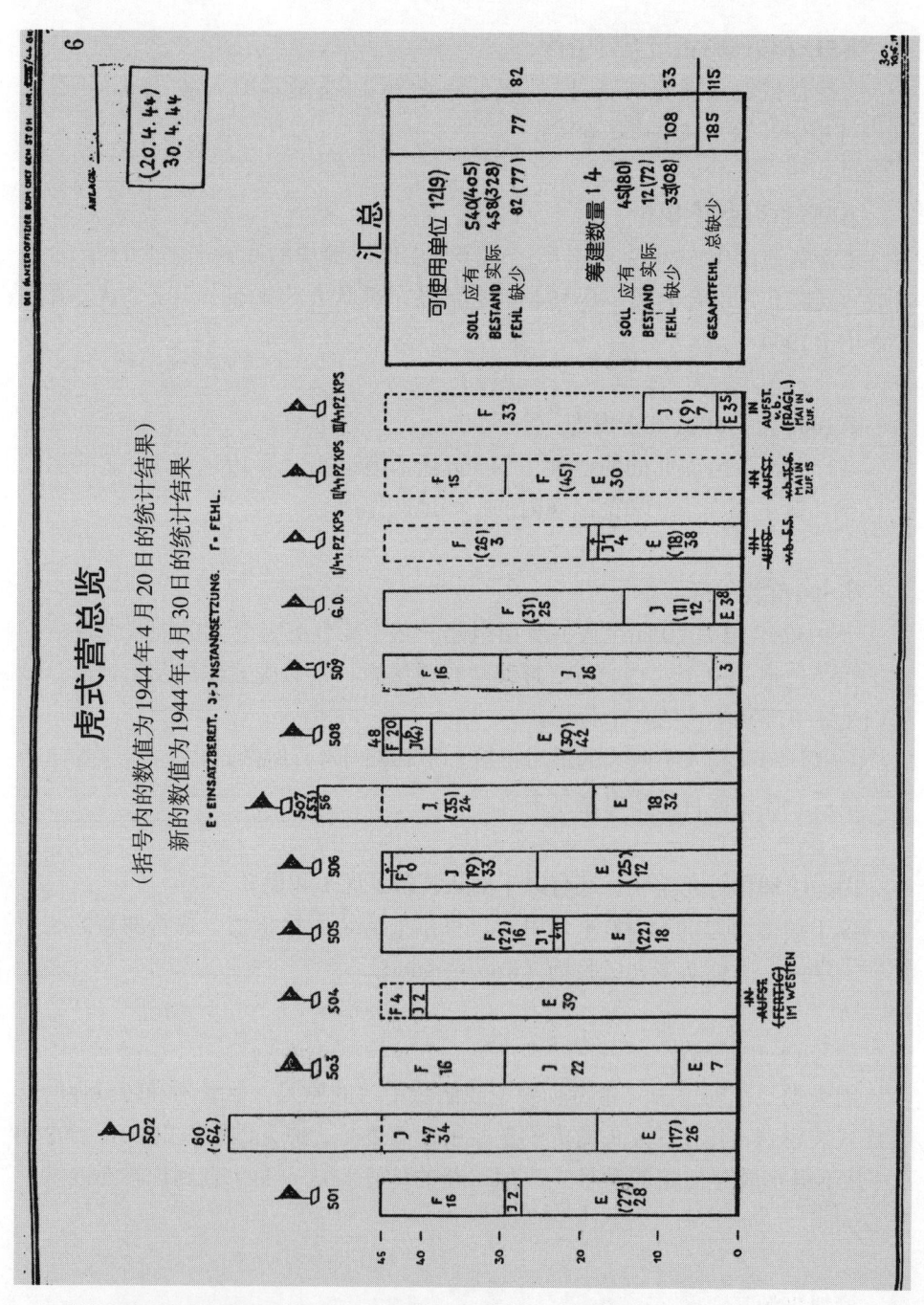

（括号内的数值为1944年4月20日的统计结果，新的数值为1944年4月30日的统计结果）

E = EINSATZBEREIT. J = JNSTANDSETZUNG. F = FEHL.

汇总

可使用单位 12(9)		
SOLL 应有	540(405)	
BESTAND 实际	458(328)	
FEHL 缺少	82 (77)	77
		82

筹建数量 14		
SOLL 应有	45(80)	
BESTAND 实际	12(72)	108
FEHL 缺少	33(08)	33
GESAMTFEHL 总缺少		185
		115

希特勒需要定期了解所有虎式重装甲营的装备状况。本图反映的是1944年4月20日于希特勒生日那天提交的报告。

虎王的装备列表

日期	接收方	数量
1943年底	实验室	3
1944年4月1日	库莫斯多夫试验场	1
1944年5月9日	库莫斯多夫试验场	3
1944年6月2日	库莫斯多夫试验场	3
1945年2月23日	库莫斯多夫试验场	3
1944年4月1日	第500装甲训练营	2
1944年6月30日	第500装甲训练营	4
1944年7月9日	第500装甲训练营	1
1944年8月10日	第500装甲训练营	2
1945年1月6日	第500装甲训练营	1
1944年4月14日	第316装甲（无线电遥控）营	5
1944年8月25日—10月21日	第301装甲（无线电遥控）营	31
1944年6月25日—8月7日	第501重装甲营	45
1944年6月12日	第503重装甲营（第1连）	12
1944年6月27—29日	第503重装甲营（第3连和营部）	14
1944年9月19—22日	第503重装甲营	45
1945年3月11日	FHH重装甲营	5
1944年7月26日—8月29日	第505重装甲营	45
1944年8月20日—9月12日	第506重装甲营	45
1944年12月8日	第506重装甲营	6
1944年12月13日	第506重装甲营	6
1945年3月30日	第506重装甲营与党卫军第501重装甲营	13
1945年3月9日	第507重装甲营	4
1945年3月22日	第507重装甲营	11
1944年9月28日—10月3日	第509重装甲营	11
1944年12月5日—1945年1月1日	第509重装甲营	45
1945年1月30日	第511重装甲营	3
1944年7月28日—8月1日	党卫军第101装甲营	14
1944年10月17日—1945年1月22日	党卫军第501（101）装甲营	40
1944年12月27日—1945年3月6日	党卫军第502装甲营	37
1944年10月19日—1945年1月16日	党卫军第503装甲营	33
1944年10月20—21日	党卫军第503装甲营及第301重装甲营	10
	合计	477

第 3 章
草创及在卡尔梅克草原上初露锋芒

第3章　草创及在卡尔梅克草原上初露锋芒

503重装甲营——历史最久的虎式坦克部队

（作者：阿尔弗雷德·鲁贝尔）

根据12卷本《二战（1939—1945）中的德国国防军和武装党卫军》（*Verbnde und Truppen der deutschen Wehrmacht und Waffen-SS im Zweiten Weltkrieg 1939—1945*）的作家乔治·特辛的说法，503营是第一个成立的虎式营，因此也是历史最久的一个。当然，领先别的营的时间也不多，就仅仅一周时间！

首批虎式营建立的时间如下：

   503营　1942年5月4日
   501营　1942年5月10日
   502营　1942年5月25日
   500营　1942年12月20日

第二批的11个营则是在1943年建立，510营在1944年建立，是最后一个。

部队的营地在新鲁平，这个地方位于柏林西面，是第6装甲团的驻地，所以营的骨干力量主要来自第5和第6装甲团，另外还吸收了很多年轻士兵。

首先建立的是营部，修理连和第1、第2装甲连。在进行了一些基础性的训练后，我们营于1942年8月被调往下奥地利的多勒斯海姆，在那里准备接受"巨兽们"。因为最高统帅部当时还没有最终决定到底采用亨舍尔型虎还是保时捷型虎列装部队，所以我们的1连领到了几辆保时捷型虎，并开始适应性训练。当陆军最终决定亨舍尔型在虎式坦克竞争中获胜后，保时捷虎立马就被收回了。

1942年12月，我们接收了第一辆亨舍尔虎。到那年年底，一共有60辆虎式被生产了出来。此时东线的战事每况愈下，尤其是南部战线吃紧，前线部队非常渴望得到虎式的支援。所以前三个营只能各装备20辆虎式，空缺的编制只能先用20—25辆Ⅲ号坦克凑合，而他们装备的仅是75毫米的火炮。要知道，凭借这样的混成部队，虎式营是没办法发挥"战场铁锤"作用的。

1942年12月21日，部队开始分批运往东线的南部战场，隶属南方集团军群作战。铁路运输很便捷地将我们运到了普洛列塔尔斯卡亚。在1943年1月刚开始，503营就在马内齐（Manytsch）与苏联人交火了。

差不多和503营在同时建立的502营，也是只有2个装甲连，营部加上修理连的不完全编制。他们则被派往东线的北部作战，但502营2连没有一同出发，还滞留在法林博斯特。在1942年12月的时候，这个连被直接运送到顿河集团军辖地，配合第17装甲师作战。他们首次作战的地域是卡尔梅克草原，位于罗斯托夫的东南方向。当时担任他们指挥官的是朗格上尉。这个被从502营拆开的连队具有很强的独立作战能力，例如拥有独立的配给份额。行动指挥权上拥有相当的自由，使得他们很满意这样的状态。

但很快最高统帅部决定将其剥离502营的编制，转而编入503营作为第3装甲连。这个决定于1943年1月生效，很多该连的人并不乐意，但军令难违。受益最大的肯定是503营，在得到这个连的加强后，成为首批虎式营里率先达到1943年编制规范里满编的重坦克营。

1943年4月503营在博戈杜霍夫获得了全额45辆虎式，加上型号齐全的各式支援车辆，我们从一个老旧的装甲团涅槃，新生成了一支实力足以傲视东线各部队的虎式营，真是之前做梦都没有想到过的豪华阵容。

第3章　草创及在卡尔梅克草原上初露锋芒

坦克出击勋章：1939—1945

在战争爆发前，曾经有过装甲部队制服上专有的绶带，后来逐渐停用了。

Ⅰ级坦克出击勋章，黄铜或者银质。

Ⅱ级坦克出击勋章，表彰25次坦克作战经历。

Ⅲ级坦克出击勋章，表彰50次坦克作战经历。

Ⅳ级坦克出击勋章，表彰75次坦克作战经历。

Ⅴ级坦克出击勋章，表彰100次坦克作战经历。

在1942年3月15日国防军节举行的阅兵式。很多来自第5和第6装甲团的士兵组成了第503重装甲营的骨干力量。

弗兰茨-威廉·洛赫曼（右数第2人）和第1连的士兵在新鲁平。

第3章 草创及在卡尔梅克草原上初露锋芒

第5装甲营在新鲁平使用老式的Ⅲ号和Ⅳ号坦克进行训练。

新鲁平火车站。大部分503营的士兵都是经过这里到达部队的。

503重装甲营战史

弗兰茨-威廉·洛赫曼在他们连的兵营大门执勤时的照片。照片摄于1942年6月。

士兵们在新鲁平湖边上拿着印有第6装甲团的救生圈拍照留念。

差不多同时，502重装甲营在法林博斯特成立了。埃德加·艾斯纳下士在一辆涂有"猛犸"标记的Ⅲ号坦克前留影。

第3章　草创及在卡尔梅克草原上初露锋芒

乌德里希上等兵站在一排装备50毫米炮的Ⅲ号坦克前，照片摄于1942年9月。

在他们的宿舍外面也挂着猛犸的图案。窗口探出身来的是海登军士长，门口的是海瑟上士。502营的2连于1943年1月在苏联前线被划归503营作为3连。

由舍夫中尉和福尔迈斯特下士主持的晨会。

连里的得力干将海因里希·伦道夫连军士长。之后在503营里成为一名出色的坦克指挥官。

第3章 草创及在卡尔梅克草原上初露锋芒

伦道夫连军士长在分发从家乡寄来的邮件，站在中间的是彼得·米德尔下士。照片摄于法林博斯特，1942年12月。

503营的1、2连在1942年8月被派往位于维也纳以北的多勒斯海姆练兵场。照片里第1连的一些士兵站在营房前合影。

503重装甲营战史

梅勒少尉（戴大檐帽者，于1943年1月9日阵亡）和1连4排的士兵们在游览维也纳的美泉宫。队伍左边的是洪克二级中士，右边的是特斯默二级下士。

在1942年9月间，1连和2连都装备了部分保时捷（P）虎的试验型。最后赢得虎式设计竞赛的是亨舍尔的产品。保时捷虎的底盘后来被用作生产"象"式坦克歼击车。而88毫米炮的炮塔则被虎式量产型采用。

第3章 草创及在卡尔梅克草原上初露锋芒

1942年12月21日起，503营的2个连被火车送往苏联前线。当时第6集团军在斯大林格勒被包围，战况非常危急。图片里展示的是装备75毫米火炮的Ⅲ号N型坦克，这辆坦克上还装饰了一棵圣诞树。人物左起是布尔迈斯特上等兵、鲍斯曼列兵、克拉特二级下士、彼得上等兵、米斯菲尔特上等兵。

出发前终于领到了亨舍尔型虎式。这辆即将从高普弗里茨出发的"233"号虎式也装饰了一棵圣诞树。

3连的成立以及在顿河集团军群的第一次作战

（作者：理查德·冯·罗森男爵）

法林博斯特

朗格上尉指挥的第502营2连在罗斯托夫接到就近划归第503营指挥的命令，于1943年1月16日正式改编为第503营3连。该连之前一直独立作战，颇为自由。这段时期虽然不长，但形成的特立独行的风格给他们在整个战争期间的表现留下了深深的烙印。所以本章节会着重说说这支部队在隶属503营之前的经历。

第502营2连于1942年5月在班贝格以第35装甲兵后备营为基础建立。这

理查德·冯·罗森少尉在1943年4月拜访他的父亲冯·罗森上校，当时他正担任一个集团军的参谋职务。

个后备营是从第35装甲团划拨出来的。1942年7月28日，构成第502重装甲营的各单位集结在法林博斯特的练兵场进行进一步的磨合。其1连在1942年8月23日成立了连部和半个维修排，开始的家当只有4辆Ⅳ型和几辆短身管75毫米炮的Ⅲ号坦克。但很快第一批4辆虎式装备了该连，具有了作战的实力。

2连本来的计划是在法林博斯特得到装备后，前往苏联北线与502营会合。但是2辆于1942年的9月25日刚刚领取的虎式在10月13日就被要求转交给已到达苏联的1连使用。此时拥有装备优先权的不仅仅是第502营的1连，还有同处法林博斯特的第501重装甲营，因为他们有更紧急的任务——挽救北非的败局，第501营在1942年11月刚刚齐装满员，就被立刻送往了突尼斯。

在看到2连迟迟没能得到虎式，502营指挥官梅尔克少校命令2连带上现有装备，前往克拉斯诺沃德斯克地域集结。同时命令佩希少尉带一支先遣队提前出发，为2连在那里建立过冬的营地。但是2连连长朗格上尉很不喜欢这个主意，于是通过最高统帅部的第6监察处的关系驳回了营长的命令。2连得以继续待在法林博斯特。

因为虎式装备数量有限，所以大部分训练只能是注重理论知识了，他们还编写了相当不错的教程。培训局限在一些武器使用和战地工事的构筑上。为了使得技术人员对将要装备的武器有基本的操作经验，2连于1942年12月开始将修理连和所有的虎式驾驶员都送到了503营进行实习，但很快这次培训就于12月21号结束了。

库贝勒和罗斯托夫防守战

在没有提前通知的情况下，2连在12月21日和22日各得到了一辆虎式坦克。25日2辆，26日3辆，在28日得到了最后的2辆。所有的坦克在被卸下火车后，又被立马要求重新装车。原来在几天前的12月23日，一道新的命令刚刚签发，部队将被配属给顿河集团军群。这也意味着该连不会与502营在北线会合了，它将独自在南线作战。

按照2连的标准编制来看，它是无法承担独立作战所需要的补给和后勤工作的，所以陆军后勤站又分配了一批卡车给它，这一工作持续到12月26日结束。从其他部队调来的卡车驾驶员则在27日上午全部到位。数量庞大的物资包裹和人员从德国各地赶来。比如虎式的炮膛清理杆没有随坦克一起送达，有一个分队就被派到克虏伯的下属企业魏克曼工厂去领取。由冯·罗森少尉带领的小队在12月24日被派往萨尔布吕肯去取坦克防滑链。在一番努力下，装备和人员终于都齐整了，整个连在27号、28号和29号分3批离开法林博斯特前往顿河前线。

斯大林格勒战役此时正如火如荼地进行着，德军形势不妙。2连的所有战士们都明白火急火燎派往前线的原因，这关系到整个东线的命运。当他们经过罗斯托夫火车站时，看到了蜂拥溃退中的罗马尼亚人和意大利人。很明显，一场灾难已经发生了。过了罗斯托夫，虽然坦克还是装载在火车上运输，但所有人都做好了随时开火的准备，有部分苏军已经突破了防线，很有可能骚扰铁道。

在1943年1月5日和6日，2连三批出发的部队在普洛列塔尔斯卡亚集结完毕，7日就随第17装甲师前往库贝勒地区准备作战。这段107公里长的行军是在刀子般凛冽的寒风中进行的，值得自豪的是10个半小时的连续行军中，没有出现任何一起抛锚事故。

此时2连共装备了9辆崭新的虎式和10辆Ⅲ号坦克（短身管75毫米火炮型），其中1辆虎式属于连部，剩下的8辆虎式平摊到2个排，10辆Ⅲ号坦克也是平摊成2个排。连长是朗格上尉，其他军官还有舍夫中尉、少尉陶伯特博士、福柯尔少尉、维纳特少尉、冯·罗森少尉。参谋则是伦道夫军士长。

从库贝勒市出发，有一条穿越数条河流的铁道线向东延伸，连着斯大林格勒。本来该防守这段200公里的防线的意大利和罗马尼亚军队已经处在分崩离析的状态。仅凭手里现有的力量去填平这个口子非常困难，更别说解救斯大林格勒被困部队了。现在能做的就是尽量稳定溃军的军心，阻止局势进一步的恶化。

1943年1月8日，2连遭遇了第一次实战。有2个团的苏军在坦克的支援下，从奥瑟斯基向第17装甲师防守的库贝勒区域发起进攻。在2连的支援下，苏军损失了2辆坦克、8门反坦克炮和留下上千具尸体，无奈以失败告终。2连也有了第一批伤亡，查恩三等兵阵亡了，葛瑞尔军士长和他的Ⅲ号坦克车组失踪了（包括伦格中士、维尔纳·约根森、卡尔·维贝舍和西格蒙·鲁梅儿）。此外格里克中士也受了重伤，不得不截除一条大腿。

9日清晨，2连发动了对伊沃瓦斯卡基的进攻。在短暂交火后，肃清了那里的苏军。共消灭了5门反坦克炮、2门野战炮以及大约一个营的步兵。在9点的时候，连里又接到了从无线电里传来的新命令："大约15辆苏军坦克出现在布拉兹克基附近，速前往迎击并消灭对手。"在双方遭遇前，苏军开始往萨尔斯基方向撤退，命令随即更新为进攻奥瑟斯基。一番恶战后，又取得了消灭12门火炮的战果。在作战中，2连损失了上尉陶伯特博士，当他正在试图扑灭着火的发动机时被击中身亡。福柯尔少尉则断了一只胳膊。在2天的行动后，2连就只剩下了4名军官。

第3章 草创及在卡尔梅克草原上初露锋芒

通过3车次的铁路运输，部队在1942年圣诞节左右通过明斯克，到达戈梅尔地区。当地的气温已经是在零下30摄氏度，履带也被冻结了。随后又越过了哈尔科夫和罗斯托夫，到达了位于卡尔梅克草原的目的地普洛列塔尔斯卡亚。在1943年1月1日和2日卸车后，部队做好了战斗准备。

短暂休息中的士兵们。当时驻扎在一个工厂区中。部队的主要任务是防守住沿马内齐河的防线以及罗斯托夫，为下一步行动做好准备。

503重装甲营战史

修理连整天忙着处理虎式和Ⅲ号坦克的问题。本图可以看到在位于普洛列塔尔斯卡亚的营房外，修理连架起了一座吊车，一列坦克正在排队准备维护。

部队在1942年和1943年相交的时候到达普洛列塔尔斯卡亚。本图是一辆502营2连的崭新道依茨（Deutz）卡车，可以看到车辆还没有进行冬季涂装。在卡车的前挡板上还可看到虎首的标志。站在车旁的是根茨代理下士。

502营2连的威利·那赫施德特下士站在暖暖的冬日下。背景是一辆轮胎上绑有防滑链的卡车。

第3章 草创及在卡尔梅克草原上初露锋芒

白雪皑皑，一望无垠的卡尔梅克草原是503营第一次实战的战场。苏联人被成功地阻挡在东面。

111号虎式的指挥官把自己裹得结结实实。可以看到这辆坦克的外壳上已经有了一些弹坑，还有一个从Ⅲ号或者Ⅳ型坦克上取来的储物箱。

这辆驶过来的虎式没有采用冬季涂装。可以看到背景的村子里整齐地排列了一排火箭炮。在1943年1月中下旬，503营主要在卡尔梅克草原活动，之后撤回了罗斯托夫。

可以看到坦克的白色涂装已经脱落得所剩无几了。这辆虎式的编号为111，表示这是1连1排的1号车（排长座车）。在指挥塔上的是比斯克下士（炮手）和蒙觉上等兵（装填手）。

502营2连的指挥官朗格上尉和他手下的排长之一瓦尔特·舍夫中尉。1943年1月14日该连正式改编为503营3连。

第3章　草创及在卡尔梅克草原上初露锋芒

这是戈特霍德·乌德里希的照片，他担任排长舍夫中尉的座车驾驶员。

2排排长舍尔和他的乘员组在休息。有一块坦克侧裙板已经脱落了。

502营2连的旧识别车号在该连并入503营后并没有马上取消。在侧裙板上有一个半圆形小洞是便于乘员爬上坦克刻意弄出来的。戈特霍德·乌德里希坐在了烟雾发射器上面。照片里从左往右是汉纳斯·施耐德、戈特霍德·乌德里希、奥托·赫尔曼（后排）、瓦尔特·舍夫和弗里茨·穆勒。

瓦尔特·舍夫的211号虎式。该照片摄于1943年初。可以看出石灰涂装基本都脱落了。侧后方是一辆Ⅲ号坦克。

第3章 草创及在卡尔梅克草原上初露锋芒

成功的行动也避免不了苦涩的伤亡。这是在普洛列塔尔斯卡亚的士兵公墓,本来是计划稍后移葬德国的,但是因为作战失利后从马内齐后撤,无法再完成这个任务了。这里埋葬的几位503营2连的士兵是在1943年1月6日阵亡的。

1943年1月底在撤回罗斯托夫的路上,两名13×号虎式的乘员并排站在坦克前面。

111号虎式在罗斯托夫。无线电员位置上的机枪和火炮都穿上了罩衣。

进行弹药补给作业的虎式。照片中从左至右的是弗里茨·穆勒、连军士长沙德和汉纳斯·施耐德（戴船帽者）。

第3章　草创及在卡尔梅克草原上初露锋芒

一些不常见的动物也被用在了运输上。这张图片上可以看到士兵们都很喜欢这头骆驼，以前只在动物园里见过。

正在从200升油桶里进行加油的213号虎式。照片摄于1943年1月的罗斯托夫。坐在炮管上的是彼得·米德勒和君特·库纳特。

这是一辆Ⅲ号N型坦克。齐格弗里德·席勒是该车的无线电员。猛犸标志几乎看不清楚了。装备Ⅲ号坦克的轻型装甲排一般都会受到较多的损失。

113号虎式正在第15集体农庄进行加油作业。后方是143号虎式。在苏联的第二个冬季，德军可以穿得暖暖的，不用担心严寒了。

第3章 草创及在卡尔梅克草原上初露锋芒

1943年2月，修理连选定了一个工厂开始宿营。

冯·罗森少尉的虎式乘员组在塔甘罗格（Taganrog，罗斯托夫附近）的一间厂房里，这辆虎式看起来处于维护状态。照片里从左至右是艾斯纳、洛特曼、库纳特、马泰斯。

211号虎式的负重轮损坏了。一节履带被摆在了坦克上。

在罗斯托夫作战期间，部队经常被苏联飞机空袭。坦克和卡车在旷野上是极佳的目标。本图摄于1943年2月4日。

这张照片很好地展示了草原上的风会有多大。一名传令兵带来了一份文件。

第3章 草创及在卡尔梅克草原上初露锋芒

在萨尔斯克附近一辆被击毁的T-34/76。可以看到该车已经使用了顶端有两个圆形出口的铸造炮塔。炮管可能是被击中或炸膛了。一侧的3个路轮的橡胶垫圈也丢失了。

美国的援助法案使得苏联获得了很多美制坦克。本图展示的是一群士兵正在查看一辆斯图亚特轻型坦克，其装备了一门37毫米火炮。

德军正在检查一辆被击毁的美制格兰特坦克。一般来说，美制坦克无论是从火力上还是防护性上都落后于苏制坦克。但不能否认大量的美制武器武装了无数的缺少装备的苏军，使得他们可以和德军作战。

轻型排的Ⅲ号坦克到达了米乌斯河畔的普罗克斯科耶（Pokrowskoje）。在罗斯托夫丢失后，这里成为了新的防线所在地。坦克必须要驶过结冰的米乌斯河，不幸的是103号Ⅲ号坦克压破了冰面，带着4名乘员沉入了河底。

1943年3月初在米乌斯。这辆215号Ⅲ号坦克的指挥官是彼得·米德勒下士（黑衣者）。站在前挡泥板处的是海因茨·盖特纳下士，他后来成为了一名战绩斐然的虎式指挥官。照片中还可以看到驾驶室前面的附加装甲因为被击中而变形了。

第3章 草创及在卡尔梅克草原上初露锋芒

虎式的炮管被当作了屠宰牛的吊杆。穿浅色夹克的是戈特霍德·乌德里希。炮管上坐前面的那位是汉纳斯·施耐德。这张照片拍摄于1943年2月在第15集体农场。

苏军的攻势在1943年春被阻止了。这张照片背景处为一辆503营的虎式。

在之前提到的Ⅲ号坦克坠入冰河发生一个月后，一名潜水员下水系上缆绳，准备将坦克拖上岸。

三辆18吨牵引车一起作业将坦克拖出水。该照片摄于1943年3月28日。

第3章　草创及在卡尔梅克草原上初露锋芒

这辆不走运的Ⅲ号坦克慢慢从冰冷的米乌斯河里露了出来。科尼希军士长指挥了这次打捞工作。

站在坦克边上的是福斯特连长和科尼希军士长。在车里发现了格罗瑙代理下士、舒尔特上等兵和格罗斯曼二等兵的尸体。车长敦克尔下士可能是在沉入河底的过程中被卷走了，尸体并没有被找到。

141

位于普洛列塔尔斯卡亚的德军公墓。

在1月10日，2连在布德耶尼西北方向击退了一波苏军坦克主导的攻势，击毁了其中的11辆，本方无一损失。之后奉命去支援第16摩托化步兵师作战。2连派出了由舍夫中尉指挥的3辆虎式和6辆Ⅲ号坦克。虎式坦克随同他们作战，直到1月15日归队，而Ⅲ号坦克一直待到1月24日。其中在1月14日，这3辆虎式独立防守该师防线上位于诺沃-萨德科沃斯基以北3公里的一个缺口，因为该地区的桥梁无法承受虎式的重量，这几辆虎式只能在15号脱离第16摩步师归队，留下Ⅲ号坦克继续支援他们。

倒霉的是三辆虎式在回来的路上都遇到了机械故障，不得不在草原上孤独地等待了差不多30个小时才被救回来。更为悲催的是，晚上还下起了暴风雪，温度骤降至零下40摄氏度！几乎人人都被冻伤了。硬要找到有什么值得安慰的地方，那就是苏联人也没法在这个鬼天气发起进攻。

在1月10日，要求2连脱离战斗并撤回普洛列塔尔斯卡亚的命令就已经下达。因为苏联人已经占领了我们一条重要的补给线，局势一下子紧张起来。因

第3章　草创及在卡尔梅克草原上初露锋芒

为车辆不足，所有能行驶的坦克都担任起牵引车的作用，拖拽不能动的伙伴撤退。在16日和17日，集中了所有能作战的坦克前往防守斯大林斯克-浦德一线，破损的坦克则继续后送到萨尔斯基，到了20日为止，共有4辆虎式和3辆Ⅲ号坦克回到了罗斯托夫。在回萨尔斯基的路上，200号坦克在绕过一座脆弱的木桥时，又不小心陷到了泥沼地，回收工作持续到20日才结束，牵制了多达6辆18吨牵引车和2辆虎式，而这些资源都是撤退时急需的。在21日，这支分队越过了巴台斯克大桥，22日抵达罗斯托夫，修理连在这里展开了全力抢修工作。同时，斯大林格勒被围部队全部投降的噩耗传来，也正是在这一天2连正式加入503营。

1月底，苏军在罗斯托夫方向施加的压力一天天变大。燃烧的城市在晚上也成了空袭良好的导向标。因此，503营决定寻找一个更好的隐蔽地点，并且分散宿营。1943年1月28日，503营营长离职，接任的是霍海塞尔中校。冯·福斯特中尉在2月1日接任1连指挥官，前任卡朋斯特上尉接到最高统帅部的命令回到德国。新任营指挥官的第一道命令就是1连将所有完好的坦克分给2连和3连，以保持两个编制较完整的连可以作战。

第23装甲师奉命据守罗斯托夫，尽量长时间地拖住苏军，503营被指派支援他们。在新的编制里，原来1连的冯·科贝尔和耶梅拉特少尉被指派各指挥一个装备Ⅲ号坦克的轻型排，并于1943年1月7日开始在罗斯托夫外围执行警戒任务。仅仅过了两天，冯·科贝尔少尉就被击中头部阵亡，当时他正试图将他的士兵从一辆着火的Ⅲ号坦克中救出。3连在2月8日被投入罗斯托夫城西的防守。那里是苏军攻入顿涅茨盆地的重要通道，因此压力最大。德军在收缩防线到米乌斯（Mius）一线后，逐渐稳住了局势。在完成任务后，503营回到普罗克斯科耶（Prokowskoje）进行休整，一直待到4月11日。

在这一阶段的作战中，3连的穆勒中士、乌德里希下士、米德勒下士还有盖特纳下士获得了一级铁十字勋章。这一期间，我们又失去了海因里希·巴什克和阿尔弗雷德·布仑维克。

修理连则驻扎在马里乌波尔（Mariupol），利用这相对平静的时期加紧修理坦克，增加可使用的数量。

1943年3月12日朗格上尉被召回德国，舍夫中尉接下了3连连长的职位。魏纳特少尉负责1排，冯·罗森少尉负责2排。

在初次作战付出了血的代价后，503营做好了迎接更大挑战的准备。

一名503重装甲营老兵的回忆·I

（作者：弗兰茨-威廉·洛赫曼博士）

成立

在1942年4月初，我们一波人被送到第5装甲营营部参加了一个关于无线电使用的集中培训，教官是通信官莱希特（Reichelt）中尉。培训强度很高，从早到晚理论教学和实践知识穿插其中。每天都有几个小时是在不停地练习摩尔斯码中度过的。

在培训结束之后，有大概一半的参训人员被分配到无线电遥控部队（格里塔遥控爆破坦克）去了。在5月初，教官带着剩下的大约10名学员搬到了503营的营地。这时候503营还在筹建阶段，正式由首任营长波斯特中校指挥。莱希特中尉被任命为营通讯官。利比茨基（Rebitzki）军士长是营通讯排的骨干力量，他后来调到了罗姆利根学院（Roemligen Tiger der Kommandeure Gruppe Ⅰ、Ⅱ、Ⅲ）。

接下来的几天里，营里热闹得就像蜂巢一样。经常可以看到有人从第5装甲营或者别的驻扎在柏林附近的部队来这里报到。总之就是由现役士兵、伤病归队人员和新兵混杂起来的一群人。营里的军官已经都到位了。他们负责对人员的挑选，以及分配到合适的分队去。部队的骨干由第5和第6装甲团的有战斗经验的士兵构成，在1943年又得到了第4和第29装甲团老兵的补充。我加入部队也是经过层层考验，首先是迪特里夫·冯·科贝尔少尉的初审，然后又和米勒少尉面谈了一番，最后连长卡彭斯特上尉拍板才确定我可以加入503营，担任1连4排排长车的无线电员。

我们在新鲁平又继续待了3个月，这段时间有传言说部队将会装备一种新型坦克。已经明确武器是88毫米火炮。因为现在还没有见到实物，所以我们上午的培训主要还是步兵类的作战技术动作和战术的理论教学。

第3章　草创及在卡尔梅克草原上初露锋芒

　　主教官是2排排长奥姆勒少尉。具体上课的时候是按小组进行，我被分到了米勒少尉那组。下午主要进行各种运动，身体锻炼。其他的还有一些驾驶训练和机枪射击演练，对我们无线电员来说，当然离不开无线电发报训练，这一般都是和营部的通讯排一起进行。这时候我们还没有装备专门的通讯车（比如梅巴赫指挥车）可以来培训。

　　直到1942年8月前，我们对虎式的存在还一无所知。1942年8月10日，部队前往位于奥地利林区的多勒斯海姆。这时候503营建制里包括营部、修理连和两个战斗连。当然，编制上的人员还没有到齐。

　　发给我们的是保时捷虎。这是一种非常棒的坦克，立马吸引了我。它两侧履带各由一组奥拓发动机驱动，每组发动机又是由独立的发电机和电动发动机组成的。车辆开起来非常平稳，和有轨电车一样。两侧装置需要分别启动，而前进挡和后退挡以及换速都需要通过2根操作杆分别完成。我们认为从驾乘舒适度来说，保时捷虎要优于亨舍尔虎。88毫米火炮也令人振奋。

　　唯一不足的是炮塔前置使得没有位置给驾驶员和无线电员安排顶舱盖。因此所有人员都需要通过炮塔进出。一旦碰到危险，驾驶员和无线电员的逃生机会将大大降低，尽管车底有逃生门。

　　我对这型坦克了解比较多是因为日常的无线电使用训练都是在车上进行的。可惜这种技术上天才般的设计并没有被选择为最终量产虎式所使用。在后来的日常训练里，老是会不自觉地比较这两种坦克的优缺点。尤其是每次被亨舍尔虎的发动机吵得头昏脑涨的时候，就会怀念电动的保时捷虎是那么的安静。

　　修理连和驾驶员经常需要去工厂见习，先是去圣瓦伦丁，然后还去了卡塞尔和弗里德里希港市。保密工作做得相当成功，之前我一直不知道还有一种亨舍尔虎式的存在。

　　有时候部队还去普特罗斯在Ⅳ型坦克上进行射击训练。在这期间，没有人想到保时捷虎已经在虎式的竞争中被淘汰了。

　　1942年12月，谜底揭晓了。亨舍尔虎开始交付部队。所有虎式不足的部队，先以Ⅲ号N型坦克来代替。

　　部队开始替换旧的装备。我们连有4个排，每排的排长和副排长（一名军官和一名中士）会装备一辆虎式，剩下的人都装备Ⅲ号坦克。连长座车也是虎式，所以会有一个装备5辆Ⅲ号N型坦克的轻型排。

　　本连的构成是这样的：
　　连长：　　　卡朋斯特上尉

轻型排：　　耶梅拉特少尉
1排：　　　冯·福斯特中尉
2排：　　　奥姆勒少尉
3排：　　　迪特里夫·冯·科贝尔少尉
4排：　　　米勒少尉

总共装备了9辆虎式和13辆Ⅲ号坦克。这些轻型坦克在车身和炮塔周围都安装了附加装甲板以提升防护力。

圣诞节快到了，大家都松了口气，想着今年就这样平静地过去了。转眼间，部队开始分发潜艇用皮夹克和冬装！12月21日我们就登上火车出发了。一路经过布列斯特、哈尔科夫和罗斯托夫，就这么来到了卡尔梅克草原。新的装备要在这里初试啼声。

前往苏联

在黑夜里到达了戈梅尔（Gomel）。天很冷，我们还要给虎式换上火车运输用的窄履带。在攻入苏联后，国防军将苏联的宽轨道按照欧洲的标准改窄了，如果没有这番改动，虎式可以用正常的行军履带在苏联的铁路上运输了。换履带对我们这些乘员来说是件很痛苦的事，因为没有经验，计划不周。我们惊讶地发现行军履带放在了后面的货车里了，在寒冷的夜里，我们又要到处找履带，吭哧吭哧地搬过来，费了很大劲才终于搞定。当然，后来碰到类似火车运输的时候，我们就处乱不惊了。上面通知，不会给太多时间休息，要做好立刻行动的准备。

到达罗斯托夫的时候，形势已经急转直下。每当火车在站台停靠的时候，我们都抓紧机会朝周围的士兵打听消息。听到了一些坏消息：所有休假归队的士兵和运输补给的车辆都不再驶往斯大林格勒方向了，去路被苏联人封锁住了。一批又一批的部队从高加索地区撤回来，这里的部队也准备撤退了。在斯大林格勒到高加索之间的空旷地带只有区区几支德军部队防守。我们碰到了很多从东面撤下来的部队，比如第17和第23装甲师，第16摩步师和维京党卫军装甲师。撤退中的部队里基本上都混杂着一些罗马尼亚士兵。他们扒在车厢上，有些人还戴着高高的皮帽子，让我想起了著名的英国卫兵。我们这才想起来，之前似乎听说过意大利人和匈牙利人战斗力都很弱，根本防守不住交给他们的阵线。焦虑感慢慢在每个人心里升了起来。

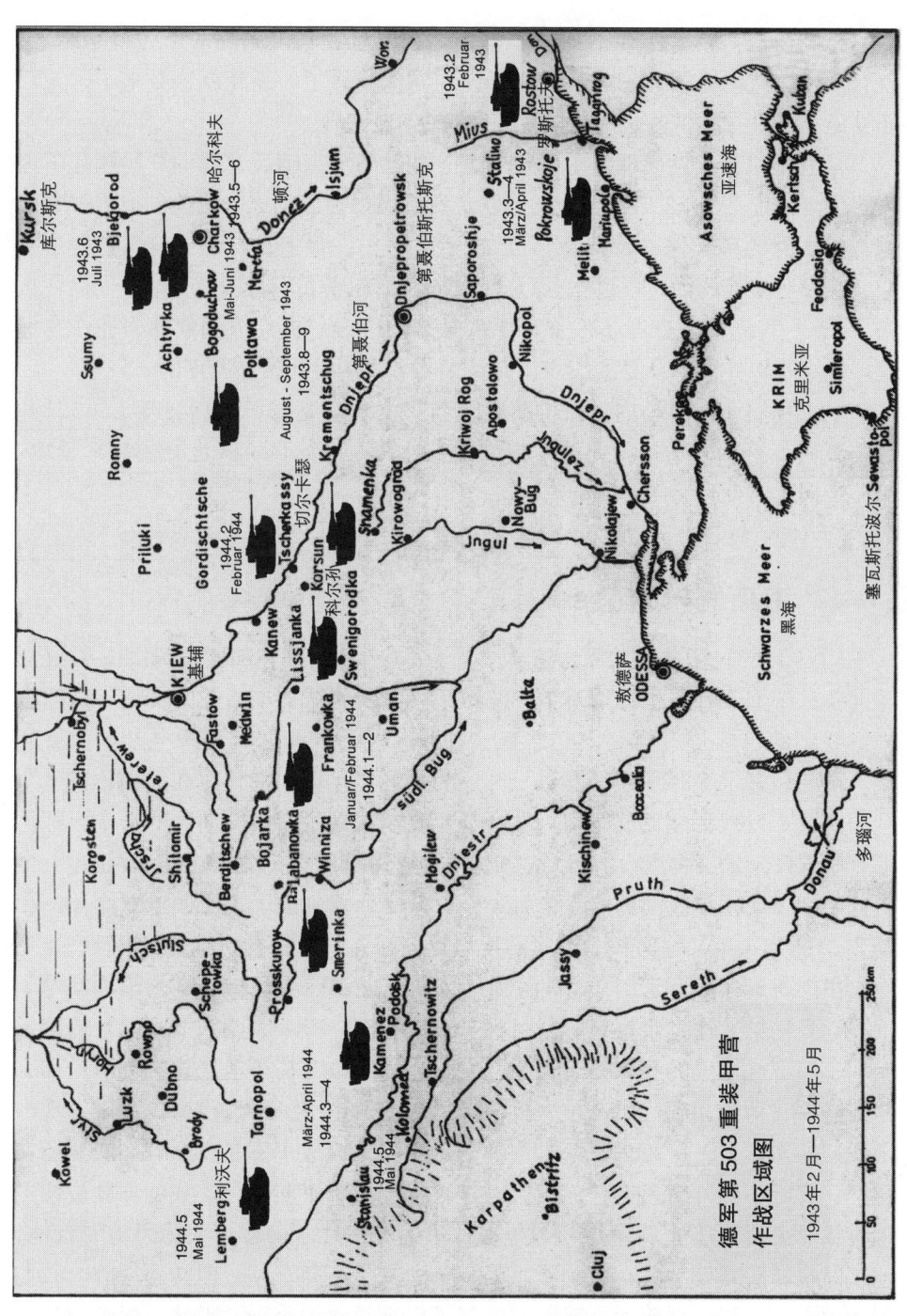

第3章 草创及在卡尔梅克草原上初露锋芒

该图为第503重装甲营于1943年2月—1944年5月间的作战区域示意图,每辆坦克下面都有时间,由于德军在撤退,时间从右往左发展,最右边的时间是1943年。

我们在普洛列塔尔斯卡亚下了车，立刻就赶往马内齐前线。在行军路上，就有一辆虎式抛锚了，它的乘员只好先委屈作步兵了。新年就这么来了，天气还算温和。没有雪，就是刮的风比较大，令人不舒服。

晚上我和莱茨克代理下士一起巡逻。在远离了岗哨后，我们开始聊起了这场战争。他说："这么广袤无边的苏联是我们可以征服的么？之前瑞典人和拿破仑都没做到的事，他（希特勒）也做不到。"在昏暗中，看到了前面有一个谷仓，我没有接他的话，说道："那是什么东西，苏联人不会用卡车给我们运什么来了吧。"我们过去查看了一下，原来只是一个卡尔梅克人和他的骆驼住在那里。我穿着一件很不合身的大衣，而且太沉了，搞得我腰酸背疼的。

后来我们守住了马内齐桥的防守，苏军也渐渐退去。从1943年1月5日开始，我们就持续不断地投入战斗中，没有什么时间休息。天也开始越来越冷。第一个伤亡出现了。

韦斯利（Wessely）

1月9日，我们要开始深入这草原了。首先要做的是将坦克加满油，做好战斗准备！将炮衣和机枪罩都拆下，测试了一下所有武器能否正常使用。指挥官告诉我们的目标是韦斯利，必然有一番恶战在等着我们。无线电开始保持静默。部队做好了随时开火的准备。开道的是轻型车辆，虎式跟在后面。在韦斯利的南面，发现了几辆苏军坦克在活动。我们听到了"右转向"的命令，都觉得有些奇怪，米勒少尉没有盲从，命令只是炮塔朝右转。苏军的T-34越过一个山丘后，出现在了我们的侧面位置。开火的命令立刻被下达了，随即就有2—3辆T-34腾起火球。这时候，苏军的反坦克炮开火了，我看到前面一辆轻型坦克被击中燃烧起来。141号虎式被各种口径的炮火重点关照。所有的车辆都停了下来。我正忙着通过观察镜寻找目标，突然间有一股令人胆寒的力量猛地撞了我们车一下。慢慢的我恢复了知觉，发觉自己瘫坐在椅子上，感觉周围是那么的安静。我猜到，我们该是被一枚小口径炮弹击中了，所以没事。后来发现击中我们的实际上是一枚76.2毫米炮弹。天哪！虎式战车真是皮厚啊。战斗还在继续，我听不到耳塞里有任何声音，这才发现，车里断电了。我朝驾驶员位置上看去，蒂姆克下士脸色惨白地坐在那里，像是死了一样。我惊恐地看着他，他这时也转头看到了我。我脑子里第一个念头是"弃车！"，但转念一想，我们不能放弃。对了，保险丝。我赶快打开了保险丝盒的盖子，果然，保险丝都断开了。我迅速将它们都接通，车内通话器恢复工作了。蒂姆克握着操纵杆，虎

第3章　草创及在卡尔梅克草原上初露锋芒

式又动了起来。我们接到了撤退的命令，这次进攻失败了。我们在离韦斯利2公里的地方重新集结。察看了一下141的受损状况，除了数枚76.2毫米炮弹外，还有好多小口径炮弹击中了它，虽然车体无碍，但是悬挂装置严重受损。车身上的斧子、铲子和悬挂的履带都不见踪影。在我座位前的机枪基座上也发现了一枚76.2毫米的弹痕，装甲板被啃掉了一圈，像是陨石坑一般，这也可以解释当时我立马晕厥的原因了。这辆车只能被送回普洛列塔尔斯卡亚了，让托马勒上校查看一下。最后这辆车被送回了德国大修。我在第二天在修理连的时候碰到汉堡老乡赫伯特·里彻。他的车长，可爱的舍利下士在战斗中被榴弹碎片夺去了生命。赫伯特眼里充满了泪花，他小心翼翼地告诉我，排长米勒少尉也阵亡了。我已经做好了心理准备，可以承受任何噩耗。我们边上停了2辆维京师的Ⅱ号坦克。他们说还有一辆坦克被击毁了，一死两伤。他们羡慕地看着我们的坦克，说这真是最好的生命保险啊。他们也在附近执行对韦斯利的进攻，在白天攻击不利后，他们还尝试了夜战，一度混进了苏军的纵队，在靠近苏军防线的地方引起了一番混乱，但进攻还是失败了。

几天后，营指挥官波斯特中校被霍海塞尔中校接替。1连连长卡朋斯特上尉也被调往最高统帅部，他的位置由冯·福斯特中尉取代。503营退回了罗斯托夫。没过几天安稳日子，苏军就开始了不间断的空袭。营里的无线电主管马泰斯去战争大学培训，之后去了在帕德博恩的第500重装甲营。我被升为无线电主管。加入王牌坦克组有点让我受宠若惊，炮手是潘·福格尔，驾驶员是瓦尔特·马塔赫下士，他以前是营长的司机。装填手是沃尔夫冈·斯波金，昵称斯贝克。瓦尔特告诉我："如果你有什么烦心事，可以随时找瓦尔特叔叔谈心。"我感到非常的幸运和自豪可以和这些人一车战斗。

后来我们就一直驾乘101号指挥车。当初在编号的时候，油漆工似乎忘了100这个编号。所以直到1943年后，100才成为503营1连连长车的编号。几天后，老妈（连长）将座车换成111号，我们自然跟着换了车。之后营长命令我们1连拆散，配属给2连和3连。3连是原来的502营2连，在法林博斯特组建，它们也隶属顿河集团军群，卸在普洛列塔尔斯卡亚，之前支援第7装甲师在库贝勒地区作战。在他们划属我们后，503营成为了第一个满编的虎式营。111号虎式也被作为一般战斗车辆被分配到一个战斗组，负责保护罗斯托夫的外围，新的车长是君特·特斯默下士。

歼灭了苏军一个营

我们101号车在顿河边隐蔽得很好，河对岸一片空旷地。下了一场雪，使得我们更难被发现。一群苏军正在将4门重炮移入阵地，卡车拉来了炮弹，在火炮边上堆积成了小山。我们的炮手比斯克有点按捺不住，君特·特斯默命令大家："等会儿，等待是值得的。"

突然间，视野里出现了一辆苏军侦察车，慢慢地朝我们这里开来。比斯克再也不等指挥官的命令了。距离比较远，他将角度放到最远，一炮射了出去，离目标还差40米，方向很准，我们的炮手真是个艺术家，立刻补了一炮将那辆侦察车击毁了。接下来挨个将苏军的4门火炮摧毁，引燃旁边垒的弹药，发出巨大的爆炸声。

我真是很喜欢我们的乘员组，君特是一个非常安静，深思熟虑的指挥官，比斯克是名优秀的炮手，但严肃得有点吓人。我们的装填手是海因茨·蒙迪，他是我见过手脚最麻利的装填手，相比较的，比斯克则是慢性子。这两个人在战斗的时候都喜欢大吼大叫的。有趣的是君特常常一言不发，不时的身子往前一探，抓住这两个人的脑袋一碰，然后车里可以安静一会儿。驾驶员奥托·梅维斯是个驾驶大师，在作战的时候，也总是激动得嘴停不下来。

记得有一次2连的一辆车犯了个错。它的无线电员在通讯过程中忘了关掉车内通话器，顿时电台器叫声充满了所有频率，这真是一场灾难，其他的车辆都无法用无线电联系了。我暗暗发誓："这种错我永远不会犯，哪怕是车子着火时。"

萨巴提尼（Sapatni）

现在我要特别提一下1943年2月9日这个日子。我依旧在111号虎式上，车长还是特斯默下士。

当时苏联人从多个方向朝罗斯托夫压了过来。德军没有被动防守，准备夺取萨巴提尼取得主动权。战斗很激烈，冯·科贝尔少尉指挥的两辆轻型坦克被击毁了。通过无线电得知，少尉在其中一辆着火的坦克上殉职了。

我们继续进攻，作为中坚部队，第一个冲进了市中心的广场，身后是军士长的坦克，把守住广场的入口。他的分队里还包括几辆轻型坦克。我们在这里遭到了敌人猛烈的炮火袭击，开在前面的一辆轻型坦克瞬间就被击爆了。我们的车外舱板上摆着两捆皮革，被苏军的曳光弹击中引燃，火焰通过发动机的进气孔钻进了发动机室,使得车身也烧了起来。周围埋伏的都是苏联人,而德军步兵还没跟上来。我们通过无线电呼唤军士长将车开过来掩护我们,要赶快把那些皮革扔下车。军士长说道:"你们车没事,只是那些皮革烧起来了。"我当即被气得急火攻心:"轻型坦克,你们搞什么!"这时候他们才开始向我们靠拢。还在我和他们较劲的当口,装填手海因茨已经跳出炮塔,去把那些该死的皮革踢下车去,他很幸运,没有受伤。

在扑灭了我们坦克上的火之后,军士长命令我们继续前进,他负责警戒现在空空荡荡的广场。好吧,他是老大,他做决定。我们小心翼翼地慢慢前进,沿着城市的主要干道往右拐去,这下闯进了苏联人中间,当炮塔转移向路边小巷时,一下子看到一门埋伏着的反坦克炮,离我们只有几米远!我立马大吼道:"奥托,小心右侧!"比斯克反应更快,立马发射了一枚榴弹,而奥托毫不犹豫地直接开车压扁了这门炮。然后我们退回主街,按原先的方向继续行驶。在过了100米后,看到了之前损毁的那两辆轻型坦克,一辆完全烧毁了,另一辆履带打断了,3名乘员死在车外。这里没什么可干了。在汇报了这边的情况后,我们撤退了。

晚上,我们从3连那里获得了补给。伦道夫连军士长和我们攀谈起来。后勤部门的工作是多么棒!送上了美味的饭菜,给坦克加油,将炮弹装入炮塔,机枪弹药也到位了。我的天,都有点受宠若惊了。

萨塔纳(Sartana)

这段时间本连只是一小股部队投入作战。主要部队分批集结到了马里乌波尔边的萨塔纳地区进行休整。内加连军士长像疯了一样,经常检查剃须和剪发这种琐事,当然还包括武器保养和着装规范。为了排遣郁闷,我们组织了一次联欢会。

在新鲁平和多勒斯海姆创作的营歌也更新了。

以前的是:

周末阳光明媚,
我们孤独地留在多勒斯海姆,
你还需要什么才能更开心?

以前在新鲁平的时候,

我们都去柏林，
现在只有连军士长一人去维也纳，
我们只能去格普菲茨。

现在我们加进了些新料，虎式是新的主题：

发动机响起来了，发动机又不响了，
这是我们最爱的歌。
坦克后退了，坦克前进了，
或早或晚，
你什么时候有空啊，
你就可以举举炮弹，
完全不需要等待，
发动机响起来了，发动机又不响了，
这是我们最爱的歌谣，
坦克后退了，坦克前进了，
或早或晚。

或者是：

我们的虎式，噼里啪啦，
所有的轮子上下翻飞，
扭杆断了，多么壮观，
在罗斯托夫，什么都会被修好。

在连会上，大家开怀畅饮，过了很久还令人回味。

趁这段空闲时光，坦克乘员组都对自己的坦克进行了维护。111号车也有些损伤，而维修排没法处理，所以我们前往马里乌波尔的修理站。伊尔季奇工厂负责大修，而我们则日夜警备在虎式边上。天很冷，我们用200升的油桶做了一个火炉放置在厂房的角落里取暖。

从马里乌波尔我们又驾驶111号前往米乌斯河边的普罗克斯科耶。在这一地段投入作战的主要是本方的轻型坦克，由林赛少尉和崔索夫少尉指挥，他们配合其他部队击退了一个苏军机械化军的进攻。在1943年2月这支部队穿越结

第3章 草创及在卡尔梅克草原上初露锋芒

冰的米乌斯河时,编队(10—11辆)里最后一辆坦克——103号III号坦克压破了冰层,沉入河底。除了炮手林雷普上等兵及时逃出以外,其他4人全部遇难。在3月底,河流解冻后,这辆坦克被打捞了上来。里面有格罗瑙代理下士,舒尔特上等兵和格罗斯曼装甲车二等兵的遗体,他们被安葬在普罗克斯科耶的士兵公墓里。指挥官敦克尔下士的遗体不见踪影,可能是被水流冲走了。

当夜晚很安静的时候,可以听到苏联人在广播里喊德军投降。我的制服里满是虱子,所以挑了一个三月阳光明媚的日子,用汽油洗了衣服,然后在兵营前洗了个澡。这是违规的,因此被指挥官处以3天的监禁。我被关在一个苏联的木头房子里,有了充足的时间去抓剩下的虱子。

苏联战场南线,1943年1月12日态势图

冯·科贝尔少尉的日记：1943.1.1—2.7

（作者：迪特里夫·冯·科贝尔少尉）

导言

我们这个连于1942年5月初在新鲁平成立，随后于8月前往维也纳以北100公里的多勒斯海姆，稍后整个营都到达此处。本连的军官有连长卡朋斯特上尉、冯·福斯特中尉、奥姆勒少尉、冯·科贝尔少尉、米勒少尉、耶梅拉特少尉和施密茨连军士长。

在多勒斯海姆待了差不多5个月，这也是这支部队从一群来源庞杂的人捏合成一个集体的过程。在一起度过的无数个小时的培训、操练、运动和娱乐使大家亲密无间。后来还一起去了圣瓦伦丁、卡塞尔和弗里德里希港的坦克工厂学习，并在普特罗斯进行了射击训练。

1942年9月，本连成为德军第一个装备保时捷虎的部队，高强度的驾驶和操作训练随即展开。但是这型车暴露出来了不少"婴儿期"的毛病有待解决，所以在11月得知要全部换装亨舍尔虎时，大家不是太惊讶。之前我们还被要求准备去非洲进行热带地区作战，忽然间新命令把我们送到了苏联。部队分四批（1942年12月21—24日）前往东线，大家憋足了劲，颇有种猛虎下山的感觉。

1943年1月1日

新年到了！我们营一路朝东前进（格普菲茨—伦德堡—奥德堡—斯拉维扬斯克（Slawjansk）—罗斯托夫—普洛列塔尔斯卡亚），到达目的地后，立刻卸车进行战斗准备。先锋部队指挥官冯·福斯特中尉带领第一批人员出发，并得到了当地最高指挥官霍特（Hoth）一级上将的接见。在新年这天，部队就攻占了马内齐地段的两座桥梁。之后随着坦克不断到达，部队实力得到了加强。

连长当晚回到普洛列塔尔斯卡亚迎接第三批到达的部队，他们也迅速完成了卸车，并开往驻地。133号虎式在路上就因为发动机的故障抛锚了。

1月2日

马内齐大桥的防卫逐渐稳固。部队驻扎在马内齐村里，一起的还有空军野战师的部队。这时成立了由本营的波斯特中尉指挥的波斯特战斗群，由一组坦克和一个排的空军野战部队构成，他们被布置在桥头堡的东岸做前哨，任务是卡尔梅克草原方向的侦察作战。

苏联冬天还没有真正发威，气温大概在0摄氏度，勉强可以忍受。冰冷的风（可高达10级）逼着我们躲在自己挖的地堡里，穿上厚厚的冬衣。晚上杀了一头牛，大家开心地吃了一顿大餐。最后一列火车也到站了。

1月3日

部队动身前往普洛列塔尔斯卡亚。2连已经在那里。本连的任务仍然是防守马内齐河。周日是吃烤肉的日子，到处飘着肉香。大家胡乱忙着一些勤务的事情，包括军营打扫和车辆的维修。指挥官给大家介绍了一下第4装甲集团军所面临的形势：苏军正突破罗马尼亚人的防线，蜂拥而来，而我们的任务就是堵住漏洞并击退苏军，并朝斯大林格勒方向发动反击。各种作战指令不停地传达到部队。

1月4日

测试装备。对坦克做必要的维修。部队分到了很多只烤鹅。营地已经整理得井井有条。缺乏的设备和配件陆续到了。下午得到了命令，部队要在第二天中午之前做好行动准备。晚上命令改为9点前要做好准备。大家立马疯了一样的开始忙起来了，发现有几辆坦克和卡车还是有些故障。不管怎样，最后一切准备都搞定了，不过剩下睡觉的时间很有限。

1月5日

5点左右，部队从马内齐出发了。桥东岸的防守部队也加入了进来。我们到达了普洛列塔尔斯卡亚，2连在1个半小时之前已经出发了。在南面，进行了第一次战斗。辎重部队留在普洛列塔尔斯卡亚，由耶梅拉特指挥。2连开始往后押送了第一批苏军俘虏，他们在尼古拉耶斯基（Nikolajewskij）碰到了严密的防守，也损失了一辆Ⅲ号坦克，有2人阵亡。我们这边还没看到苏军的影子。最后在克拉斯内村（Krassnoij）布置了防线。第126装甲掷弹兵师的2营在入夜时加入了我们。补给连在晚上也到达了，给所有车辆补充了燃料。2辆虎式和一辆Ⅲ号坦克出了故障，被送回维修站。东南风像刀子般地刮了一夜，非常寒冷。

1月6日

4点半就起床了。部队在5点踏着大雪出发了。路上有苏军坦克运动的迹象。1连的任务是从右侧攻占进攻路线上的孔纳特尔（Konartel），2连则从左侧包围。尽管天气不是特别好，但第一次作战取得了很大的成功：顺利地占领了这个村庄，击毁了9辆T-34、1辆T-60、1辆装甲侦察车和5门火炮。奥姆勒少尉的排追击溃逃的苏联人直到索伦卡（Ssolonka）山谷，由于燃油耗尽，不得不放弃。在战斗中，100号虎式的指挥官布雷斯下士被一枚炮弹的碎片击中殉职，另外有3人受伤。尽管很多坦克中弹，但幸运的是没有坦克彻底损毁。2连受到的损失更大一些。在补充了燃料和弹药后，部队向东开行了2公里到达尼古拉耶斯基过夜。补给连也跟了上来。

1月7日

在夜里，冯·科贝尔少尉接到命令前往高勒耶（Goleje）湖（朝东16公里）阻截一支苏军撤退的部队。他带着2辆虎式（其中一辆才驶离几公里就抛锚了，天亮后被拖回）和轻型排（崔索夫少尉）的4辆Ⅲ号坦克出发了。在清晨的时候，他们消灭了遇到的几辆苏军车辆并俘获了18名俘虏。在跟踪的过程中，他们到了高勒耶湖的东面的高地，结果碰到了由反坦克炮和火炮组成的猛烈火力打击，被迫撤退。在得到营主力支援后（恰巧师指挥官正在这一地区，也加入了进来），他们再度尝试攻击高地，仍然未果。只能撤回斯特普诺耶（Stepnoje）准备宿营，同时进行维修和加油的工作。现在连里只有10辆车可以作战，其他的都趴在了维修站。

1月8日

早晨5点，整个营以1连打先锋，撤回普洛列塔尔斯卡亚，那里有温暖的营房。所有的坦克指挥官要在10点半的时候，等候第4装甲集团军的指挥官霍特一级上将的接见。他表达了对我们营的欢迎，并且对我们营抱着很大的期望（国防军公报在前一天报道了503营）。下午对所有的车辆（坦克和轮式车辆）都做了大修，这之后，所有人终于有空好好地洗了个澡，整理整理内务，给家里写封信。正当大家收拾得当，在享受夜晚的闲暇时，在10点半接到了一道紧急命令：全连立刻做好战斗准备，1小时后出发前往克拉斯内。现在还有10辆坦克（其中6辆是虎式）。今天施密特上尉被任命为新连长。

1月9日

因为131号虎式要继续修理，我作为留守军官待在普洛列塔尔斯卡亚，同时监督其他营务。503营在经过3个小时的行军后，到达了克拉斯内，在那里加满了油。6点半的时候从那出发，展开了对韦斯利的进攻。但是因为对地形不熟悉，部队居然沿着苏军的防线平行前进，144号虎式就这么被干掉了，所幸没有人员伤亡。126步枪团的2营也没有取得进展。2连也有所损失。最后本营在击毁了3辆苏军坦克后撤退了。因为冯·卡朋斯特上尉在克拉斯尼耶（Krasnyj）负责后勤，部队的撤退由冯·福斯特中尉直接指挥。奥姆勒少尉带着5辆坦克正在韦斯利，所以没和大部队在一起。米勒少尉受了重伤，这一晚在普洛列塔尔斯卡亚去世了。回来的路上，舍利下士在克拉斯内受了伤，冯·卡朋斯特接回了指挥权，带部队回普洛列塔尔斯卡亚。最后于差不多24点才到达。

1月10日

又没能睡上一个完整觉。所有坦克（1连出了2辆虎式和3辆III号坦克；2连出了2辆虎式和2辆III号坦克）都被派到布登诺斯卡娅（Budenowskaja）去抵御苏军的一波突击（突发任务）。指挥官带着坦克和一些补给车辆在6点就出发了。但最后他们并没有追上敌人，在21点30分回到了营地。赶紧收拾一下就睡了。

夜里得到了第二天的任务安排，需要出动3辆虎式和4辆III号坦克。

由于现在战况不明，维修站最后决定121和141号虎式最好还是送回德国维修。

1月11日

早晨，行动指挥官带着部队（其中依然有1连2辆虎式和3辆III号坦克）和维修排前往罗曼诺沃（Romanow），他们准备进攻西边的尼古拉耶斯基村。这次很顺利，各兵种配合娴熟：斯图卡、火炮、火箭弹、突击炮、党卫军和我们。在这次突击中我们没有任何损失。机械故障率也在可接受范围内，这多亏维修排的辛勤工作。部队在21点的时候往回走，一路上兴高采烈。在简单地满足了口腹之欲后，大家抓紧时间休息。维修部队的兄弟却要忙一夜，以保证所有坦克第二天可以继续战斗。

1月12日

休息日。本连全部都集中在火车站边的老营地（一所学校）。所有事务都被整理得井井有条。在10点20分的时候，冯·科贝尔少尉在寒风中主持了卡尔·米勒少尉的安葬仪式，他的归宿在普洛列塔尔斯卡亚的荣誉公墓，4排担任荣誉护卫队。营里面所有的军官都出席了。连长和营长先后发表了讲话。在11点半的时候，来自元首大本营的托马勒上校和大家谈了一下我们肩上的使命和任务。

晚上，连长又召集全连开了个会，和大家分析了面前紧要的任务，有表彰，也有批评。之后发放了一些配给小食，大家随便吃了些。后来，一切都很安静，只听到零星的炸弹在附近爆炸发出巨响。

1月13日

继续待在营地里，维护设备。中午，冯·科贝尔少尉从营里接到命令，要前往巴然尼克（Baranikij）在马内齐河上的大桥支援海尔曼战斗群。我们在13点带着3辆虎式和6辆Ⅲ号坦克出发，于当晚到达叶卡特林诺卡（Jekaterinowka）。那里师指挥官已经指挥部队进攻两个向巴然尼克扑过来的苏军营。冯·科贝尔带着部队驻扎在这个村子里。

本连剩余的部队留守在营地里。寒冷的东风如似刀割。

1月14日

海尔曼上尉指挥的战斗群经过一夜行军，在凌晨到达了马内齐河。5辆虎式继续担任村庄的保卫工作，防止小股苏军的突袭。所有的Ⅲ号坦克通过桥梁，前往巴然尼克，在那里支援海尔曼上尉的步兵战斗。在这场村庄攻防战中，库亨·格里瓦尔德由于头部中弹阵亡。在黄昏到来的时候，结束了一天成功的战斗（虽然取得的进展并不多）。虎式坦克在冯·科贝尔少尉的带领下开了60公里的路回到营地，Ⅲ号坦克到了夜里才回来。113号虎式在快到营地时，因为天黑没看清，滑落到一片泥沼地，到第二天早上10点才在7辆牵引车的帮助下，脱离困境。

1月15日

战斗部队一大早再次出发了：我们连的2辆虎式和6辆Ⅲ号坦克（耶梅拉特少尉指挥）和营里别的部队一起去支援党卫军维京师。目标是普洛列塔尔斯卡亚以东10公里处的一个集体农场。在经过一番苦战后，肃清了大部分苏军。部

第3章　草创及在卡尔梅克草原上初露锋芒

队没有什么损失，除了个别车辆发生了机械故障。晚上，大家回到温暖的营地，没人愿意抗衡外面的西伯利亚寒风。

维修排趁大家休息的时候还要加紧完成那些修理维护工作。麦纳特司务长因为失职被免去了职务，取代他的是霍普纳上士。

1月16日

原本平静的营地现在也不断地遭受苏军炮火袭击，还伴随着零星的飞机轰炸。越来越多的部队撤退到这里，503营和维京师一起担任掩护撤退的工作。一个排由耶梅拉特少尉带领负责城市东部的防卫。所有丧失动力的虎式被拖到萨尔斯基。2连一辆在火车站附近损坏的虎式被爆破了。我们清理了营地后撤退到城市的中心那些之前被当作野战医院使用的巨大建筑里。奥姆勒少尉带着大部分补给车队撤退到马内齐河对岸。冯·科贝尔带着部队过河，因为河流结冰，这不是个容易活。其他维修和保养工作一直进行到夜里。晚上提供了带朗姆酒的茶，非常有助于大家入眠，尽管门外不时传来炮击和炸弹掉落的声音。

1月17日

周日。我们仍在坚守此地。剩下的补给部队也撤退了。耶梅拉特少尉指挥的警卫部队（和我们保持无线电联系）在城东已经和敌人交火，击毁了一辆装甲侦察车。我们连的新营地看来也很短命，其在中午着火了，因为没法扑灭，我们只得慢慢撤出。在天刚黑的时候，我们接到了撤退的命令，所以不需要找新的营地了。冯·科贝尔少尉开车到斯大林斯克（Stalinskij）命令2连一起撤退。到16点的时候，503营与苏军结束交火，撤离普洛列塔尔斯卡亚，同时也丢下了当初刚来时满怀的雄心壮志。17点45分，经过曼切（Manttsch）并未做停留。一共行驶了4小时，我们到达了布琼尼诺耶（Budennoje，是以布琼尼元帅命名的城市），找到了一个足以容纳所有人员的营地。

1月18日

在度过了美好的一夜后，大家重燃精神。车辆的故障都被排除了。武器也清理好了。之前和我们一起待了一段时间的施密特上尉（山地兵）被调回了军部，担任情报联络官。我们打扫了营房（之前这里住着一帮罗马尼亚人），估摸要在这里住上好一段时间了。讽刺的是，傍晚我们就接到了继续西撤的命令。奥姆勒少尉带一个排（4辆Ⅲ号坦克）去保护师部。在那晚和第二天早晨，和党卫军北方师并肩在叶卡特林诺卡进行了两次艰苦的战斗。134号车在战斗中被击中弹药舱爆炸，其指挥官（丢尔里希下士）和装填手（布克上等兵）阵亡，炮手（沙托上等兵）受伤。

1月19日

整营在一大早5点就开拔了。各连行军队列紧靠在一起。坦克推动雪橇开路。直到萨尔斯基之前都是一场痛苦的行军，进入萨尔斯基，轮式车辆就可以全速行军了，继续前往泽里那（Zelina）。撤退进行得井井有条，这么多车辆在路上真是空袭的完美目标，幸运的是几乎看不到苏联空军，但另一方面，可悲的是我们的空军也很难见到。冯·科贝尔少尉带领的先遣队已经建立好了宿营地，大家虽然行军很疲惫，并且走到很晚了，但一个人都没有掉队。离天亮已经没有几个小时可以睡觉了。

1月20日

我们在5—6点间分两组（坦克和轮式车辆）分别由1连和2连的指挥官带领开始了又一天的行军。今天先遣队的指挥官是营部的内加连军士长。行进的道路比较泥泞，大家不停地忙着将车子从泥坑里拖出来，另外一路的危桥和陡坡也造成了不少麻烦。谢天谢地的是草原地区总的来说比较平坦，路面也算宽阔，更幸运的是今天是一个温和的冬日。

直到中午我们才到达梅彻丁斯卡亚（Metschedinskaja）（25公里），下午走到卡雅尼卡夏（Kayalnickaja）进行休整。那里有一个军需品库，它"提供"了草莓酱、肉、水果糖和食用油，还有别的一堆紧缺品。在忙着装满自己车的时候，奥姆勒少尉剩下3辆Ⅲ号坦克的排也赶了上来，回归编制。撤退大军非常庞大，其中还裹挟着大群的牛羊，这也是行军速度慢的原因。这天我们就在卡雅尼卡夏宿营（分散在好多屋子里）。军需小卖部开放了，同时也分发了朗姆酒。油料短缺。休息。

1月21日

我们在4点40分就出发了，大雾，寒冷。整个营分为5组行动（营长带领先遣队）。到巴泰斯克的25公里道路都非常糟糕。我们在正午时分到达那里，一路没有一起事故。找了一处有一排房子的地方宿营。又分发了一次特供军需品。大家洗了个痛快澡，并将衣物也一起清洗了，并当众干掉了第一只被发现的虱子。失望的是还没有来自家乡的邮件，所以大家抓紧空闲的时候给家里写点什么。

第3章　草创及在卡尔梅克草原上初露锋芒

修理连彻夜工作，处理各种故障。除此之外，一片安静。

1月22日

部队分两组一早出发（轮式车辆组的指挥官是海尔曼，坦克组是冯·卡朋斯特），但朝巴泰斯克方向的公路上非常拥挤，我们只能慢慢前进。越过此地后，继续朝着罗斯托夫前进。1连在12—18点间通过了顿河上的桥梁，到达了目的地。部队在靠近火车站的一所学校安顿下来，随后2连和营部也相继到达。修理连则选择了"罗斯托夫工厂"作为落脚点，虽然这里已经空无一物，并且部分地方被损毁了，但其宽阔的厂房很适合他们开展工作。

温和的天气令人高兴。我们把营地好好地打扫了一遍，弄得舒舒服服的。在顿河大桥上，还遇到了殿后的第11装甲师。

1月23日

又可以睡到自然醒了，在7点起的床。继续在营地大扫除和整理。所有的车辆都检修了一遍，坦克再送到维修站保养。无论是行军中坏掉的坦克，被牵引车拖了回来，和之前在萨尔斯基用火车运回来的坦克都集中在一起等待修理。

冯·科贝尔少尉被命令回到巴泰斯克去接应后面的部队，并指引他们过来会合。

天气越来越暖和了——春天快来了。

日常事务也回到了正轨上，有了训练计划，权力指派和官僚主义。

1月24日

车辆继续在做维护保养。乘员们都是一早就去维修厂，到了晚上才回来。工作忙得不停，没有周日可以休息。早晨是狂风暴雨，我们安葬了两位倒下的士兵——格里瓦尔德下士和布克上等兵。随军牧师和冯·科贝尔少尉带领大家做祷告。

连里得到了几张电影和戏剧票，引起大家浓烈的兴趣。之前部队并不允许离开营区，不过我确实也没有外出的欲望。

1月25日

早晨在维修厂当班，今天因为一股寒流，气温突降30摄氏度。修理连一直在忙着坦克的修理，但进展缓慢。上头三天两头的在催，因为形势实在危急。

下午4点的时候，营里的军官被召集到一起，新的营指挥官到了（谢天谢地），他是霍海塞尔中校，给人充满活力的感觉。晚上连里终于领到了来自家乡的邮件，延误了14天，希望现在都恢复正常了。

1月26日

修理连到营地来修理卡车。营区加派了岗哨，在罗斯托夫工厂的保卫工作更严密。连指挥官中午给大家做了战况的介绍，并颁发了一批坦克作战勋章。"值班的伊万"刚入夜就来空袭了，毁了大家计划很久的电影院之旅。根据现有的坦克数量，营里调整为1个装备5辆III号坦克的轻型排和2个各装备3辆虎式的重型排。今天没有执勤的任务，卡车还没全部修好，苏联人那边怎样呢？

1月27日

疯了般地在维修厂工作，白班和夜班各6个小时的轮班做。坦克技师和乘员组也忙着检查坦克，确保其恢复到可以作战的状态，尤其麻烦的是虎式容易磨损的行走装置，维修起来费时费力。2辆虎式终于整修一新，其他的继续赶工。

上级命令我们将可以行动的坦克编成警戒部队，由2连的朗格上尉指挥，他之前代理过营长的职务。1连派出了2辆虎式和3辆III号坦克参加到这支部队中去，由耶梅拉特少尉带队。晚上听到苏联人的炸弹落在我们附近。有些地方的窗子和墙被炸开了，寒风趁机灌了进来。我们连花了2个半小时把东西从2楼搬到1楼，在连部的指挥室里一直守候到天亮。

1月28日

三个连待在一栋楼里还是有点够呛。伊万真不令人省心。今晚苏联人的炸弹击中了第15装甲团的2营，造成了15名人员伤亡和很大的物资损失，而爆炸地点离我们仅有200米。因此搬家势在必行，同时维修的活还不能停下来。冯·科贝尔少尉寻找到了新的营地，在城市的边上一圈小屋子可以容下我们，大家对这个地方很满意。

晚上军官们聚集在一起举行新营长霍海塞尔中校的欢迎仪式，同时也欢送波斯特中校的离去，整个过程没进行太久。冯·科贝尔少尉代表本连领取了一枚二级铁十字勋章，另外特斯默下士和福格尔二等兵也各获得一枚该勋章。夜晚很平静。

第3章　草创及在卡尔梅克草原上初露锋芒

1月29日

在新营地安顿下来后，继续修理车辆。连长今天生日，中午那加连通讯军士长代表全连官兵送上了生日祝福，还摆了一张可爱的小桌子来堆放礼物。

警备连（本连的部队由耶梅拉特少尉指挥）留在学校那边的老营地没有什么状况。

晚上大家和一些邀请来的嘉宾们（营里的军官们）一起给连长庆祝生日。大家畅饮了朗姆酒。

1月30日

正常执勤。大家兴致很高，执行警戒和修理工作。我和一些战友一起听了戈林在这天发表的讲话。局势没有什么改变。德军防线大致稳定在罗斯托夫以东一线，这是牺牲在斯大林格勒的兄弟们给我们留下的宝贵遗产［译注：有一种观点是希特勒之所以死守斯大林格勒是为了给高加索地区的德军A集团军群（16万人左右）有撤回来的机会，而罗斯托夫是撤回的必经之路。虽然是牺牲第6军团，但这一战略目标最后是达成了的］。苏军持续空袭（一晚3—4次），除此之外，我们几乎不会感受到身处战争之中。信件现在来得很准时，似乎又回到了和平年代。

我们营现在配属第11装甲师作战。

1月31日

安逸的生活容易让人迷失：各种散漫的行为开始蔓延开来，因此严守军纪被当成重点来抓。频繁的检查让人痛苦，一旦违纪还会被禁止去军需品小卖部购物。

继续修理工作，如果修理连不能搞定的配件则需要从陆军总车辆场调来。工作真是无穷无尽啊。

2月1日

一早就将连里所有的卡车和坦克集中在一片空地上，以迎接检查。武器的清洁工作是重点。

下午营里的军官去参加一个会议，但后来这个会议取消了。连长冯·卡朋斯特上尉拿到了陆军最高统帅部的调令，需要立刻回德国报到。

接替他的是冯·福斯特中尉（这时候，耶梅拉特少尉指挥的在警戒部队的分队也回来了）。但令大家伤心的是，我们连要被拆开以补充2连和3连。

163

2月2日

大雾天，执勤照旧。还好我们是在营地里待着，真要庆幸不需要在这么冷的天进行野外作战。

奥姆勒少尉开着他的大众车往西开了200公里，去给我们找新的营地，为轮式车辆，营部和修理连的后撤做准备。

下午巴尔克中将视察了我们连的虎式。

可惜的是我们现在又不配属第11装甲师了。

2月3日

继续维修车辆。新的燃油补给送到了。

早上9点，新的营长召集军官们在学校的老营地开了个会。部队的编制改为2个虎式排和2个轻型排。中午举行了冯·卡朋斯特上尉正式离任的仪式。冯·福斯特中尉正式接过了日常指挥的责任并颁发了数枚坦克出击勋章。

大家有些伤感，但工作还要继续。所有的车辆差不多都要搞好了。1连有营里最多最好的坦克和卡车。

2月4日

在晚上，奥姆勒少尉从先遣队回来，但那边又出了点事，因此他第二天一早又赶了回去。

寒冷的冬日似乎又变厉害了，尤其是冷风如刀割一般。维修工作还在继续，维修厂里忙得不可开交。同时，为了准备搬迁，一部分设备也开始打包了。

上午冯·卡朋斯特上尉带着全连真挚的祝福踏上了回国的路途。

现在503营只剩下2个连了，而我们1连的连长是最年轻的。营长决定解散1连去充实另外2个连。所有的轮式车辆要和修理连一起撤到200公里的阿莫罗斯夫卡（Amvrosiivka）。2个各装备2辆虎式和4辆III号坦克的排分别由冯·科贝尔少尉和耶梅拉特少尉带领跟随2连（连长是海尔曼上尉）和3连（朗格上尉）作战。解散前的最后一夜，依然伴随着轰炸声入眠。

2月5日

早上7点，1连所有的坦克就各自到新连队报到了。9点半的时候，剩下的部队带着补给车队在冯·福斯特中尉的带领下也到了新连。冯·科贝尔少尉和耶梅拉特少尉交出了手里的虎式，各自负责指挥一个轻型排。

第3章　草创及在卡尔梅克草原上初露锋芒

一辆在苏联村庄里战斗的虎式坦克，背景是燃烧的农屋。

131号要更晚一天才去新连队报到，剩下的5名孤单乘员继续执行日常的维护工作。

所有的维修和补给关系也都转到了2连，在17点的时候，海尔曼上尉给大家开了例会：我们的角色依然是战场救火队，罗斯托夫需要被守住越久越好。503营现在配属给第23装甲师。

晚上看到巴泰斯克方向火光冲天。休息。

2月6日

我们以为晚上有行动，结果一夜无事。苏联人在晚上占领了巴泰斯克。很多火车没有能及时撤离，上面装载的坦克只能被德军爆破以免资敌。131号坦克从维修厂回来了。施伦贝格上士担任新车长，冯·科贝尔少尉的座车换成了122号车。

继续候命，清洗武器并做好伪装。

2连的维修排检查了我们的坦克。军官例会在最后一刻被取消了，海尔曼上尉从营部带来了新命令，晚上准备行动。大家做好准备以后，抓紧时间睡觉。

2月7日

零点30分，警报响起。20分钟后，我们的车跟在2连的纵队里出发。到达学校的老营地时，发现整个营都已列队完毕，准备战斗！

后记

迪特里夫·冯·科贝尔少尉在1943年2月9日牺牲在罗斯托夫的西郊。他当时在营救困在一辆着火的Ⅲ号坦克里的受伤同伴，结果被苏军炮火击中头部阵亡。

迪特里夫·冯·科贝尔少尉是亚辛·冯·科贝尔少尉和上尉冯·迪斯特-科贝尔博士最小的弟弟，前者在1944年1月在文尼查受重伤，是503营1连的最后一任指挥官（在阿德梅克中尉阵亡后），后者是本营的最后一任指挥官。

第3章　草创及在卡尔梅克草原上初露锋芒

502重装甲营2连连长的总结报告

这份报告的主要内容是关于本连在顿河下游地区的首次作战表现和虎式坦克的使用情况。本连原是第502虎式营的2连，后被划归第503虎式营为3连。

朗格上尉
第502虎式坦克营2连　　　　　　　　　　写于战地，1943年1月29日

总结报告

1. 部队的成立

本连原隶属第502虎式坦克营，初建于1942年5月。最初的2辆虎式于1942年9月25日送抵502营，10月13日划归1连使用［当时他们已经在苏联沃尔霍夫（Wolchow）作战］。在此期间，驾驶员通过海林工程师的考核认证并开始坦克实用训练。2辆虎式主要放置在车库。培训集中在理论知识和一般武器和战术的训练上。

1942年12月21—22日，各有一辆虎式送交部队。26日送达3辆，之后在28日又有2辆。因为车辆配件不足和还处在调试阶段，实车训练时间每天被限制在几个小时之内。另外，因为修理连还有别的工作无法全力顾及虎式。从12月初—12月21日，修理连和虎式驾驶员，还有所有的机械师、检验员都先在503营工作。所有虎式的火炮在法林博斯特都做了校准测试。

新运来的2辆坦克被命令不需要卸车。而且前后三个批次送抵的虎式都被要求直接送往部队将要作战的区域。第一列车于12月27日20点，第二列车于28日5点，第三列车于29日11点分别离开法林博斯特。

在12月23日晚上传达的新的命令："你连要加入顿河集团军群"使得部队

的命运更为飘忽不定。直到这时才知道本连将不会在502营建制下作战。同时，补给连已经随营部前往沃尔霍夫了。为了保障本连可以独立作战，我们需要申请额外的卡车来负责军需品的运输，陆军总务处（Allgemeines Heeresamt）迅速地批准了这一要求。在12月26日就领取到了所需的车辆，补充的驾驶员也于27日早晨到位了。唯一没有妥当的事情是虎式KWK36型火炮专用的炮管清理杆没有随坦克一起送达，这个随后由克虏伯和魏克曼公司另外派人专程送来。

我们没有足够时间去演练营级的攻防战术。而教程规定起码要在收到全部坦克后保证3个星期的协同演练时间。教程同样规定要提供有实战经验的军官担任一定时间的顾问，使得他们的经验教训可以带给部队启发，并传承下去。

如果虎式部队没有经过良好的准备就匆忙进入实战只会导致无谓的损失。所以教程建议将虎式装备给有实战经验的装甲营，这样他们扎实的实战经验和技术知识可以更好地和武器结合，发挥最好的效果。

2. 作战经历

1943年1月5—6日，3列货车抵达普洛列塔尔斯卡亚后，开始卸车。7日，部队协同第17装甲师前往顺噶（Ssungar，库贝勒地段）行动。在这10个半小时的行军过程中，没有任何一辆车抛锚。其中每隔20公里做一次的简易保养起到了很大作用。

1943年1月8日
任务：
本连从属第39装甲营和桑德装甲连作战。目标是配合向奥瑟斯基挺进的装甲师，肃清其左侧的6座村庄，并消灭沿途遭遇的所有苏军。第一座村庄位于伊沃瓦斯卡基的西面12英里处，已经被火焰所吞噬。师指挥部命令我们："突破库贝勒地段，消灭来自奥瑟斯基方向的2个有坦克支援的苏军步兵团。"

在这次行动中，本连击毁了2辆坦克、8门反坦克炮，并消灭大约1 000名苏军，很多是被直接碾死的。同时，还缴获/摧毁了大量的反坦克枪和步兵轻武器。我们干脆利索地粉碎了来自苏军的正面进攻。

本日作战里程：65公里。
损失：
1辆虎式由于传动轴受损报废
2辆Ⅲ号坦克被炮火击毁

第3章　草创及在卡尔梅克草原上初露锋芒

伤亡：
1人阵亡
5人失踪
3人受伤

天气：
早晨有冰雪，能见度良好

1943年1月9日
任务：
随同桑德装甲连肃清伊沃瓦斯卡基的西南外围地区。

进攻在清晨开始，一共消灭了5门76.2毫米反坦克炮、2辆轻型野炮和1个不满编的苏联营。

任务完成后，本连在伊沃瓦斯卡基北部集结。

9点接到了新的命令，消灭正在接近布拉兹克基的15辆苏军坦克。

因为在巴塔斯基（Btatskij）段库贝勒河上的桥梁无法承受虎式的重量，我们只能采取迂回的线路，在伊洛瓦基（Ilowakij）以东过河，然后北上迂回。在本方阵地前1 000米处遭遇苏军强大反坦克部队。在烟雾弹的隐蔽下进攻，共摧毁了8门反坦克炮。

之后转向至布拉兹克基方向，准备和桑德装甲连会合。接到报告说苏军坦克行进的目标改为了萨尔（Ssal）。两部队会合后，得到了进攻奥瑟斯基村的命令。最后一共击毁4门反坦克炮，半个村庄同时也陷入了火海。任务完成后，撤离战场，保护掉队的坦克回到营地。

本日作战里程：48公里。

损失：
1辆虎式被一枚76.2毫米炮削掉了车长塔，同时造成火炮俯仰机无法运作
1辆虎式转向困难
1辆虎式发动机舱着火，被自动灭火器扑灭
1辆虎式的右侧齿轮被打飞

伤亡：
1人死亡（少尉陶伯特博士在车尾查看被炮击起火的发动机时被击中身亡）

天气：
多云，视野良好

1943年1月10日

任务：

协同桑德装甲连肃清布德耶尼（Budjenny）西北方向的苏军坦克。

在战斗中，摧毁了11辆苏军坦克（3辆T-34、1辆KV-1和7辆T-60s）。2门反坦克炮，一个苏军营。

无装备和人员损失。

军部要求派出所有可以作战的坦克支援第16摩托化步兵师作战。3辆虎式和6辆Ⅲ号坦克参与了行动。虎式坦克伴随该师直到1月15日，Ⅲ号坦克则到1月24日。其需要防守的阵线比较长。在1月14日，3辆虎式接受了一个掩护第16摩步师西撤到卡马洛（Kamarow）的任务。任务完成之后，虎式准备回普洛列塔尔斯卡亚归队，但路上因为机械故障抛锚。由于欠缺牵引车，这些坦克被迫在野外等待了30个小时才被回收。

1943年1月10日，所有能行动的坦克牵引着停放在顺嘎丧失动力的坦克回到普洛列塔尔斯卡亚。这次行动一路困难重重，首先没有足够的牵引车辆，其次回程路线也不安全，常被苏军骚扰。所以我们将能作战的坦克放作后卫部队。

1月16—17日，部队担任斯大林斯克附近的警戒任务，击退了一波苏军步兵的进攻。随后得到了502营2连划入503营建制的命令。随后，前往罗斯托夫，并与22日全部到达。其中4辆虎式和3辆Ⅲ号坦克是用铁路运输，剩下的则是通过公路，2辆虎式也担任了拖拽的任务。在克服了渡河、峡谷和暴雪后，终于抵达目的地。

3. 评价

我们认为在任何情况下，虎式都不应该小于连以下规模使用，而且虎式和Ⅲ号坦克不应该分散作战。虎式必须要被投入到主要攻击方向上，担任主攻任务，或者在防守时担任压力最大的地点的防波堤。士兵们坚信虎式无所不能，甚至不愿意考虑新式武器是有缺陷的，并且只有不断地磨合和经验积累后才能真正发挥决定性的作用。

因此实战中存在虎式被滥用的风险，被派去执行一些普通装甲连就能完成的任务。很少考虑到持续作战中虎式本身的过度磨损，以及技术维护的需要，从而造成了不必要的非战损伤。维修配件应该集中管理，最好是存放在交通方便的火车站。当部队转移的时候，必须要明确目的地，防止配件被送到错误的地点。虎式必须要被当作指挥官的最后预备队使用，只在最关键的地区执行致

第3章　草创及在卡尔梅克草原上初露锋芒

命一击，完成别的作战单位达不到的任务。

公路行军

因为冬季多冰雪，道路变得容易导致车辆侧滑，在跨越沟堑和结冰河流的时候尤其危险。虎式的公路行驶速度足以满足实战需要。

苏军炮火威力

苏军的76.2毫米火炮威力不足以击穿虎式的装甲或者造成严重的损害。实战中曾有一枚炮弹击中指挥塔后，导致其焊接缝开裂并且舱门内闸脱落弹进车体造成二次伤害。

苏军的42型反坦克枪的穿甲能力最多达17毫米，这是从实战中驾驶员座位前装甲板受损情况得出来的结论。这种枪在射击时会有闪光，比较容易发现。有一实战例子是一枚子弹击中指挥塔上的观察镜，因为角度的问题，子弹被弹飞了出去，但是造成了车长观测系统损坏。大部分反坦克枪的射击目标都集中在虎式的观察窗上。

曾有一枚45毫米炮弹命中了88毫米炮外层炮管的位置，其击穿了外层炮管，并轻微损害了里层炮管。炮击造成的火被乘员顺利地扑灭了。

本方火力

主炮的有效射程达到1 500米，是一种非常可靠的轴线瞄准武器。88毫米炮弹的威力和穿透力在目前来说足以应付任何目标，不需要再做提升。

弹药的种类现在按照穿甲弹和高爆弹1∶1配备。后勤补给也需要按照这个比例提供弹药来补充作战消耗。在最后几次行动中，部队只剩下了穿甲弹可供使用。有个别炮弹的弹壳偏厚，导致退弹时卡在炮膛里。

行军时，固定炮管的装置必须要能够靠手动操作。解除现在的锁定装置比较复杂，会延误至少一分钟才能进入射击状态。行军时如果不使用炮管固定装置会很快导致火炮精度下降。

车长可以很清晰地观测射击状况，但炮手的视野会被射击退膛时飘出的残烟干扰。我们也需要一个擦拭瞄准光具的工具，现在有自备的。

建议改进的地方

(1) 车长

车长指挥塔必须更低。观察镜必须是可以调试的。如同上面建议的那样，车长舱门必须是水平方向打开的，耳机和通话器的电线都过于短，不便使用。车长的转向手动轮必须要更有效率一些。车长观察镜最好要有遮板保护。

(2) 炮手

座位的布置有点别扭。转向手动轮需要放在高一些的位置，并且要加一个把手以方便使用。瞄准具在天冷的时候容易霜结，导致十字瞄准器模糊，无法准确判断目标距离。锁定炮塔方向的装置应该要从上至下运作，现在的结构容易引起松动。6点钟方向需要添加一个炮塔锁，不然炮塔容易滑向这边。

(3) 装填手

同轴机枪的位置过于靠近主炮，有碍弹链输送。机枪由于撞针容易断裂或者扭曲而经常卡住。储存88毫米炮弹的弹药箱位置不合理，尤其是底层的储存室，不容易使用。紧急逃生门最好能够像正常的门那么打开。门把手最好和无线电员位置的舱门一样放在里侧。现在的逃生门从内侧只能打开，无法关闭。实际使用中，逃生门不仅仅是在弃车时使用，包括送出车里的伤员，与步兵联络，扔弃弹壳。还有在战斗中扑灭发动机室的火灾，需要将炮塔指向3点钟方向，方能打开这扇门。如果坦克在战场上趴窝了，乘员也要通过这里钻出去准备牵引的工作。

(4) 驾驶员

观察窗很容易被卡住。侧向观察镜（驾驶员和无线电员使用的）如果可转动，则更为方便。战斗室和发动机舱之间的检查门应该扩大一些，方便工作。尾部的指示灯容易损害，应该装上钢制保护罩。工具箱最好可以放在车里，或者放在储存箱里，不然很容易被遗失。

(5) 无线电员

车内干扰比较大。中波通讯器材的抗干扰能力强些，可以为车长和连指挥官提供可靠的通讯线路。因为现在还没有装备中波器材，本连与第17装甲师的联络中产生了很大的困扰。

4. 编制

一个下辖2个战斗连的重型坦克营是一支非常强大的力量。有建议说再增

第3章 草创及在卡尔梅克草原上初露锋芒

加一个装备虎式坦克的第3连,我们认为是没有明显好处的。目前在一个地点集结那么多的虎式是不现实的,而且会在指挥上和后勤上制造瓶颈。其次,在部队行动上还存在相当的风险,整个营的机动性和灵活性会被苏联的泥泞道路拖累至死,尤其对重型坦克来说。

以下的编制是对一个连来说最为合理有效的,502营2连的编制是这样的:

连部:2辆虎式(两辆都是指挥型虎,第二辆是作为指挥官车的备车,目前未到位)

2个各装备4辆虎式的重型排

2个各装备5辆Ⅲ号坦克(75毫米短身管型)的轻型排

理由

2个虎式排火力强大,可以迅速地执行连长的指令。就算碰到一定的战损,每个排也有足够的防御能力,排长可以完全掌握全排火力。

一辆有猛犸涂饰的Ⅲ号坦克属于原来的502营2连。本图摄于1943年3月在米乌斯前线。驻扎在附近的德国红十字会(DRK)的护士们正在拜访部队。

2个Ⅲ号坦克排可以作为先导侦察部队和虎式坦克的侧翼掩护部队使用，尤其是当虎式坦克处在与步兵或者大量苏军目标近战时，可以起到很好的支援作用。

部队要配属足够的补给能力。这不能单单依靠部队实力对照表（KStN：Kriegsstaerkenach weisung）和部队装备表（KAN：Kriegsaustuestungsnachweisung）来刻板地决定，而必须结合有实战经验军官的建议。

总而言之，虎式本身的缺陷可以通过各种细致的工作克服，它称得上是一种合格的重型作战武器。本连9辆虎式基本上都达到了800公里作战行程。

第3章　草创及在卡尔梅克草原上初露锋芒

503重装甲营编制图

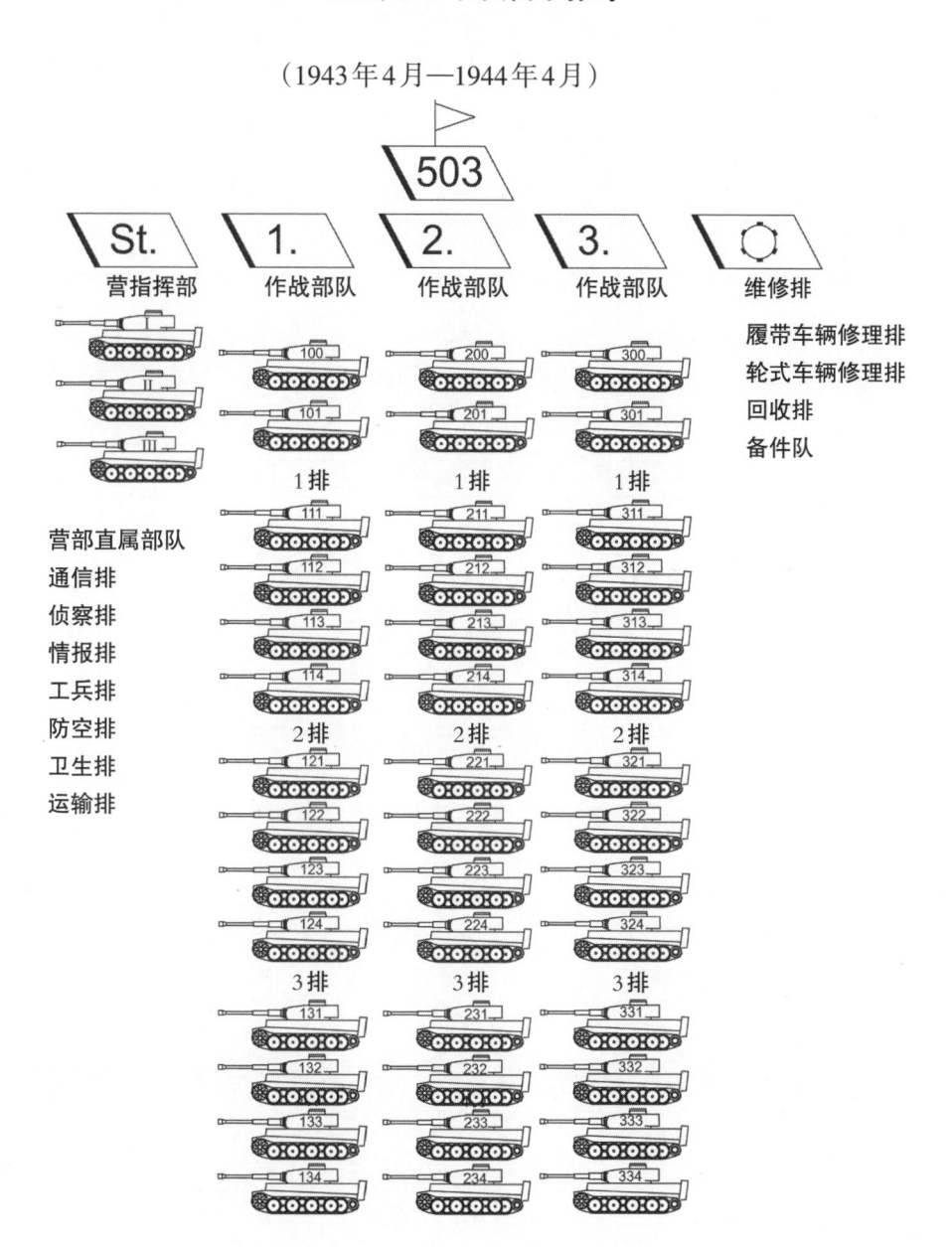

（1943年4月—1944年4月）

St.	1.	2.	3.	◯
营指挥部	作战部队	作战部队	作战部队	维修排

营部直属部队
通信排
侦察排
情报排
工兵排
防空排
卫生排
运输排

履带车辆修理排
轮式车辆修理排
回收排
备件队

第 4 章

在乌克兰

第4章 在乌克兰

隶属南方集团军群在乌克兰的战斗：1943.4—1944.5

（作者：阿尔弗雷德·鲁贝尔）

我们营在这一阶段的战斗中接受了严峻的考验。在马内奇河到米乌斯河之间的战斗不是最艰难的，但却是损失最严重的。1942年12月，顿河集团军群（后改名为南方集团军群）的首要战略目标是坚守住位于顿河下游的罗斯托夫，为正在从高加索地区艰难回撤的A集团军保证一条安全通道。第1装甲集团军成功地完成了这个目标，而虎式营和霍利特战斗群（Army Battalion Hollidty）都为之贡献了自己的一份力量。当我1943年3月去503营报到的时候，碰到我曾经服役过的第13装甲师，正是由于马内齐河的顽强防御，他们才能全身而退。

之前的经验证明了将Ⅲ号坦克和虎式坦克混合在一个连甚至排使用并不是个好主意。当部队转移到哈尔科夫（Kharkov）加入肯普夫（Kempf）战斗群时，503营升级成了全部装备虎式的部队，一共48辆。

在博戈杜霍夫和哈尔科夫地区的整编带来了数周轻松的日子。7月初，部队开始向托罗科诺耶地区集结，要发动城堡（Zitadelle）战役了。

在之后的11个月里我们营经历了不间断的严酷考验。由于持续作战或者机械故障损耗，部队再没有满编过。

在这段时期，我们经历了下面这些战斗：

- 1943年7月，库尔斯克突出部的城堡战役。
- 1943年8—10月，顿涅茨到第聂伯河的撤退行动。
- 1944年1—5月，乌克兰南部战斗。

贝克虎式坦克团在奥拉托夫（Oratoff）和切尔卡瑟（Tscherkassy）的战斗。

-文尼查（Winniza）和普罗斯库罗夫（Proskuroff）地区的防守战斗。

-在卡缅涅茨-波多尔斯基（Kamenez-Podolsk）的防御行动。

征途上一路的士兵公墓证明了战争的残酷。双方都损失惨重，而战争还远远未到尽头。

-第聂伯河和喀尔巴阡山地区的进攻行动。
-在杰尔诺波尔（Tarnopol）和米特迈尔（Mittermeier）战斗群的行动。
● 1944年5—6月，部队撤离东线回国，在奥尔德鲁夫换装。

按照战役的影响和激烈程度来说，城堡战役和切尔卡瑟包围战是在乌克兰的一系列作战中最值得回顾的。城堡战役在陷入停顿后，被迫终止。503营遭受了惨痛的损失。在切尔卡瑟德军尽全力营救被困的2个军5万人，虎式营在贝克重装甲团里起到了关键作用，最后大约一半被围部队成功逃了出来。值得高兴的是，尽管战斗长达17天，我们营在人员上的损失非常轻微。

在南方集团军从顿涅茨撤退到第聂伯的期间，503营分散配合第8集团军下各个师作战。结果因为缺乏回收的手段，很多虎式由于机械故障都被迫遗弃了。这期间琐碎而无谓的行动消耗了宝贵的装备。这段糟糕的经历直到1943年9月在斯纳门卡休整才结束。

从切尔卡瑟直到5月的撤退行动使503营遭受了很大的损失，这一系列战斗很明显都违反了使用虎式的基本战术原则。多亏集团军群司令曼施坦因元帅的出色指挥，战线得以没有崩溃。虽然战略目标达成了，但是503营也是消耗殆

第4章 在乌克兰

在米乌斯河因沉车阵亡的103号Ⅲ号坦克乘员们被埋葬在位于普罗克斯科耶的士兵公墓里。

一队驻扎在苏联农屋的维修排士兵们正用汤匙吃土豆泥，这是一顿普通的野战伙食。

503营3连的军官们：舍夫中尉、朗格上尉、少尉冯·罗森男爵。照片摄于1943年3月在普罗克斯科耶。

在普罗克斯科耶不多的平静日子：瓦尔特·舍夫和理查德·冯·罗森男爵。

第4章 在乌克兰

施恩洛克和库纳特坐在他们虎式的炮管上。

冯·罗森少尉指挥的313号虎式用稻草伪装了起来。左边是埃德加·艾斯纳，中间前端是君特·库纳特，后方是冯·罗森男爵和罗特曼，右边是劳尔夫·马泰斯。

503重装甲营战史

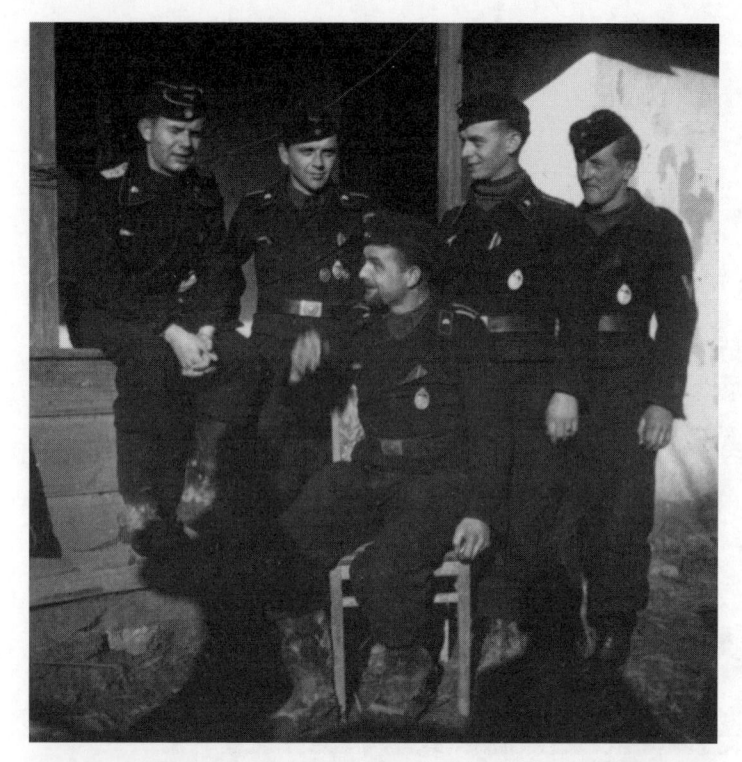

朗格上尉的车组乘员，左起为朗格上尉、炮手施恩洛克、驾驶员海因茨·乌德里希、无线电员维格尔特、装填手库纳特。

在颁发一级铁十字勋章后的合影，左起为戈特霍德·乌德里希、卡尔·海因茨·耶梅拉特、彼得·米德勒、海因茨·盖特纳、洛特、弗里茨·穆勒，坐着的是朗格上尉。

第4章 在乌克兰

汉纳·施耐德获得了二级铁十字勋章，戈特霍德·乌德里希和弗里茨·穆勒获得了一级铁十字勋章。照片摄于1943年3月在普罗克斯科耶的营地。

戈特霍德·乌德里希下士和弗里茨·穆勒上士以及海因茨·盖特纳下士的合影。

雷曼下士和洛特下士在1辆Ⅲ号坦克前的合影，后方是213号虎式。

1943年早春在乌克兰的行军。在2辆虎式后面跟着的是2辆Ⅲ号坦克。桥边停着一辆营里的车，严密观察坦克能否顺利通过这座桥梁。

第4章 在乌克兰

101号虎式在普罗克斯科耶。左起：弗兰茨-威廉·洛赫曼、瓦尔特·马塔赫、赫尔穆特·福格尔、沃尔夫冈·斯佩金。

113号虎式在普罗克斯科耶。整个履带裹上了厚厚的烂泥。车身上穿黑色皮衣者是格哈德·福莱尔。

503重装甲营战史

在米乌斯附近的行军。虎式行驶在一条土筑的堤坝上。照片近处的是113号虎式。

堤坝上的木桥终于不堪111号虎式的重压垮掉了。60吨重的虎式确实破坏力巨大。一场艰难的救援工作正在展开。

第4章 在乌克兰

　　1943年早春令人印象深刻的行军情景。背景是数辆Ⅲ号N型坦克、1辆1吨卡车、1辆大众桶车以及摩托车。1辆虎式正在爬坡，以绕过不牢靠的桥。之前开过去的履带车辆的痕迹清晰可见。Ⅲ号坦克可以安然通过这些桥梁。

　　3连的虎式停下来警戒。照片近处的虎式依然是涂有过去的224编号和猛犸标记。

位于马里乌波尔的伊尔吉齐工厂。在1943年2月底—4月底，大量车辆在这里进行了维修。损害严重的坦克通过铁路在斯大林诺转运到达马里乌波尔。在费德罗卡也建立了类似的坦克修理厂。

虎式坦克行进在马里乌波尔的工业区。

第4章 在乌克兰

324号虎式的发动机出了问题，正在马里乌波尔的一条乡村公路上维修。

虎Ⅰ的驾驶室。上方的小转轮是控制观察窗所用。内部通话用的耳机也相当清楚。

施贝特上士正在倾听650马力的迈巴赫HL210型发动机运转的声音。他正踩在发动机的排气管上。

503重装甲营战史

该照片摄于1943年春。113号虎式的冬季涂装还未洗去，正在进行的是清洁炮管的作业。在车身正面可以清楚地看到弹痕。无线电员座席前的机枪被取掉了。

在1943年4月底，全营分几批用火车从普罗克斯科耶-马里乌波尔地区经过斯大林诺和第聂伯斯克运抵博戈杜霍夫。同时也有10辆新的虎式运抵该地。

第4章 在乌克兰

324号虎式乘员齐格勒中士正舒服地躺在吊床上享受早春的阳光。照片摄于火车运输时。

乘员组躺在各自的吊床上惬意休息。左起是安格勒、齐格勒（坐者）、布施曼、比利格。4月底的气候已经很温暖了。

装载在6轴平板车上的虎式坦克。最前面的是312号虎式，炮管上画了一些战果环。一般来说，虎式之间会安排一节空的拖车，这样可以减轻车重对铁轨的磨损，以及减轻对桥梁的压力。

特意为运输虎式坦克设计的SSYMS平板车。虎式坦克在德国运输的时候，需要换装更窄一号的履带。而苏联的铁轨相对德国的更宽一些，所以在运输的时候可以使用正常宽度的履带。

第4章 在乌克兰

1943年4月，503营2连根茨下士摄于博戈杜霍夫火车站。背后是Ⅲ号N型坦克。

士兵们在博戈杜霍夫的合影。503营在此地只停留了大约3周，直到1943年5月。

舍夫中尉和冯·罗森少尉一边吃饭一边在交流经验。这张照片摄于东线的冬季，树木都是光秃秃的。

耶梅拉特少尉，1连的轻型排指挥官。Ⅲ号坦克一般都是配合虎式坦克作战。在1943年4月，所有3个连全部装备虎式坦克。

戈特霍德·乌德里希和一条连里的宠物狗合影。

第4章　在乌克兰

这张照片很可能是在德国所拍。左起：卡尔·穆勒、卡尔·罗迪克、君特·库纳特、威利·斯维林、弗里茨·穆勒、不知名、赫尔曼·赛德尔、弗里德里希·格罗斯曼。

在波尔多瓦火车站的一张合影，摄于1943年6月。左起：多尔克、尼曼、冯·伯瑞斯、耶克尔、皮彻。

尽，奉命将剩下的坦克和其他装备一起转交给509虎式营，其营长布尔梅斯特上尉之前是503营1连指挥官。我们离开利沃夫，前往奥尔德鲁夫换装虎王。

我们营有一支皮普格拉斯少尉带领的分队先期回德国接受了虎Ⅰ，他们回苏联时，我们正好撤离，所以他们就地加入了米特迈尔战斗群。

结束苏联战事时，本营阵亡士兵的统计如下：

- 第一连：57人
- 第二连：40人（估计）
- 第三连：32人
- 营部、后勤连以及修理连情况不明

根据1944年4月30日的统计：

- 7辆虎式有作战能力
- 22辆由于各种损害，在修理中
- 1943年12月31日后彻底损失了16辆虎式

503重装甲营营长的回忆：1943.6—1944.1

（作者：克莱门斯·冯·卡根内克伯爵）

45年后的今天（作者写于1990年），当我尝试给503营写点什么的时候，必须要在纸上打个草稿来理清思路。详细记录前线生活的日记被遗失了。因此我没法记得准确的时间和地点。但是那些激动人心的事件深深地印刻在记忆里，相信下面的讲述，虽然是根据我的观点来说的，肯定可以得到大部分老兵的赞同。在此想着重勾勒一下1943年6月中我加入哈尔科夫之战直到1944年1月中我负伤离开虎式营这段时期的经历。

我之前在巴黎参加一个营级指挥官的培训课程，在结束前的一天，班里的顾问冯·瓦登费尔斯（von Waldenfels）上校把我叫到他的办公室，让我立刻收拾行装，尽快前往哈尔科夫报到，分配给我的是一个虎式营。居然是梦想中的虎式营！培训班的同僚都曾经在戈培尔的宣传中听说过这种武器，据说虎式坦克对于苏军武器拥有绝对的优势。

斯蒙德中尉在哈尔科夫机场迎接我，他看起来要比一般的尉级军官年纪大一些。在拜访布莱特指挥官的路上，我得知他以前是德国驻罗马大使馆里的一名外交官。布莱特为我举办了欢迎晚宴。在路上我立马发现斯蒙德确实是个非常够格的副官和组织者。他后来还写了一封辞藻华丽的信，帮我们营从托马勒将军（装甲部队总监）那里要到了急需的补充坦克。

当第3装甲集群的指挥官布莱特将军还是第三装甲师师长的时候就和我在1942年冲击高加索的战役中相识。我当时是第6装甲团的团长。他告诉我，即将交给我指挥的部队是非常强力的，会起到至关重要的作用。我随后前往503营，三个连都是齐装满员。霍海塞尔上尉发表了告别演说，接着我简短地做了一个就职演讲。

前线的形势保持了一段时间的平静。我后来还看了曼施坦因的回忆录才发现，当时高级指挥官们正在和希特勒争执关于是否尽早展开城堡行动。如果及时开战的话,伊万们根本没有足够的时间把库尔斯克突出部构建成一个恐怖的堡垒地狱。可惜很快我们就尝到了推迟7周才开始行动的苦果。

在驻扎在哈尔科夫的军营享受生活时,有一天值得挑出来说一下。南方集团军指挥官,曼施坦因元帅组织了一场表演给一个土耳其高级军事代表团看的热闹演习。目的是炫耀德军强大的武力来打动他们加入轴心国联盟,那时候的土耳其正在为加入哪一方作战而犹豫。虎式坦克当仁不让地承担了演习的主角,给第7装甲师打前锋,在一个谷地里表演了冲锋陷阵。假想敌在峡谷的另一端。这是次实弹演习,斯图卡们还卖力地向"敌人"投掷炸弹。表现出来的视觉效果相当好,连我们都被震撼了。土耳其人果然也是大开眼界,曼施坦因元帅带着他们离开后,我们留在谷地里埋锅造饭,痛快地庆祝了一番。最后第25装甲团的舒尔茨上校和我都喝得酩酊大醉,最后被人拖上车送回军营。他之后晋升为第7装甲师的师长,并获得了钻石骑士勋章。

7月4日,部队进入位于别尔哥罗德东北部的集结区域,靠近顿涅茨,归肯普夫战斗群指挥。当我到达后,我发现肯普夫将军完全无视古德里安的集中用兵原则(klotzen, nicht kleckern),将503营的三个连分别配属给担任正面进攻的三个师。我立刻向布莱特将军汇报了这个情况,希望他可以施压改变这种错误的安排。他同意我的观点,命令肯普夫将503营集中使用。我们营花了几天时间才重新集结完毕。

在7月5号的晨曦中,我站在顿涅茨河的河岸上,看坦克开到河岸边。工兵狂热地工作了一晚后,渡桥完成了百分之八十。突然间,我们看到河岸对面腾起漫天火影,估计有数百辆斯大林的管风琴(喀秋莎火箭炮)将无数的火箭弹精确地砸到了我们的渡口,渡桥瞬间就被摧毁了,工兵部队也不幸遭受了重大的伤亡。我立刻将自己埋在泥土里,只怕不够深,恐怖的火箭弹化作无数四处横飞的碎片。苏军的反火力准备证明了德军的计划早已暴露。

我们要首先解决掉桥头堡南侧的苏军,他们在两公里外的高地上占据地利,对我方阵地一览无余。因此德军在这片区域的进攻一开始就困难重重。

肯普夫用503营保护正朝北冲向库尔斯克的南方集团军的东北侧翼。因此我们营的右翼逐渐敞开的口子越来越大。一开始由于战斗太激烈,没有注意到这个问题。以前德军从来没有陷在这么大纵深并且拥有坚固防守的阵地里。(1940年,隆美尔带领的第7装甲师用了一个晚上的时间就突破了马奇诺防线!)曼施坦因和克鲁格在5月份的担心成为了可怕的现实。每周的延迟都给了苏联人更多构筑工事的时间。在占领的苏军阵地上找到了属于在斯大林格勒战役中被俘德国人的信件,很明显伊万们强迫战俘在这里构筑工事。

第4章 在乌克兰

舍夫中尉正在托罗科诺耶森林里传达命令。1943年5月，部队在当地作战。左起为冯·罗森少尉、伦道夫连军士长、克里克斯军士长和海登军士长（3连）。

舍夫中尉带领大家进行早祷告。

阿尔弗雷德·鲁贝尔在他的114号虎式前面，上面坐着的是他的乘员组。左起为无线电员阿尔弗雷德·普尔克、炮手瓦尔特·荣格、装填手约翰·斯特罗姆、驾驶员瓦尔特·艾施利格。

114号虎式成员组的另一张合影。

第4章 在乌克兰

1943年5月在托罗科诺耶的森林里。天气开始暖和了，大家忙着享受日光浴。阿尔弗雷德·鲁贝尔拿着一个制图板，旁边站着的是荣格。

这辆在树林里的虎式并没有完全伪装起来。

托罗科诺耶森林的边上，舍夫中尉正在和蔡德勒下士交谈。舍夫身后是冯·罗森和伦道夫（黑衣者）。其中舍夫和冯·罗森穿的都是由迷彩帐篷材料缝制的制服。

1943年5月初，柯斯伯特担任3连军士长时拍的照片。左起为柯斯伯特、舍夫中尉、冯·罗森中尉和1连的哈塞军士长。

第4章 在乌克兰

503营3连的乐队在排练。左起为福尔迈斯特下士、哈塞军士长、蔡德勒下士（鼓边）、柯斯伯特军士长、威尔克迈斯特二等兵、伦道夫军士长和洛特施尔德二等兵。

伦道夫军士长卸任了3连连军士长的职务。他脖子上最后一次戴"活塞环"。

柯斯伯特军士长接任伦道夫的职务。他胳膊上套着"活塞环"。这场交接当然要庆祝一下。

安德利亚斯·布尔吉思军士长（3连）和他的乘员组。照片摄于1943年5月初于托罗科诺耶的森林。可惜看不到旁边写着"玛丽别墅"的牌子上还有什么内容。

1连的炊事车。地上是一排水箱，是用来煮汤、冲茶、泡咖啡的。穿着衬衣和吊带裤的是斯洛卡下士。

瓦尔特·艾施利格二等兵站在他伪装好的114号虎式前面。

第4章 在乌克兰

冯·罗森少尉的321号虎式乘员组摄于托罗科诺耶。左起为施比克曼二等兵、威尔克迈斯特二等兵、冯·罗森少尉、福尔迈斯特二等兵、齐格勒二等兵。

依然是冯·罗森车组。无线电员霍斯特·施比克曼、装填手路德维希·威尔克迈斯特、车长冯·罗森男爵、驾驶员阿道夫·齐格勒、炮手弗朗茨·福尔迈斯特。

322号虎式乘员组坐在88毫米炮管上,车长是布尔吉思军士长。

213号虎式在托罗科诺耶稀疏的树林里,照片摄于1943年5月初。左侧上方是君特·波尔金。

第4章 在乌克兰

3连的虎式排成一排。前面2辆是300号和301号。

虽然已经是春天了,还是寒风习习。

河岸的另一侧有2辆大众的水陆两用车已经上岸。后面的背景是一所学校和一座教堂。

一辆水陆两用车在托罗科诺耶的一片小湖里做测试。周围散落着很多农屋。

第4章　在乌克兰

　　每天都要攻克起码一道配备完善反坦克火力的阵地。有一次，我的坦克直接停在了一道战壕边上，从那里你可以看到下面的战壕里褐色皮肤的苏联人一边说笑，一边在传递着莫洛托夫鸡尾酒，因为机枪没法朝下射击，所以只有赶快一踩油门，溜之大吉。

　　八天后，我们作为肯普夫战斗群的先锋部队攻占了一座重要的高地，空虚的右侧依然还是隐患。之所以要防守住这座高地，是因为左翼邻居的攻势已经停顿了，而我们则是突破了40公里的防御！孤军深入苏军阵地。

　　虎式坦克一路损失直线上升，相比较敌人的火力，其本身糟糕的传动系统才是更大的敌人。我的坦克没支撑多久也进了修理厂。我换了一辆斯太尔指挥车去位于东北方向的第一连查看。在回来的路上，我决定抄近路，从一个谷地走。远处一公里外看到苏军激烈的炮火，让我和司机都感到诧异这里怎么会有动静。在谷地做了一个向右转绕过一个土丘后，突然我们心凉了一大截，面前站着大概10个苏联人在谈论着什么，大部分都是军官。我对着司机大吼："踩油门！加速通过！"苏联人纷纷卧倒路边，拿冲锋枪朝我们乱扫。幸运的是没有打到我们。但会不会撞上另外一个苏军阵地呢？我们仍然惴惴不安。突然间看到了前面露出一顶德国钢盔，只过了几米，我们就进入了与503营相邻的装甲掷弹兵师的阵地，终于回到安全的家了。

　　第十天的时候，城堡战役进入了最高潮，其激烈程度是之前所没经历过的。莫德尔上将的第9军（属于克鲁格元帅的中央集团军）从北部（奥廖尔）发起的攻势被强大的苏军反攻给压制住了。

　　我们在一场夜间行动中遭到了不必要的损失。指挥官很明显没有安排好部队之间的协同，本方反坦克炮在800码的地方朝我们开火，我们清楚地看到了他们是友军，但突然有一个人就莫名其妙地朝虎式开炮了，一枚75毫米炮弹击中了一辆虎式的无线电员座舱。这也一定程度上说明了战役中战线犬牙交错带来的大混乱。

　　我们的角色在这时候也从部队的尖刀转换成了救火队员。友邻部队在苏军强大的装甲部队压力下开始后撤。其中一次战斗我组织了8辆坦克，在横扫了一段松软的田野后，登上一片高地。在那里，我看到了一幅令我至今都无法忘记的画面。相邻师的步兵正在溃退中，部队显得混乱不堪，而苏军的坦克就在人群中碾压，疯狂地朝四周扫射！我们正好及时到达完美射击阵位，就像射击演习那样又快又准地敲掉了超过20辆苏军坦克。T-34的弱点再次暴露无遗，其车长在炮塔里视野非常有限，根本不清楚周围的态势。他们根本没注意到伙伴被一个个消灭掉，只是一味地往前乱冲，等明白过来，已经晚了。

211

大概在7月14日部队到达了别尔哥罗德-库尔斯克公路一线，这时候只剩10辆能行动的虎式。这条公路正是城堡行动开始时的主攻方向，现在却成了撤退的路线。很少收到上级给的命令，感觉我们被抛弃了一样。

白天虎式可以在草原里横冲直撞，无所忌惮，但到了晚上，则需要自己提高警惕，因为现在没有步兵协同替我们放哨了。这对坦克兵来说是常有的处境。我们的坦克停在路的右边，因为夜色很黑，有一连苏军坦克径直地朝我们冲过来，这时候根本来不及考虑仁慈与否，而是立马把他们罩在探照灯下，个个击爆。

第二天，我终于和第七装甲师取得了无线电联系，告诉他们现在还有几辆坦克在坚守阵地，但附近对方军队的活动越来越活跃。我这时才得知，主力部队已经撤到了南边5公里的地方！我们随即决定跟随主力后撤，行动中左侧的1辆虎式传动被击毁，趴窝不能动了，我的虎式接近它，准备营救乘员。周围是蜂拥而来的苏军，他们反坦克枪效果真是好。当我们离那辆虎式还有10米的时候，我从打开的顶舱盖发出了让他们弃车的信号，就在这时，我的手和手臂被弹片击中了。昏迷了大概一小时后我才醒过来，发现自己躺在路边一条水渠旁。一名将军（我只看到了红色和金色的领章）正试图问我关于前线的战况。但是因为受伤和这么多天来的睡眠不足，我很快又晕了过去。随后在哈尔科夫的医院里躺了三天，斯蒙德副官给我带来了好消息，那辆坦克的乘员都被救了出来，我们营也回到了德军阵地。503营的努力毫无疑问减轻了德军防线的压力。布莱特将军推荐授予我骑士十字勋章。

我伤口里取出了几块弹片，之后在德国的摩泽尔河附近疗养了一段时间，我于9月初回到部队。那时候部队已经离开哈尔科夫，驻扎在普罗斯库罗夫。曼施坦因指挥的集团军群在哈尔科夫经历过一番恶战后，退守第聂伯河南岸。

我们营防区在斯纳门卡附近。令我恼怒的是施特默尔曼将军又把503营的三个连分别配属给他的三个师。他估计是真的被戈培尔的宣传弄迷糊了："哪里有虎式，苏军就无法攻破那里"，他真该了解一下古德里安将军关于使用我们的条令。因此我立即前往30公里外的基洛夫格勒（Kirowograd），向我们的上级机关，第8军的沃勒（Woehler）将军抗议。

接待我的是参谋长施派达尔将军，他之后担任过隆美尔元帅的参谋长，在两德分裂后还是联邦陆军的创始人之一。我和他说了我的担忧，很快发现他和我看法完全一致，那就是虎式必须集中使用。三天之后，我们营就重新集结到了一起。巧合的是，苏军装甲部队在第聂伯河的东岸发起了一场夺占桥头堡的行动，铁甲洪流正好横扫施特默尔曼将军的指挥部，看着他和他的参谋们从我

第4章 在乌克兰

们的工事前跑过。虎式立马发动了一场反击,打退了苏军。

之后的日子比较平淡,甚至还举行了一场军官射击比赛,拍了好些值得回忆的照片。

我还记得一些在斯纳门卡发生的事情。在撤离之前,一名异常年轻的少尉找到我,说他是个临时组建的战斗群的指挥官,防区就在这一带,问我能否带他查看一下地形。当时很多康复回到前线的士兵会在下了火车后,被就近分配到驻防部队中,而其中一些部队的指挥官质素确实堪忧。我带着他在附近转了转,一名临近阵地的上尉突然跳了出来,说:"你在这里要么赢得骑士勋章,要么就等着上军事法庭吧。"当那个"硬汉"离开后,我费了好大劲才把这个被吓坏的少尉给安抚好,尤其当我保证他说虎式会待在附近。在任何情况下,虎式都是合格的救火队员。

在转移的必经之路上,我们需要渡过一条岸边陡峭的溪流,摇摇欲坠的桥看着非常不可靠。但我们只能尝试让重达62吨的坦克以步行的速度通过这座桥。谢天谢地,顺利地过去了。在持续了3个小时的战斗后,我们撤回营地。不幸的是,那座桥又一次摆在了面前。虎式小心地开到了桥上,我在指挥塔上指挥,但突然间天旋地转,在我还未明白过来之前,整车朝下翻去!幸亏长长的炮管插入了河岸,让巨兽没有做自由落体运动,不然我们肯定被摔成肉泥了!

数量占据优势的苏军整个冬天都在不停骚扰我们。直到1月中旬,曼施坦因抓住了一个机会,趁苏军在文尼查地区孤军深入时,发动围歼战。两支装甲部队,一支从乌曼地区以东出发,一支部队从西部包抄过来,包围了从北部进入文尼查地区的苏军部队。除了指挥两路大军,陆军元帅还直接对503营下达命令。我们作为贝克重装甲团的尖刀从西部进攻。

在1944年1月28日的晨光中,部队出发了。我们从1连收到的第一个无线电消息就是刚从第6装甲团来到我们营的阿德梅克上尉因为头部受伤阵亡了。

在我记忆里,苏联那白色的草原天际线和那些2 000米外苏联坦克的小黑点构成了一幅清晰的画面。优秀的炮手会熟练计算风力影响修正法,然后用88毫米坦克炮准确地消灭敌人。我们一般最多用到2—3次射击就可以击中目标。而我的座车可以做到击中敌人弹药殉爆的精准度!基本上来说,当炮管的硝烟散尽时,T-34也从我视野里消失了。经常可以看到坦克残骸散落一地,完全看不出来那居然曾经是一辆完整的车辆。

几年前,当我拜访我正在敏斯特坦克教导营服役的儿子时,他和他的士兵骄傲地展示给我看他们的战车——豹式坦克,告诉我现在不需要人工进行风力影响修正了,测距仪可以准确地得到各种参数并引导火炮瞄准目标。行进间对移动目标的首发命中率可以达到80%以上。而且由于夜视仪的进步，豹式夜间的作战能力也很强。我不由得想起我们那会开炮前，都必须先停下车来，这意味着虎式也成为了76.2毫米反坦克炮的活靶子。

回到之前说的战斗中来，我们的目标是奥拉托夫火车站，位于东边10公里处。预期在那里要和东边过来的部队会师。集团军命令我们营立刻朝火车站进发。

有一种预感告诉我，威胁会来自于那块区域的北边。一旦苏军意识到德军在文尼查地区进行包围战时，他们必然会竭尽全力解救被困部队。如果按照命令继续往东，我们和贝克战斗群的距离就会拉大，伊万们可以轻易地穿透。因此我决定暂不急着出发，首先抢占了北边的一处高地。

事实证明了我的预感，当第一缕阳光照射下来时，苏军的坦克从宽广的正面压了过来。我们的位置真是好极了，一口气干掉了37辆苏军坦克，剩下的见势不妙，只得仓皇撤退了。这次成功的作战是完成合围的关键一步。我们再次品尝到了急速前进的畅快感，顺利地和兄弟部队会合了，简单得如同演习一样。与我们会师的坦克团团长是冯·科林（von Colin）上校，9个月前在巴黎，他是我们的教官之一。大家畅饮伏特加来庆祝胜利。

我走回到自己的战车旁，问炮手要些面包来填满饿了6个小时的肚子，突然间感觉到我的右腿被什么东西猛烈地撞了一下，然后就倒在了旁边坦克的履带边上，这过程中我看到有一辆带拖斗的摩托车上载了两个人飞快地从身边开过。后来一直没有搞清楚，袭击我的人到底是自由德国全国委员会的人呢（Nationalkomitee Freies Deutschland）还是之前躲藏在某个洞里的伊万呢。不管怎么样，我被抬进了一个苏联小屋，发现右膝被两颗子弹击穿了。技艺高超的营医紧急处置了一下。之后我被疼痛和高烧折磨了一段时间，老马特卡给我端来了热牛奶。比起我的伤情，我更担心的是我们营现在处境有些孤立，和我们会师的坦克团已经朝南方收拢去消灭口袋里的苏军了。

在中午的时候，军部发来了无线电消息，询问附近是否可以供一架"鹳"式侦察机降落的场地，我们回答："是的。"这只"鸟"很快就来了，把我装了上去。我只能和身边的一名士兵告别，其他的坦克都在执行任务。回去的旅程像是没有尽头一般，而且要穿越苏军上空，我们这种速度慢的飞机会是苏联战斗机绝佳的目标。总算运气好，我们顺利降落在文尼查的机场。因为希特勒在1941年夏开始就将他的前线指挥部放在文尼查，所以接待过很多大人物的机场人员非常干练。我被立马送到了杰尔诺波尔，三天后就转到了布累斯劳（Breslau），有七周的时间，都要绑着一具从肩膀到脚跟的架子。我最后一次作为指

第4章 在乌克兰

挥官的义务就是建议授予瓦尔特·舍夫上尉骑士十字勋章。

康复时间比预想的要长得多，因此我明白这次真的要彻底地告别虎式营了。后来直到1944年3月的某一天，我惊讶地发现斯蒙德上尉竟然到布累斯劳来探望我，谈起那些在我离开之后营里的故事，特别是激烈的切尔卡瑟战役里虎式担当了决定性的角色。这次探访也是因为斯蒙德在去罗马的路上，以前他在罗马的老板拉恩（Rahn）大使将他召回罗马继续外交官生涯。

我必须要在结束我的回忆之前再感谢一个人，是他高超的厨艺帮我保持充沛的体力。每次在坦克里精疲力竭地战斗了几个小时后，我总是急切地想回到营地享受海因茨·基克斯精心准备的饭菜。他在苏联还用向日葵油炸土豆条给我们吃。我非常感激他在那些困难时刻所作出的艰苦努力。

卡根内克伯爵，这一章节的作者。他是第503重装甲营的指挥官之一（1943年6月—1944年1月）。

另外我的副官沃尔夫冈·斯蒙德也是所能想到的最好的副官。机智而又周到，非常善于和高层打交道。他永远知道怎么可以给我们营抢到刚送抵前线的虎式。因此我和整个营对他的离开都感到遗憾。

可惜我担任503营营长的这段时间不再是德军势如破竹的1941年或是1942年了。以斯大林格勒为转折点后，德军一直陷在苦战中。

一名503重装甲营老兵的回忆·II

（作者：弗兰茨-威廉·洛赫曼博士）

博戈杜霍夫

我们的坦克在4月14日装车运往博戈杜霍夫，其位于哈尔科夫以南60公里。所有的轻型坦克都换装成虎式坦克，总计14辆，而且接收了三个有着丰富东线作战经验的老兵——军士长芬德萨克、里普下士和鲁贝尔，如何好好利用他们的经验并融为一个集体对1连很重要。同时我们也有了新的连长布尔梅斯特，被昵称为"高个子海因茨"（der lange Heinz）。

那会儿最重要的事情是找到替代内加连通讯军士长的人选，他可能算是我们里面最恶名昭著的军士长了，尤其擅长让新兵难堪。当他最终离开我们的时候，大家都松了一口气。我在1944年盟军诺曼底入侵时，又碰到过他一次。当时我在一个村子里想找点酒，沿着一条路边的壕沟走着。这时候一眼看到他出现在路的另外一边，他走路的姿势实在太特别了。他打量了我一会儿，突然吼了起来："天哪，洛赫曼，你这坨屎，谁把你升成下士了？"真是死性不改啊。

在前往哈尔科夫之前，所有坦克都做好了战斗准备。这时候我们连已经达到满编的三个排，每个排4辆虎式。另外连指挥官还有一辆坦克和一辆备用的。连指挥官的坦克编号是"100"，他的备车是"101"号。那时候100号的成员是潘·福格尔、瓦尔特·马塔赫、沃尔夫冈·斯贝金和我。

哈尔科夫

我们很快到达了哈尔科夫。那时候日子过得很愉快，我们像在休假一样。此后我们乘员都生活在一起，一起找乐子。我们总是可以找到好吃好喝的。我们经常聚在一起玩，要是有人愿意，还能去歌剧院。我们组织了第一流的连级

第4章 在乌克兰

聚会。

在哈尔科夫的日子分为三个阶段。第一阶段是在复活节的时候,我们移动到了顿河边的丘古耶夫,在那里,我们实弹检验了新车的火力准头。空军提供的侦察照片质量非常好,可以很清楚地在上面识别出苏联人的碉堡。每辆坦克都清楚目标在哪里,打靶一样的挨个报销了苏联人的工事。

第二阶段是为了迎接土耳其军官团的来访,我们准备了一场称作土耳其演习的行动,其实就是一场猫捉老鼠的游戏。参与的部队很多,同时也是为即将到来的城堡战役作演练。这次演习非常投入,包括空军在内的各兵种协作进行得非常流畅。作为先锋部队,我们离斯图卡飞机的靶子非常近,要是他们技艺出了纰漏,倒霉的就是我们。

最后一个阶段也是最重要的,我们在哈尔科夫度过了一段平静的时光。新的营长上尉卡根内克伯爵上任了,他即将指挥503营经历我们营最辉煌的一段战事。卡根内克伯爵上尉和他的继任者弗洛姆上尉以及冯·迪斯特-科贝尔上尉都是典型的亲和型指挥官,和大家处得很好。

我们在哈尔科夫驻扎在普雷商诺斯基区。第一连在施塔罗贝斯卡街。附近有蒸馏酒厂、体育场和剧院。这家剧院不仅上演当地的一些戏剧,有时候还会有维也纳风格的剧目。我们用一辆烧毁的T-34当路标,它的位置正好是在我们营地和剧场之间。哈尔科夫市中心的红场和东正教大教堂都令人印象深刻。城市的电力系统还在工作。1943年的6月,日子是那么的平静,有一支部队慰问团甚至还造访了这里。

城堡行动

我们营集结在特洛科诺耶(Tolekonoje)附近的森林,度过了大战前最后一段平静时光。

营长卡根内克伯爵上尉想竭力避免的事情都发生了。三个连被拆开分给了三个师。1连在战斗打响之后就被困在雷区里遭受敌人猛烈的反坦克炮火清洗。第70工兵营承受着巨大伤亡,拼死在雷区打开一条通道。临近的坦克团立马投入了一个连进攻,地雷虽然不再是威胁,但是苏军的反坦克火力非常凶猛,很快,那个连的所有IV型坦克都被击毁了。我们后来才知道那个连的连长是鲁特曼中尉,有趣的命运让他后来成为了我们的连长。

第二天晚上,我要用无线电递交一份补给品的报告。因为不是专职的无线电员,速度肯定是跟不上的。后来我不得不要求对方配合着慢些,才算马马虎虎地完成了任务。

　　我们在第三天终于突破了反坦克阵地。苏军撤退了。我们连剩下了区区4辆坦克。当我们站在100号虎式后面的时候，不知道从哪里飞来了一枚72毫米炮弹。大家慌忙往车底钻去。但沃尔夫冈·斯贝金、潘·福格尔和我还是受了伤。我们把伤重些的斯贝金抬到最近的医疗站，在做了简单处理后，他被送回德国。福格尔和我的屁股都被弹片击中了，需要被送回哈尔科夫治疗。当发现要被送上一辆医疗列车后撤时，我和福格尔立马跳了起来，拿回制服返回部队。休息了一阵后，就重新上了坦克。

　　城堡行动进展得很不顺利。尽管我们干掉了无数敌方目标，但还是要不断地陷入雷区和反坦克炮构成的死亡陷阱。我那时候偏偏又染上了腹泻。坦克里面感觉又热又渴，每半个小时就要上一次厕所。一开始我还会注意找个地方遮挡一下，后来就什么都顾不上了。只要爬出坦克，就立马在坦克后面拉，管不了苏军炮火了。这毛病直到战斗结束后回到哈尔科夫才治好。

　　那时瓦尔特·马塔赫给病号做饭。醋焖牛肉的芳香真是令人怀念，香草布丁也是大家的最爱。想到这儿，忍不住流出了口水。大部分时候我只能就着茶和硬邦邦的配给食物消磨时光。回想大嚼醋焖牛肉的时光，我都有点遗憾腹泻怎么好得那么快。病愈后我体重掉到了110磅以下。

杰尔加特斯奇（Dergatschi）

　　我们在奥姆勒中尉的带领下被分配给第6装甲团并额外加强了一辆虎式坦克。我们连配置在第6装甲团6连（索格少尉）和7连（陶林上尉）之间。奥姆勒上尉亲自负责我们连的补给问题。这期间威利·洛特下士加入了我们。每天的战斗经历就是在无尽的玉米地里前进，然后干掉撞上的任何苏联人。每天都有几辆T-34成为倒霉蛋，有时候也有T-60。索格少尉非常恼怒地不断督促自己的连前进。我们一开始不明白为什么他那么暴躁。后来才意识到，他们的处境要困难得多。进攻对虎式来说简单得像是散步，对他们来说却带有致命危险。一场坦克间的战斗对我们来说就像打猎一样，没有任何畏惧，虎式火力超群并且有厚厚的装甲保护。我们只要不傻到掉进陷阱，就一点危险都没有。

　　三天后，一门隐蔽得很好的反坦克炮打断了我们一辆坦克的履带。2号车费了好大劲才把这辆车拖回来，而履带还留在苏军战线前。2号车准备再次回去把履带捡回来时，发现我们营医的坦克居然带着那履带回来了，这些小伙子真是太棒了。坦克很快修好了。约辛·奥姆勒第二天回到了连里。其中一天晚上两辆坦克出去执行一次行动。我们小心翼翼地在林间小道上前进，突然间周围响起一片发动机的声音。我们居然不小心闯入了苏军坦克的集结地。不过既然他们数量优势那么大，我们决定还是不要逞强的好，于是悄悄地从边上远离了他们。

梅拉法（Merefa）高地防御战

这不是虎式愿意加入的游戏……没有步兵掩护，只有2辆虎式独自防守高地。苏联人的装甲部队不知疲倦地发起一波又一波攻击，然后倒在虎式超绝的火力下。这些苏联人试图用炮击削弱我们。每天一早就开始炮击，直到晚上弹药还没有耗尽的意思。如果苏军坦克晚上带几个步兵来袭击的话，高地早守不住了。最后我们完成了任务，但是代价也是惨痛的，莱曼上士、纽曼下士、代理下士克鲁格、约克维尔二等兵和霍恩贝格二等兵永远留在了那座山上。

撤离了阵地后，我们在第聂伯河边上构筑越冬工事。101号坦克有了几名新的乘员加入。炮手现在是海诺·克莱纳下士，装填手是赫伯特·里彻和驾驶员皮普·格拉斯。

"焦土"

我们进入了党卫军菲格莱茵（Fegelein）骑兵师的地盘，驻扎在一座村庄里。指挥官还是奥姆勒中尉。周围是一片南瓜和甜瓜地。我们坐在指挥部所在的花园里，畅饮着酒。忽然跳出了一个激动的党卫军军官，对我们这么悠闲的样子非常不满。25辆苏军坦克突破了前面的防线，他需要我们连立马投入战斗。"什么？"我们头喊道，"25辆坦克你就要我们全连出动？门都没有，我只派1个排去。"

我们的4辆虎式就这么出发了。到了下一个村庄的时候，其中有1辆车抛锚了，剩下3辆继续前进。100号上有芬德萨克军士长、海诺·克莱纳、皮普·格拉斯和赫伯特·里彻。后面那辆虎式是君特·特斯默的车组，他们之后是霍恩克上士。

在穿过另外一个村庄时，碰到了3连的指挥官舍夫上尉。他询问了一下我们的行动，就带着他的坦克加入了我们的队列。不幸的是，他的坦克很快也抛锚了。因此我们还是三辆坦克排成纵队前进。其他人现在酒醒得差不多了，可怜的炮手海诺还酣睡在后面，与血液里的酒精做斗争。我们在冲锋前决定了怎么对付在高地后面的苏联人。特斯默在左边，霍恩克在右边，我们居中。

特斯默的发动机出了些问题，因此在爬上高地的时候落在了后面。我们发现友军正在将一门反坦克炮推入阵地。地形对我们有利，居高临下俯视苏军，不明白苏联人怎么会犯这么蠢的错误，拱手将战场主动权让给我们。当然也可能是因为苏联人还没来得及解决自己的麻烦，有几辆坦克陷入了泥地，其他的正忙着帮助同伴脱离困境。只有很少的几辆可以应战。我这辆虎式在400—600米的距离上只花了几分钟时间就击毁了9辆苏军坦克。霍恩克击毁了另外的6辆。反坦克炮也没闲着，消灭了最后一辆正试图逃离战场的坦克。

几天之后

君特·特斯默调任到我们车担任车长。几天后我们和里普下士以及鲁贝尔的车组和党卫军菲格莱茵骑兵师一起防御一个村庄。我这车在村子以东几公里处担任警戒，党卫军在村子里修筑工事，而里普和鲁贝尔的车组待命。

夜渐渐深了，天也暗了下来。在天边看不到任何活动的物体，非常静谧。大约一小时后，我们听到周围响起了马拉车的声音。但这不是苏联人，而是掉队的武装党卫队士兵。

到午夜的时候，我们被召回村庄去应对即将到来的攻击。在村子外围的路上，里普和鲁贝尔在我们左侧。那真是个古怪的夜晚，一片浅浅的云挂在草原上方，轮廓就像是巴尔卡斯的雕塑那么层次分明，天上星星也一闪一闪的。这时候又响起了一阵隆隆的车辆声，不知道是不是我们喝了一点小酒的原因，听不清楚到底是什么声音。大家都觉得应该是苏军坦克到了，只有君特和我认为应该是别的什么东西，因为像是我们自己牵引车所发出。特别是我们几个小时前刚刚见过那波马拉的车辆。君特和我坐在炮塔上张望，他取出了信号枪。当那些车辆到我们很近的时候，终于看清楚了，是苏联人！战斗警报！

一颗绿色的信号弹升到了空中（如果是白色的，会晃到我们炮手的眼睛）。圣诞老人来到了我们这里。一辆冲过来的T-34直接瞄准了我们。后面还有黑压压的一大群苏军坦克，到现在我对这一画面还记忆犹新。他们射击的火焰划破了漆黑的夜，君特一下子就钻进了炮塔，我也从无线电员的舱门跳进了坦克，我关上舱门的那一刹那，感觉到了我们的炮塔被狠狠地击中了。炮塔被卡住了，只能撤退到后方，剩下另外两辆坦克奋战。我的舱门也被卡死打不开了。苏军第一波攻击没有成功后，组织了一下发起了第二波，依然被打退了。鲁贝尔和里普干得不错。

第4章　在乌克兰

接下来的几天我们开始朝西撤退，营里的坦克被分散开来支援各部队。

我这辆虎式状态很糟糕，只有一半的动力，最糟糕的是火炮还成了个不能使用的摆设。当我们到达波尔塔瓦的时候，发现整个城市都在燃烧。在这样的情况下，他们居然因为没有指令而不分给我们补给品。当然了，所有的事情都要按照军事条例严格执行。这时候海诺就体现出了他厉害的地方。他穿上了笔挺的军装，大摇大摆地去那里冒充我们营的军需官领回了不少物资，够我们用好几个礼拜，足够支撑到第聂伯了。所有后撤的人都瞅准了克列缅丘格 (Krementschug)，我们也混在其中。

途中经过一条清澈的河流，看似平静的河水却暗藏着湍流，驾驶员一下子被水流震得从座位上弹起来，我打开的一瓶草莓酱一下子全泼到了他脑袋上，你可以想象皮普是怎么咒骂我的！

我们被一架鹳式飞机拦住了，一名怒气冲冲的上校从里面跳出来，要求我们负责道路警戒，完全不顾我们车的状况。怎么可以靠一挺前列机枪来完成这个任务！因此当上校飞走后，我们立马重新向克列缅丘格开进，到那里才可以找到503营，并修好坦克。当我们到了第聂伯河后，立马把虎式藏了起来，然后侦察哪里可以渡河。

最方便的选择是通过铁路桥，可工兵正在准备炸桥。如果我们可以搞到一个车皮装虎式过去就完美了，但是根本找不到。我们无奈地放弃了走铁路桥的计划。河边有一帮工兵正在用筏子帮Ⅳ型坦克渡河。我们确信如果在通报虎式坦克重量上要做些"变通"，是可以说服这些年轻的工兵也帮我们一把。但同时也担心这样做会让他们陷入不必要的麻烦。所以我们决定也放弃这条路子。那剩下的就只有一个选择了，通过1.5公里长的"伦德施泰德大桥"。这座浮桥是在进攻的时候由工兵修筑的，看起来很结实。但别的部队的豹式在通过的时候，引起了剧烈的晃动，守桥指挥官立马拒绝我们继续尝试。当这个好人在晚上回到克列缅丘格去后，我们偷偷试了一次，这次很幸运。我们混在长长的车流里，努力保持好前后左右的距离，以很缓慢的速度通过了第聂伯河。到达对岸的克列缅丘格后，立刻碰到了"大海因"，很顺利地在斯纳门卡找到了部队。

基辅桥头堡

在斯纳门卡，成员组分了开来。海诺休假去了，赫伯特·里彻担任了一辆在维修厂大修的坦克驾驶员。100号虎式也维修完毕，正式归队。3天内就做好了战斗准备。皮普·格拉斯和我玩命地工作。很快，我也可以休假去了。在我的粗呢大袋子里装满了从位于波尔塔瓦陆军补给站买到的市场上难见的稀罕物品。我知道这一定会让我在家乡的诸人面前成为圣克劳斯（译注：德国版本的圣诞老人）。带回去的东西里有香烟、酒、巧克力、咖啡、茶、香皂，甚至还有布丁粉和草莓酱。还有一件非常珍贵的纪念品我也塞进了行囊，这是我从一辆T-34上拆下来的一具指挥官潜望镜，会是我的"汉堡坦克博物馆"的镇馆之宝。

结果证明我高兴得太早了。我们的车很快被指派到战斗部队。当我和维尔纳开到火车站时，发现了一个令人不快的现实。战斗小组的指挥官不是我们以为的"大海因"，而是舍夫上尉。为了迎接即将到来的战斗，车组重新分配。我不知道谁会是装填手。瑞恩雷普代理下士担任炮手。他是那辆在米乌斯坠河的轻型坦克中的唯一一名幸存者，为人友善。之前在补给连服役，表现优异。担任车长的是君特·格林沃德少尉。我们都是老相识了，在多勒斯海姆训练的时候，我们就知道他是个在隆美尔非洲军服役过的老兵。

当时我们也是迪特里夫·冯·科贝尔少尉任教的军官预备班同学。当时的课程给我印象很深。记得有一个问题是"布策法洛斯（Bucephalos）是谁或者是什么？"我没法回答这个问题，感觉特别难堪。当时我脑子里怎么也没想到这是亚历山大大帝坐骑的名字。在"优先选择"课程中，我们被要求即兴给一群士兵发表一个演说。每人要以"东方"为主题说10分钟。我选择的是民族大迁移引起的日耳曼人和斯拉夫人之间的斗争，导致了最后民族混居的现状。然后我还谈到了普鲁士，正是这个邦国建立了帝国和其军队。士兵们都被训练成无条件服从，而军官们则是英勇无畏。我还提到了普鲁士人本身就是个民族混合的产物，尤其是在日耳曼人和斯拉夫人之间。

当晚，冯·科贝尔少尉约我谈话。他说了半个小时，没有谈到任何关于早上我的演讲的事。

当谈话结束时，我正准备走。他突然说道："还有一件事，洛赫曼，我想告诉你。你的演讲很有趣，但我给你一条忠告，以后别在公开场合谈论这类话题。"

好几个一起培训的士兵后来都晋升为军官。我记得的有马泰斯下士、勒万多斯基下士、汉斯-马丁·米勒上等兵、君特·格林沃德上等兵，后者正是现在和我并肩作战的格林沃德少尉。我们一起沿着铁路朝北前进，目标是粉碎苏联人刚建立的基辅桥头堡。

第4章　在乌克兰

集结地

在夜里，我们驶离铁路，进入一片被炮弹犁过的林地。天黑得如同沥青，非常安静。只有4辆坦克开动的声音可以听到。我们非常紧张，周围的步兵看起来也不乐观。他们来自战斗经验丰富的第70工兵营。城堡行动第一日的惨痛教训仍然留在他们脑海里，那天对所有勇敢的人来说是一场彻头彻尾的灾难。

霍恩克上士带来了坏消息，3辆虎式还不能加入我们。其中的两辆在第二天中午前没法做好战斗准备。他自己的坦克发动机出了问题，必须要把车开回斯纳门卡维修。弗朗茨说反正我要准备休假去了，可以跟他一起走。我拒绝了他的好意，因为不能让维尔纳·格拉斯一个人留在100号虎式上，其他都还是新人，缺乏磨合。而且，我们不知道君特在替补军官学校学习的效果怎样。在走的时候，弗朗茨问要不要帮我把装满礼物的包先带回去，我也拒绝了，自己的东西还是在我身边比较安心。

不成功的战斗

我们的火炮在第一缕阳光出现的时候就开始怒吼，真是一场恐怖的炮火洗礼。战斗随后展开。很顺利地通过了本方的防坦克壕，然后经过了步兵兄弟的散兵坑和战壕。再往前是一片角度平缓的坡地。前进的速度不错，沃尔夫上士的车就在边上。我们几乎就跟在炮兵的炮弹后面前进。越过一道陡坡，开进了苏联人布满错综复杂战壕的阵地中。很明显，炮兵的工作卓有成效。我几乎看不到任何活的苏联兵。我们继续跟着弹幕前进，地面被炸得坑坑洼洼。顺着坡开上了一个高地，面前是100米宽的空地。看到的情景和刚才一样，仍然是纵横交错的苏军战壕，到这时，已经前进了2.5公里。

正准备继续前进时，终于遇到了麻烦。我们几乎同时踩雷了。不幸中的万幸是维尔纳紧急停下了车，履带没有全部滑落，我们相对来说还有救。而沃尔夫上士的处境则很糟糕，他离我们侧后方有50米远，履带被地雷完全炸飞了，这样就被困在一片没有掩护的空地上动弹不得。我们的炮火支援这时候停止了炮击，弹药用完了。

很快，对方的炮击开始了。苏联人的火力非常凶猛，特别关照沃尔夫上士的那辆坦克。同时有无数的反坦克炮也加入了炮火大合奏，我方坦克如同在刀板上被动挨打。

我消灭了附近的一些苏联反坦克炮，但是这个帮不了我们的邻居。他们完全处在被动挨打的状况，无法反击。很快主炮就被击毁，车子也燃烧起来。我们看到他们开始弃车，在跳出来的时候基本都受了重伤，无线电员没能逃出来。维尔纳指引我继续朝苏联人射击，将面前的敌人全部消灭。如果我们的炮火支援可以更猛烈一点就好了。这时候有一个装甲团跟了上来支援我们。我听到一段凄惨的无线电通话，一名受伤的指挥官要求他的部队继续进攻。但在苏军的猛烈炮火下，他们缺乏有效的火力协同，无法接近苏军。这个装甲团很快就撤退了。

维尔纳和我听不到坦克指挥官的声音。在我们两侧，苏联步兵开始重新夺回他们的战壕，并在炮火的支援下，摸到了我们后面。我们忙着朝面前的敌人射击，忘了炮塔乘员组已经弃车逃生了，而炮塔上的舱门还是开着的。现在只剩我们两个在车上了。形势非常危急。两辆无法开动的坦克陷在离本方反坦克壕不远的地方。跟随的步兵都被苏军火炮驱散了。周围都是该死的苏联人，而且还源源不断。

唯一的希望就是后方的两辆虎式可以这时候冲出来，把我们给救出去。但这也不现实。必须要作出弃车这样的艰难决定了。如果有1—2辆虎式的支援掩护，我们现在就可以将履带接上。另一个选择就是等到天黑，趁夜撤走。

但苏联人越来越多地渗透到我们后方，留下的时间不多了，必须要逃。为了安全起见，我们悄然打开各自的舱门，准备离开。这是一场和苏联步兵玩的猫捉老鼠的游戏。我们将钢盔挂在机枪上，伸出舱盖，几乎是立马就会被苏联人的子弹疯狂打成筛子。我们尝试了一次又一次，消磨苏联人的耐心，大部分人最后都懒得再开枪了。就是这个时候！我们迅速钻了出去。为了增大逃生机会，我们决定分头行动，唯一的武器就是一把手枪。

维尔纳朝右跑，运气不错。他跑过一片空地后，钻进了苏联人还没到达的战壕，顺着那朝本方狂奔。而我在左边，则跑进了有苏联人的战壕，我赶紧朝左跑。当我越过一个转角时，猛然发现有一张亚洲面孔出现在我面前。他盯着我看，看起来他也被吓得够呛。我撂下他，继续往前跑。一次又一次地躲过附近的苏联人。终于到达了战壕的边上。我简直不相信我的眼睛，我看到1辆Ⅳ号坦克就在眼前！两名乘员刚刚接好履带，正在往车里爬。我内心狂喜："这简直就是我的回程车票啊。"这时候坦克发动了，准备朝一个高地上爬。我大声呼喊，朝它飞奔而去。这辆Ⅳ号坦克朝我开来。

车身上有侧裙板。我边跑边抓住裙板上端，爬上坦克，从装填手舱门钻进车里。真是累死我了。我站在坦克舱里喘息未定，一名年轻少尉微笑着从炮塔上朝我这边弯下腰说："他需要一口酒。"跟着这辆坦克，我毫发无损回到本方阵地。他们把我送到了营地。我第一个看到的人就是我的驾驶员维尔纳,他也成功逃回来了。兄弟们都以为我已经挂了。只有阿尔弗雷德·鲍克坚持认为:"威廉肯定可以活着回来。"

舍夫上尉在下午用3辆虎式发起了对高地的另一次进攻。起码也要尝试把那两辆丢弃的车给拖回来。可惜不但没有成功,而且又损毁了一辆。我们唯一能做的就是在晚上摸上去,看看是不是能拖回1—2辆。维尔纳和我去向炮兵观测员汇报了一下苏联阵地的情况。同时为了阻止苏联人对我们的虎式动手,炮兵对坦克周围不断发射零星的炮弹以吓退他们。

我们运气太好了。晚上漆黑一片。不知道苏联人是太累了还是疏于戒备,但我们顺利地在一队步兵的支援下,带着维修排的2辆18吨牵引车偷偷跑到了苏联人的阵地上。沃尔夫上士的坦克损坏严重。我那辆车的履带接上后,我们慢慢将其拖了回去。另外那辆虎式也值得营救。我们在第二天继续尝试回收,但苏军意识到这点,开始朝我们射击,我们只得耐心地等到晚上,终于成功地将这辆虎式也回收了。离开时带着复杂的感情不得不开火将沃尔夫的那辆虎式彻底击毁。

当回到斯纳门卡时,我的休假信已经签发了。但悲剧的是,我留在虎式上的行李袋被苏联人趁我们不在的时候偷走了,我为丢失的宝贝欲哭无泪。最后我并没有空手而归。厨师弗里茨·里默尔给了我一堆好东西,而且最棒的是,还有20升葵花子油!在11月10日,我到达了科威尔,从那儿搭上车回到了我阔别1年半的家乡。

阿德梅克中尉

我在1943年的圣诞节前结束休假归队,回来的火车也不是那么的顺利。我们连驻扎在一个叫做兹部罗的小村落。周围是茂密的森林,而这永远是游击队员的绝妙藏身之所。

一切都被皑皑白雪所覆盖,空气相当的清冽。当时的我有点沮丧,感觉满脑子都塞满问题。"该死!为什么一个人会被忧郁所控制。"我知道如何治疗这个麻烦。一点酒精会是个很好的药方,人很快会恢复精神。

碰到的第一个人是威利·罗斯,他以前是我的坦克乘员。我们一起消灭了一瓶伏特加,效果果然不错。我们边吃边聊。我又恢复了斗志。"你这混蛋!你忘掉我告诉你什么叫做美食么?我才走开几个礼拜,这里就乱成了这样。"我们"捡到"了一些鸭子,然后就有了一顿美餐。

1943年春在乌克兰的一次转移行动。这期间部队在哈尔科夫附近作战。为了满足虎式的大胃口，每辆车的后面都绑了一个200升的汽油桶。

装备德伊茨卡车的补给连。

第4章 在乌克兰

在哈尔科夫随处可见战斗的痕迹。这是一辆丢失履带的T-34/76坦克。

503营在1943年5月10日从托罗科诺耶森林撤往哈尔科夫。背景是一望无垠的乌克兰草原。

一辆正在修理连修理的虎式。

哈尔科夫的东正教大教堂，是这座乌克兰第二大城市的地标性建筑。

哈尔科夫有多座教堂，其金质塔顶在五月的阳光下金光闪闪。

哈尔科夫据有巨大的经济、交通和宣传意义。

第4章　在乌克兰

哈尔科夫著名的红场，周围是一圈20世纪30年代风格的大楼，其规模对德军士兵来说是非常震撼的。

远眺这个长方形的巨大广场。上面停的国防军车辆显得那么的渺小。

503重装甲营战史

几名德军士兵站在广场上，四处张望。这些照片都是我们的一名士兵所拍。

近处的半圆形建筑是一座展览馆。

标记着哈尔科夫火车站的牌子。上面那块标注"厕所"的牌子更为实用些。

↗ 230

第4章　在乌克兰

在哈尔科夫一处路口的指路牌。除了那些熟悉的城市名字外，还特意标注了3连的方向。

503营2连在哈尔科夫的一张照片，摄于1943年6月。左起第二人是纳赫斯德特，站最中间的是根茨下士。

弹药排的士兵们在展示修长的88毫米炮弹。背景卡车上涂了字母"M"（弹药Munition的缩写）。

一匹瘦马拉的农车装下了全组人，照片摄于1943年初夏于哈尔科夫。

第4章 在乌克兰

除了市中心以外，哈尔科夫还是比较荒凉。这张照片上的士兵是3连的传令兵莱希曼二等兵和志愿者（Hilfswillige）阿历克斯站在一辆跨斗摩托旁。

1943年5月，里默上士和马塔赫上士、马库斯上士一起悼念埋在哈尔科夫的原第6装甲团的士兵。

503重装甲营战史

驾驶座上的是哈戈麦斯特下士,他缠绕着绷带,不清楚他受伤的程度。坐他边上的是瓦尔特·普雷恩二等兵。

这辆斯太尔1500是营长冯·卡根内科的座车。旁边站着的一脸自豪的是斯托伯格代理下士。

1943年6月摄于哈尔科夫,汉斯·冯·哈戈麦斯特下士头部受伤,坐在车里由其他士兵送往战地医院。

第4章 在乌克兰

1943年夏于哈尔科夫。修理排的士兵们站在1吨牵引车边享受下午茶。最左边的是二等兵赫尔穆特·维斯法特。

1943年6月,123号虎式正在维修。很明显是一根轮轴毁坏了,因此要拆下周围相邻的轮盘。左边的是维斯法特二等兵。

鲁贝尔的114号虎式陷入了麻烦，履带陷入了淤泥中。

114号虎式在18吨牵引车的帮助下终于摆脱了困境。1943年6月摄于哈尔科夫。

第4章 在乌克兰

彼得·米德勒的323号虎式在顿涅茨地区为"城堡"行动而做渡河演练。画面右侧的是舍夫中尉、克里克斯军士长和冯·罗森少尉。

中立者为舍夫中尉，正在指挥坦克渡河。

虎式开始渡河。

水位很低，虎式安然过河。

第4章　在乌克兰

上岸也很顺利。实战中也会这样么？

这次要渡回来。乘员们在观察河床的情况。

虎式爬上岸的英姿。

演习结束了，克里克斯军士长很满意。

第4章 在乌克兰

这期间，我们有了新的连指挥官。他是阿德梅克中尉，给我的第一印象非常好。在花了一段时间了解他后，觉得他是个心思非常缜密的人。但看起来他好像背负着压力，两个晚上后，我发现了原因。他刚刚晋升到连长，但他却认为这个安排欠妥当。他之前指挥的部队刚刚经历了一场溃败，而他被命令立马接手我们连。他急于证明自己。我当然理解他的处境。几天后，他托我帮他保管一封给他家人的邮件，这是一封绝命书。这让我非常地担心，怕他准备自杀。我可不想摊上这样的麻烦事。

有几次我和两名士兵坐着马拉的潘业（Panje，苏联农村马拖车）去附近的集体农场"购买"牛奶。寒冷的空气让我神清气爽。周围的森林里很可能藏有游击队，我们保持着高度警惕，特别注意那些新的雪橇痕迹。冲锋枪的保险一直打开着。

我们搬到了施梅林卡，这个村子在文尼查的南面。除了要提防游击队之外，这里算是个平静的小地方。据我所知，3连那会儿正忙着和苏军交战。在1944年1月14日，修理连在前往文尼查的路上没有护卫队，结果遭到游击队伏击，除了恩斯特·卡普兰幸存外，其他德国士兵都被杀死了。他会说捷克语，被游击队俘虏后，奇迹般地活过了战争，真是个幸运的家伙。当时他与我们的苏联志愿者艾利克斯（东欧或者苏联的战俘，自愿在德军提供非作战性质的服务）一起驾驶一辆在队伍最后面的车。艾利克斯开着我们缴获的道奇车逃了回来，告诉了我们这场大屠杀的情景。其他德国士兵被杀后，沿着路边被摆成了一排。我还记得他们的名字，欧尔斯下士、海德代理下士、米涅克上等兵、丢巴上等兵、明克上等兵、维森法特上等兵和巴顿二等兵。

20日部队移往文尼查。我还记得当时突破比拉阵地的情景。我们一大早就出发了，那是一个晴朗的冬日，地上盖着厚厚的积雪。武装党卫军正在准备对一个村庄发动第三波攻击。我们加入了战列，周围都是装甲车，还有黄蜂和野蜂自行火炮（这两者均为安装在Ⅲ号或者Ⅳ号坦克底盘上的自行火炮，前者装备88毫米Pak43/I L/71型火炮，后者为150毫米榴弹炮）。

进攻开始后，我们连呈楔形队形前进。我紧张地观察着前方。突然间，看到正前方有些雪堆垒得非常的匀称。我心想："就算是个有工业知识的鼹鼠也不可能干出这样的漂亮活来啊。"我毫不犹豫朝这些小圆丘射出一串子弹，并且对着通话器大吼："停下，有雷区。"整个连都停下来了，运气不错。这个地雷阵被及时发现了。

别在蛋都孵化前，忙着点小鸡！我们的快速反应使得伊万们的如意算盘没有成功。本来他们预计当我们陷入雷区后，可以痛快地屠杀。这个计划暴露后，虽然我们没有完全落入他们的陷阱，但还是在致命的反坦克火力杀伤范围之内。100号虎式结结实实地挨了一炮。一枚85毫米穿甲弹打断了炮管的端头，径直钻入车体的前端，就在驾驶员和无线电员之间。我简直不敢相信看到的这一切。驾驶员维尔纳惊恐地看着我。我感到小腹部有一股诡异的热流，我被吓坏了。难道肚子被打穿了？我机械地摸了一下制服，发现我的内裤烧了一个洞，一个一平方厘米见方的碎片贴在上面，这才松了口气。其他乘员也都没有大碍。

我们连开始与反坦克火力点交火。结果炮塔被卡住了，没法运转。阿德梅克中尉从指挥塔探下身来招呼我："跟我去131号车。"我反对这个主意："你不能那么做，那是芬德萨克军士长的坦克。我们应该挑别的车。"可中尉已经跳出了坦克，我只好赶快跟他去到131号坦克的车尾。他让我回去拿落在车里的地图，我立刻拿了回来。我站在131号虎式的后面查看地图，中尉爬上了车，叫车长和无线电员搬到我们的车去。就在这时，一枚高爆炮弹击中了131号的炮塔。阿德梅克中尉当场阵亡。

战斗还在继续，我们把车朝后放开，路上碰到了哈塞军士长。他爬上车要指挥我们坦克。我们费了半天劲才让他明白我们车的炮塔被卡死了，必须要回到维修站才能修好。

之后几天，我们营朝着奥拉托夫进攻。如果你知道苏军构筑了多么强大的防守，就可以体会到胜利来得是多么的不容易。营长卡根内克伯爵在奥拉托夫受伤了。哈塞军士长领到了另一辆坦克，但随后受了重伤，失去了一只眼睛，随后用菲斯勒鹳式飞机运回后方治疗。冯·科贝尔少尉也负了重伤。卡尔·库宾在救他的时候牺牲了。另外一辆坦克也受到和我们一样的损伤，但他们的乘员没有我们这么幸运。一枚炮弹击穿了车体上部。车上的无线电员沃尔夫冈·布尔格当场阵亡，他出生在一个波美拉尼亚牧师的家庭，是我的好友。后来我在维修站看到了这辆坦克，坐进了无线电员的位置，当看到弹痕时，才真切地感受到了我当时是多么地走运。

切尔卡瑟

我们隶属贝克重装甲团作战，要解救被包围在切尔卡瑟的两个军。营长由3连连长舍夫上尉暂代。在寒霜和冰雪的帮助下，坦克终于又可以在路面上灵活行动了。

芬德萨克军士长是本车的车长，每天都在激烈地战斗。在占领了弗兰克瓦

第4章　在乌克兰

村后，我们看到了一丝解救部队的曙光。战场的形势非常地混乱，苏联人屡屡在侧翼出没，让我们疲于应付。当先头部队突破到离被围部队很近的地方时，我们的车辆因为机械故障不得不被拖回修理站。我当时认为一条小小的通道已经被打开，虽然两侧依然是被苏联军队重兵环绕。

很快车子被修好了。与其他几辆坦克一起重新回到战线。在魏冈上尉的指挥下，我们重新投入了战斗。

在我之前提到的那条通道里，一辆虎式丧失了动力后占据道路中央作为一个固定堡垒使用。成员们在损坏的坦克里击退苏军步兵的一轮轮袭击。在1公里外有一个村庄，苏军从那里一波一波地冲过来。幸运的是他们并没有配备强力的反坦克武器。我们在下午发动攻击，并于当晚将苏联步兵都赶了出去。魏冈上尉留了2辆坦克镇守这个关键节点。其他部队继续前进。

我们待在路上伴随着那辆受伤的虎式，苏联人一度销声匿迹了。时间长了，我们也就有些麻痹大意了。第二天的时候，我们在车边煮咖啡喝。我突然有一种不祥的预感，爬上车观察了一下村庄方向。我当时的表情肯定很惊恐，"警报！"我大喊道。苏联人居然不声不响地跑到了离我们不到100米处。粗心大意差点就酿成了惨痛的后果。我们跳上了坦克，立刻将他们赶走了。

下午的时候，部队主力撤了回来。伴随他们的是从包围圈里解救出来的士兵，如溪流般的延绵不绝。我们的行动成功了，但是也付出了不小的代价。我们确实救出了很多德国士兵，但他们的武器装备都留在了包围圈里，最糟糕的是，大部分伤病员也不得不被遗弃。这时候，刚从德国赶过来的新营长弗洛姆上尉到达部队。

我们再一次回到了在波塔舍的维修站。一场狂欢正在进行。军官替补生汉斯·勒万多斯基和阿尔弗雷德·鲁贝尔被送到了军官学校培训。宪兵阿洛斯·坦卡下士被晋升为中士。格哈德·霍普纳和我被晋升为下士。

接下来的4月又是很多的工作。我们无力抵挡住苏联人的攻势，在卡缅涅茨-波多利斯基又形成了一个包围圈。我们无法消灭掉无尽的敌人，T-34数量的增长比兔子的繁殖速度还要快。我们一路朝南撤退，甚至穿过了胡贝包围圈。然后朝西撤退，最后在党卫军第9福隆德斯伯格装甲师（Frundsberg）和党卫军第10霍亨斯陶芬装甲师（Hohenstaufen）的帮助下，成功逃离了那个地狱。

鲁特曼中尉

我们有了一个新的连长鲁特曼中尉。第一次和他打交道是在别尔哥罗德，当时他在附近的一个装甲团里指挥一连Ⅳ号坦克。我们开玩笑说："不要用以前的指挥方式来对待虎式连，如果你在一场战斗中损失那么多的虎式，你就要上军事法庭了。当然了，你不会这么不走运的。"

本营在新营长弗洛姆上尉的指挥下朝北进发。3月8日占领了菲德楚卡村。鲁特曼中尉似乎对部队的实力很吃惊。在晚上一个排从东边发起了侧面袭击。整个村庄燃烧了起来。正面的坦克几乎无所事事，只需要旁观士兵是那么轻易地敲掉一辆又一辆苏联坦克。我们如果加入战斗，只会使得战况更加混乱。在这次战斗中，我们损失了艾德曼中士。战斗结束后，中尉很高兴地开了一瓶香槟给大家庆祝。

这期间，蒙迪下士担任炮手，施米德克代理下士是驾驶员，瓦尔特代理下士是装填手。海因茨·蒙迪以前做了很长一段时间装填手。埃利希·瓦尔特是一名老手了，非常称职。而约欣·施米德克是一名有着丰富实战经验的老驾驶员了。

菲德楚卡村在苏军的侧后翼。载着后勤补给和新维修好坦克的火车很难送上来。在鲁特曼中尉的带领下，我们夜里沿着铁路的方向前进了数公里，越过一条宽阔的河床后，与火车接上了头。

我们刚刚到那里，发动机就出了毛病。中尉带上炮手坐着克劳泽代理下士开的大众桶车和其他部队护送火车回菲德楚卡。他们留了一名维修技师过来帮忙修坦克，这花了好几个小时。之后我们开始追赶部队。天下起了小雪，路上可以看到苏军坦克的痕迹新轧过我们过来的道路。因此大家开始提高警惕。修理连的那个二等兵临时充当了装填手的角色，而埃利希·瓦尔特则升级为炮手。

前面碰到了一个三岔路口，因为距离太远，信号不好，无法和部队取得无线电联系，我决定选择中间的一条路。在行驶了长长一段路后，我们看到了3辆被打劫过的武装党卫军卡车胡乱停在路边。昨天经过这里还一切正常呢。我一下子就警惕起来。

远处有一座小村庄，每家门口都晾晒着一些衣物。毫无疑问，肯定有苏军部队藏在附近，但还没发现他们的迹象。我们不可能悄无声息地经过那里，在村落里遇袭很容易把履带打断。现在掉头跑么？转弯的动静更大，敌人的反坦克炮肯定比我们快，而且我们面对敌人的还会是最脆弱的后侧装甲！不行，只有一个选择，那就是向前冲。

我们把速度加到最大。驾驶员施米德克完全明白现在该采取什么战术。为了掩护行动和给敌人造成一些混乱，我们朝房子中间发射了一枚高爆弹。这时，我听到替补装填手传来一声惨叫。这个蠢蛋在用右手拔掉炮弹引擎保险的

第4章 在乌克兰

时候，左手还靠在炮闸上，结果被炮身的反作用力砸碎了手指。尽管这样，他还是拼了命将第二枚炮弹装入了炮膛，我们又开了一炮，然后全速冲进了村庄，看到苏联人四散奔逃，我们继续往前开了500米左右，爬上一处高坡，这块空旷的地方比较方便进行无线电联系。鲁特曼中尉选择了靠西面的那条路，差不多已经完成了护卫补给部队的工作。我们跟了上去，担任起后卫工作。

鲁特曼中尉留下炮手海因茨·蒙迪给我们指路，自己先开车回营地告诉大家补给部队到达菲德楚卡的好消息。悲剧的是，后来我们发现他的车在一个村庄的附近被击毁了。我们事后察看现场后，发现村子里藏着游击队。驾驶员是被一枪击中头部打死的，而我们的连长鲁特曼中尉是被活活打死的！

记忆深刻的一天

3月13日，我们继续往南面或者西南面前进，深入苏军钳形攻势的后方。100号虎式停在一个小村庄里，守卫补给车队。一辆摩托车带来了霍普纳下士，他将担任新车长。临近村庄的步兵发现了苏军的动向，要求我们去支援。很快我们就击退了那股苏军，从那里可以看到有一组苏军坦克正朝我们的补给部队袭来，后面还有密密麻麻的步兵跟着。因为我们势单力薄，所以得想出一个妙计去欺骗他们。

在两个村庄之间是一片森林。我们从侧面绕了过去，与苏军步兵分队并行，跟在他们的坦克后方。这一切奏效了！苏联人没有发现这是德国战车，还朝我们热情地挥手。我们可以看到他们一共有7辆后期型T-34坦克。在他们醒悟过来时，已经被我们一口气敲掉了4辆。还有2辆扭头就跑，剩下的1辆很勇猛地朝我们冲来，炮管直接对准我们。但蒙迪的动作更快，对方的炮塔立刻燃起了熊熊大火。对方的车长被烧成了火人，虽然爬了出来但还是当场死亡。算上我们之前击毁的反坦克炮，今天收获颇丰。

部队继续朝南面前进，目标是斯卡拉特。在最近的战斗中，我们乘员组已经磨合得没问题了。3月15日，我们占领了斯卡拉特。下一步目标是撕破胡贝包围圈。3月20日，我们迎来了营里的新副官——林登中尉。他暂代1连连长职务。

在斯卡拉特东北面的401高地上，双方展开了拉锯战。因为缺乏高爆弹，我们只能用穿甲弹对付敌人的阵地，效果不佳，但对提升士气很有帮助。之后在葛日马罗（Grzymalow），我们和大规模苏军坦克进行交手。谢天谢地，那时车上有足够的穿甲弹。

1943年6月5日，第7装甲师在哈尔科夫南部举行了大规模演习，503营也参与其中。维尔纳·肯普夫中将和其他一些将领以及空军观察员观摩了这场演习。

照片右侧是将军的座车。图中心人物左起为肯普夫将军、不知名军官、中将丰克男爵（第7装甲师指挥官）。

第4章 在乌克兰

321号虎式刚从一片树林中开出来。前面的沼泽地上铺起了圆木通道。冯·罗森少尉挥手示意坦克前进。

坦克顺利地通过了圆木通道。工兵站在两侧防备意外。

第7装甲师的工兵全套实战装备,正在整理圆木通道准备下一辆坦克的通过。图中戴船帽的就是冯·罗森少尉,非常好识别。

军官们正在察看绍尔比尔军士长的324号虎式。能这么近距离地观察虎式对很多人来说还是头一回。经过10个月的生产后,虎式终于可以在前线成建制作战了。

第4章 在乌克兰

虎式厚重的前装甲给将军们留下了深刻的印象，但因为装甲板主要是垂直布置，其防弹性能没有最大限度发挥出来。

324号虎式在展示88毫米主炮的威力。

肯普夫将军和第7装甲师的其他军官一起观察324号虎式的射击结果。

冯·罗森少尉的321号虎式在演示近距离作战。掷弹兵们将烟雾弹扔到坦克的前舱板上。

第4章 在乌克兰

浓烟通过缝隙钻进坦克，乘员组被熏得只能弃车。从指挥塔上可以看到冯·罗森少尉的胳膊，他也正在撤离。

虎式一字排开进攻。照片近处的坦克为100号。

503重装甲营战史

肯普夫在观察虎式坦克前进，车身后扬起滚滚尘烟。

工兵在为坦克之后要表演的跨越壕沟进行爆破作业。

第4章 在乌克兰

爆破后的坑确实足够巨大。军官们聚拢在周围等待311号虎式表演。

维纳特少尉顺着炮管跳到壕沟的另一侧来指挥驾驶员。旁边的步兵都惊讶地望着铁甲巨兽。

503重装甲营战史

维纳特少尉重新回到了他的座车上。

311号虎式通过了壕沟的考验。背后是另一辆虎式和指挥官的轿车。

第4章 在乌克兰

这次轮到334号虎式跨越壕沟了,炮管指向6点钟方向。画面右侧打叉者是舍夫中尉。

传奇的阿德伯特·舒尔茨中校是第25装甲团团长。他正在和海尔曼上尉(503营2连连长)交谈。舒尔茨于1944年1月28日在舍普托卡(Shepetowka)阵亡。

第3装甲军的指挥官赫尔曼·布莱特也来观摩了演习。演习结束后，正登上他的Kfz.15型指挥车准备离开。

503营3连的虎式正在驶回哈尔科夫的路上。图中这辆是柯斯伯特军士长的322号虎式。

第4章 在乌克兰

布尔吉斯军士长的323号虎式后面还跟着一长列坦克。18吨牵引车也随部队出动以备不测。

连长的Kfz.15型指挥车上飘着连旗。背后壮观的车队让照片近处的苏联小男孩目瞪口呆。

503重装甲营战史

虎式行驶在哈尔科夫的街道上,这座城市的有轨电车轨道被虎式轧毁。

照片近处的是322号虎式。背景是哈尔科夫壮丽的洋葱头式教堂。

第4章 在乌克兰

回到营地，虎式停在了树荫下。

维纳特少尉在他的311号虎式上。其他的乘员还有施耐德代理下士、罗特施尔德二等兵和佩茨卡下士。照片摄于1943年6月5日演习之后。

坦克一辆一辆都回到了营地。士兵们还不知道一个月后他们将经历库尔斯克铁与血的考验。

　　苏军坦克排着密集的阵形冲了过来，而我们的坦克数量屈指可数。唯一对防守方有利的就是我们居高临下。在我们干掉了苏联人领头的几辆坦克后，他们很快就陷入了混乱，为了躲开我们的穿甲弹，他们四散而逃。所有的T-34都会在车身上装两个油桶，因此就算是高爆弹，对他们也会造成毁灭性的打击。

　　3连的伦道夫军士在我们的左边作战，那天他也是大丰收。任何苏军坦克刚到了面前，我们还没来得及反应，就被他抢先干掉了。简直没法想象他怎么可以那么快做到。当然我们也没闲着，也干掉了7辆T-34。在打完了所有高爆弹后，我们不得不用穿甲弹对付苏军的卡车和其他车辆。到晚上统计战况时，我们发射了45枚穿甲弹和18枚高爆弹。林登中尉迎来了开门红。

　　第二天我们继续往南到达了图斯特（Touste）。这个村子在一条小溪后面。营里只剩下了几辆坦克还能动。所有虎式防守西北方向，抵挡强大的苏军攻势。在回到村庄补充油料时，炮手蒙迪被一枚弹片击伤，他最近被晋升为下士。连部的默腾斯上士暂时取代他的位置。

　　我们被命令沿着河向西进行警戒。在离图斯特3公里的地方，碰到了本方马拉的炮车。他们正在渡河，准备朝胡萨丁（Husatin）进发。我们从这群士兵那里得知有1辆坦克被困在北面。我们开过去才发现原来是冯·波利斯下士的

第4章 在乌克兰

虎式瘫痪在那里。这车上的驾驶员是我以前的装填手赫伯特·里彻。我们向营里汇报了这个情况，营里要求我们带上他们立马归队。

我们的坦克过了河，伊万们不仅在正面攻势猛烈，同时还发动了侧面的包围攻势，意图切断我们的退路。据说胡萨丁也落入了苏联人的手中。因此那些马拉炮兵实际上正朝苏联人的枪口撞去，而那辆被困的虎式可能也是凶多吉少。我们开始掩护撤退，在28日一天没有和苏军接触。29日我们到达并占领了斯卡拉，确信突破胡贝包围圈就在眼前。

斯卡拉之夜

村民们已经逃离了这座村庄。我们找了一个药剂师的屋子安顿下来，煮了一大锅鸡汤。一屋子人坐下来，装填手瓦尔特代理下士代表大家祝福好胃口，然后第一个将他的手伸到汤里捞鸡吃。贝尔格代理下士、施米德克和我也如法炮制。林登中尉在旁边冷冷地说："真是帮巴伐利亚人。"然后站起来，离开了屋子。我们不管他，开始大嚼美味。那时候，我们已经接纳了汉纳斯·贝尔格作为我们的好兄弟。他是一名经验丰富的老兵。一开始是无线电员，然后做了炮手，他参加过的战斗很多，到战争结束的时候，进行了超过百次的坦克战。更令人称奇的是，他命很好，从来没有受过伤。汉纳斯是那种好静的人，喜欢下棋。当然，需要的时候，他干任何力气活也不输给任何人。

我们正痛快地喝着汤，门突然被打开了，营长弗洛姆上尉走了进来。"你们在吃什么好东西啊？"语音未落，他已经坐在我们边上，也用手从锅里捞了一块鸡肉吃起来。他边吃边问："汉纳斯·林登躲哪里去了？"

埃利希·瓦尔特说："他太有修养了，不愿和我们一起吃。"

营长大笑。餐后又开始喝伏特加。营长说："好家伙，好家伙，真是太开心了。"

"是呀。"瓦尔特答道。

"什么事这么值得庆祝啊，有人过生日么？"指挥官问道。

"不，营长阁下。我们在庆祝一名无线电员的第50次作战达成。当然，我们也庆祝今天打中的侦察车和飞机。"

部队现在和第7装甲师、党卫军第1装甲师"警卫旗队师"的残余部队以及刚从德国过来的由新兵组成的步兵师一起作战。这些新兵都还是年轻的孩子，完全不知道对手的残酷，一般来说他们大部分都会很快阵亡。和我们一起的还有一个防空火炮营。

503营此刻只剩下了3辆坦克。燃料和补给都很匮乏。在危急的时候都靠He 111编队来对我们进行空投补给。

毛斯上校指挥着整个战斗群，一步步逼近胡贝包围圈外围。有一次我们又有了空闲时间在一个村庄里做好吃的。军官们聚在我的房间讨论战况，这时候门被装填手埃利希·瓦尔特打开了，他没有"找到"任何罐头食品，但却找到了一顶高高的帽子。他很高兴地戴着这帽子想向我炫耀，结果却看到一屋子军官用异样的眼神看着他。他赶紧将帽子摘下，说："这都怪我，先生们，别错怪了100号虎式的其他成员。"引得哄堂大笑。

在3月31日的最后几公里突击中，我们又干掉了4辆T-34，最终到达了卡缅涅茨-波多利斯基。3辆虎式作为尖刀部队继续向西前进。

我们在通过赛特斯附近的一座大桥时，没注意到其已经有些不稳了。结果行驶的时候，100号虎式滑了下去，费了好大劲，才脱离困境。连长汉纳斯·林德受了致命伤。100号本身受的伤并不严重，但因为没有配件可以使用，我们被迫将其炸毁。

一天后灾难又降临到赛德尔上士的虎式上。4月6日，我们营最后一辆编号为Ⅱ号的虎式被上交。驾驶员朗格二等兵和负责中波的无线电员斯潘二等兵继续随车。我们内部的分工也做了调整。我改为负责炮塔里的短波无线电。我们的炮手汉纳斯·贝尔格回到了他熟悉的岗位上。当被困部队一起突围时，Ⅱ号虎式担任殿后。这时的它状态已经很糟糕了，部分轮子受损，但还能开动。弹药严重不足，只剩下6枚穿甲弹。最后我们待在一座废弃的村子里准备伏击苏军。最好的情况下，我们可以消灭6辆苏军坦克，并全身而退。而我们做到了！我们成功地逃出了胡贝包围圈。在渡过河几公里后，碰到了以前的连长布尔梅斯特少校。他此时担任第509重装甲营的营长。我们把这最后一辆虎式交给了他的部队，然后前往503营在利沃夫的集结地。

当我们从Ⅱ号虎式上把自己的私人用品取走时。海因忽然问我："你将炮弹退膛没有？"天哪，我们最近从来没有做过这个。必须要检查一下。瓦尔特爬回车里，尝试打开炮闸。打不开！真的有一枚炮弹在里面。我们把炮塔转向东边，向苏联人再发射一枚礼炮。炮闸还是打不开。这炮出故障了。如果……我们不敢想下去了。

我们之前听说的谣言在利沃夫成真了。米特迈尔战斗群被改名为第503虎式坦克营（新）。补充的新兵都没有经历过胡贝包围圈里的战斗。他们之前在杰尔诺波尔附近作战。而我们则离开了东线，回到德国，在奥尔德鲁夫参加培训。本营在这里重组。而我也很幸运地得到了几周的探亲假。

第4章 在乌克兰

503营1连的14辆坦克在顿涅茨河畔射击归来。左起为不知名者、卡尔·洛伊、瓦尔特·艾施利格、约翰·施特洛姆、奥托·梅维斯、不知名者、格哈德·特斯默、弗朗茨·霍恩克、阿尔弗雷德·鲁贝尔、阿尔弗雷德·普尔克和瓦尔特·荣格。

正在丘古耶夫区域朝顿涅茨河对岸射击的照片。一共射击了1 260发炮弹，摧毁了400个碉堡和数辆坦克。

乘员组抓紧时间在训练过程中享受阳光。

草原上有着很多草垛。

第4章 在乌克兰

1连的虎式，摄于1943年6月在哈尔科夫地区。

一辆Sd.kfz 250轻型半履带车和摩托车在协同演练。冯·哈戈麦斯特下巴上戴的口罩几乎成了他的标志。

虎式坦克排成一排在干草堆旁前进。城堡行动因为豹式的缓慢生产而不断推迟。这反而给了苏联人不断纵深防御，布置更多雷场和反坦克炮的机会。

舍夫中尉的300号虎式。坦克上左起为卡尔·迈耶、戈特霍德·乌德里希、弗里茨·穆勒、约瑟夫·维兰德。摩托车边左起为传令兵霍斯特·贝希特、志愿者阿历克斯、莱希曼。

第4章　在乌克兰

车子停下来，给士兵们一个在草地上享受太阳浴的机会。左起为穆勒、迈尔（传令兵）和约瑟夫·维兰德。背景处是一个集体农场。

在烈日下集合。背景是座典型的苏联农屋。

趴在334号虎式前的三个人，左起为彼得·韦斯特豪森、约翰·里舍尔和威利·格林。

舍夫中尉戴着耳机和喉部通话器。照片拍于1943年夏。

在行军途中，一座脆弱的桥不堪重负垮塌了。332号虎式在尝试渡河时陷进了淤泥。

第4章 在乌克兰

321号虎式不敢从桥上走,但这条路看来也不行。

人们停下来讨论怎么解决这个问题。后面的虎式也都跟了上来。

这座木桥真是给部队出了道难题。

332号虎式又试了一次冲出淤泥，还是没成功。

第4章 在乌克兰

321号虎式沿路退回了河岸。前面留下了深深的履带痕迹。

可以自由行动的321号和331号虎式合力把陷入麻烦的332号虎式给拉了出来。湿软的地面不适合虎式行动。

芬德萨克排

(作者：阿尔弗雷德·鲁贝尔)

芬德萨克排是由5辆虎式坦克组成的，隶属503营1连（1943年3月）。芬德萨克军士长来自在帕德博恩的第500装甲补充营。一起培训的其他几名车长还有佩茨卡、里普、鲁贝尔和赛德尔。芬德萨克、里普和鲁贝尔去了1连，佩茨卡去了2连，而赛德尔则去了3连。

我们在1连分属不同的排。按照1944年的编制，所有的Ⅲ号坦克被替换为虎式，部队重组后，我去了耶梅拉特少尉的1排指挥114号虎式。我的乘员组是由以下人员组成的：炮手瓦尔特·荣格、驾驶员瓦尔特·艾施利格、替补驾驶员阿尔弗雷德·普尔克和安静的约翰·施托罗姆。那我们还是从故事的开始说起吧……

1942年圣诞节，在离开了东高加索的奥尔忠尼启则（Ordschonikidse）地区后，坐了10天的火车，我们这些候补军官和第4装甲团3营的士兵们一起参加在普特罗斯炮兵学校组织的培训，为接收Ⅵ号坦克（虎式）做准备。

在普特罗斯的好日子没有过多久，我们就转移到了位于帕德博恩的第500装甲补充营进一步培训，后来还在森纳拉格接受过培训。

培训围绕着虎式的操作展开。部队的人员大部分来自第4和第29装甲团，其中前者主要是南德和奥地利人，后者主要由北德人构成。所有人基本上都经过了东线1年半血与火的考验。

我们这几个伙伴之前跟着第29装甲团在苏联中线，北方和高加索的战斗中建立了牢固信任关系。根据我们接收的装备来看，应该是会派到热带地区去。这支部队后来重编为504重装甲营，准备协同非洲军或者在西西里使用。但非洲军的投降和1942—1943年冬天的严峻形势改变了我们的命运。

在帕德博恩和森纳拉格的日子很悠闲，战争变成了遥远的事情。到底会去哪里作战反正是由别人决定的，我们又何必烦恼呢。很快答案公布了，在3月

第4章 在乌克兰

中旬的一天，指挥官召集大家宣布5人一车，马上会被派到东线作战。这5个车组25人会立刻出发，但其他人员还没有调令，如何来管理分隔这么远的部队？而且他们还可能被派到其他战场去。另外，在东线德军里，是否会考虑南德和北德人数的均衡？还是刻意选择的？当然，指挥官也认为不会有人会志愿报名去东线。

这件事给我印象很深刻，仿佛就在昨天。我们稍息站在格鲁伯军士长的面前，他问我们谁自愿去东线。我当时很想在威斯特伐利亚多待一段时间。芬德萨克从他那一排探出头来，朝其他人望了一眼，然后默默地点了点头，往前走了5步。没有犹豫，很快又站出来了4名指挥官。他们这几个人都是来自第29装甲团，之前一路沿着明斯克、维亚齐马、什利谢利堡（Schluesselburg）、季赫温（Tichwin）、高加索的迈科普（Maikop）和奥尔忠尼启则战斗过来的老兵。其中好几个车组乘员都没有过变化。

只有那天在场的人才会明白那种无以名状的苍凉。这几名车长接着要挑选自己的乘员，而首先想到的都是跟着自己一起战斗过的伙伴。而士兵们都充满了渴望的表情。我们要战斗在一起！尽管之前东线的经历已经知道凶多吉少，但我们怎么会让同伴孤独前行呢。就这样，我们一起来到了503虎式坦克营。

1943年的复活节，崭新的虎式运抵1连位于博戈杜霍夫的营地，这地方位于哈尔科夫西北60公里处。我们对部队里的人员构成和士气并不满意。大部分驾驭虎式的都是没多少经验的新兵。不是批评他们的能力怎样，但他们确实没经过战火的磨炼。而在士官里面，我们发现4人中的3人都是担任行政事务，只有1人是有战斗经验并担任车长的。

我们对连军士长打散车组，重新安排的做法非常不满。多亏我们的"小汉斯"芬德萨克的争取，我们组才保留在一起。芬德萨克利用了他和当时的代理连长奥姆勒中尉的关系帮我们解决了很多问题。比如有一次，因为我是比较年轻的车长，所以上头命令我将虎式转交给一位比我年长，但没有前线经验的人。这事在芬德萨克的干预下，也没有真的发生。我们还发现一些下士滥用自己的职权在排队领餐时插队，甚至还让人把饭菜端给他们。我们对这样的兵痞行为非常抵触。

还有一件关于军医的态度也让我非常恼火。当时赛德尔的司机施密特得了疟疾。因为我在高加索之前也得过，所以很清楚其症状。我带着施密特到了营卫生队去看病。卫生兵不熟悉这种病，因此叫了营医来给我们治疗，他开出来的药方是：（1）狠狠骂了我们一顿；（2）以后这种小毛病不许惊扰他。后来施密特逐渐康复了，但没能从战争中幸存下来。

肯普夫将军迎接土耳其托尔德米尔（Toydemir）将军的来访。左边是参谋长施派达尔少将，右边是一名担任翻译的军官。土耳其代表团是乘坐背景处的FW200到达苏联前线的。

土耳其客人们在肯普夫将军的陪同下检阅了仪仗队。之前土耳其人也参观过英美的部队，他们也在比较双方的装备优劣。德国一直试图将土耳其拉到轴心国一方作战，但没有成功。土耳其人的中立在1944年打破，投入了同盟国一方作战。

第4章 在乌克兰

虎式引起了土耳其人的兴趣，因此他们看得格外细致。肯普夫将军也陪同他们登上了坦克。

肯普夫将军和曼施坦因元帅陪同土耳其的将军们听取汇报。

土耳其将军们通过翻译和131号虎式的指挥官耶梅拉特少尉热烈交谈。

503重装甲营战史

503营2连的虎式在向客人展示强大的火力。曼施坦因元帅在用观测镜察看射击结果。

曼施坦因元帅环绕坦克察看。

曼施坦因元帅对射击的结果不是很满意。

第4章 在乌克兰

观摩演习的诸将：1.土耳其托尔德米尔上将；2.冯·鲁梅儿中尉担任翻译；3.冯·丰克少将，第七装甲师师长；4.施派达尔少将，肯普夫集团军群参谋长；5.林根塔尔中尉，南方集团军群参谋；6.肯普夫将军；7.曼施坦因陆军元帅；8.施塔贝格中尉，曼施坦因的副官。

另外一个角度拍摄的将领们的照片，从曼施坦因元帅的表情来看，确实对糟糕的射击结果很不满意。

333号虎式的成员组坐在炮塔上。远处是332号虎式。土耳其演习的地点在哈尔科夫和丘古耶夫之间。城堡战役在几天后就开始了。

本图展示了演习中503营和第7装甲师的协同作战。除了231号虎式和3××号虎式之外，左侧是一辆装备长身管75毫米火炮的Ⅳ号坦克，右侧是一辆装备长身管50毫米火炮的Ⅲ号坦克。

第4章 在乌克兰

此图展示了114号虎式坦克。

由虎式、Ⅳ号坦克和半履带输送车组成的攻击阵形展示了德军装甲部队的实力。

行驶中的虎式。中间的是333号虎式。

舍夫中尉的300号虎式在土耳其演习中,他正从指挥塔里探出头来。

第4章 在乌克兰

313号虎式正在土耳其人面前表演跨越壕沟。图中戴墨镜者是曼施坦因元帅。炮塔指向6点钟方向避免触地。

轮到了舍夫中尉的300号虎式表演跨越壕沟。这张照片后来被德意志周报刊登过。驾驶员是戈特霍德·乌德里希。

演习结束后，333号和334号虎式返回营地。

芬德萨克的排很快融入了连队。我们建立了一种维持到现在的军人之情。我们相信芬德萨克给整个连队起到的改善作用是他自己都没意识到的。他惩恶扬善的作风深得大家尊重。他的任务是指挥一个排，但他做的远远不止这些。按照眼下的流行用语，这叫做"自我领导力"。他在1943年获得了金质德意志十字勋章（Deutsches Kreuz），最后于1944年8月18日阵亡于西线的法莱斯包围圈。那年他31岁，身后留下了在布莱特劳的妻子，还没有孩子。

对我们来说他是个士兵、同志、长官、朋友的混合体。芬德萨克军士长是我在战斗中和生活上的挚友。1连的很多老兵也对他充满了敬意。

土耳其演习

不管卡根内克伯爵、冯·罗森少将或者洛赫曼博士是否提过这场演习，但我认为这是一场非常有趣的经历，如果没有记载下来，会非常可惜。

在503营里有个公开的秘密就是1连和2连的人员配备比3连（之前的502营2连）更为合理，基本上都是由新兵和老兵混搭的。2连被抽取参加实弹射击表演。可是高层军官尤其是曼施坦因陆军元帅对部队的表现不是很满意。在这里要请老长官冯·卡根内克伯爵原谅我泄露这个不光彩的事件，但当时他还没

第4章　在乌克兰

有来到我们部队多长时间，训练不足不能怪罪于他。当然，我也不知道1连或者3连的表现是否能够更好。

曼施坦因最后在接见部队的时候，还是表现得比较满意，但是在射击过程中，我们都看到了他真实而又细微的表情："拧着的鼻子，向下微收的嘴角。"结果是整个营被要求开展全面的训练项目，包括武器和装备训练，在顿涅茨的丘古耶夫区域进行实战演练。

我们从哈尔科夫出发，进驻到之前算是比较平静的顿涅茨西岸的步兵阵地里。当我们准确地将苏联人的碉堡一个个报销后，双方的默契便被打破了。稍后，苏军的炮火铺天盖地地朝我们报复起来。我怀疑步兵弟兄们对我们惹的麻烦一定是深恶痛绝。我们在顿涅茨停留的这段时间还有个任务就是鼓舞士气。虎式作为"奇迹武器"被送到不同的阵地去展览。我的114号虎式被送到了一个团部。

活动结束后，大家在一起痛饮了一番。好像是这个团的团长提出来，虎式能否碾平一栋屋子。所以我们做了个测试，成功地证明了这个任务对虎式是小菜一碟。悲剧的是，我们摧毁的屋子里放着这个团的电话交换机。不管怎么样，我们第二天准时踏上了往哈尔科夫的回程。

舍夫中尉衣襟里插着地图文件。

城堡战役——503重装甲营3连2排的作战历程

(作者：理查德·冯·罗森男爵，2008版)

1943年5月初，503营朝哈尔科夫前进。我们知道将要进行一场规模巨大的战役，也知道这场战役的意义非常重大，唯一不知道的是行动开始的时间。大家都在为大战进行积极的准备，6月27日还参与了第7装甲师为曼施坦因元帅陪同的土耳其军事代表团进行的演习表演。平时我们就在防线上的丘古耶夫段进行实战射击演练，苏联人在对面构筑了很多碉堡，是射击的好靶子，同时虎式坦克的出现还能鼓舞当地德军步兵的士气。

503营的第二任营长霍海塞尔中校被调往国内担任帕德博恩的虎式坦克训练部队的指挥官。上尉卡根内克伯爵接任了营长的位置。连里现在达到了14辆虎式坦克的满编配置。连长是舍夫中尉，1排长是维纳特少尉，2排长是冯·罗森少尉，而3排长是刚晋升的海登军士长。3个排各装备4辆虎式，连长有1辆座车和1辆备车。

在城堡战役中，503营受第三装甲军（布莱特）指挥，其构成部队是第6、第19和第7装甲师。尽管受到营长的强烈反对，503营还是被拆分为3组支援不同的装甲师作战，1连派往第6装甲师，2连派往第19装甲师，而3连则给了第7装甲师。对于这些装甲师的指挥官来说，虎式坦克性能比他们的主力装备Ⅲ号和Ⅳ号坦克要强得多。因此可以发挥突破坚固阵地的尖刀作用。

直接指挥3连的是第25装甲团，其指挥官是舒尔茨中校，他后来晋升为少将并获得了钻石骑士十字勋章。我的排支援第7装甲团，任务是渡过顿涅茨河，建立一个桥头堡。我们准备在别尔哥罗德以南的地段渡河。我在一个清晨开车到前线察看地形，看到两岸的植被都很茂密，德军在河岸边布置了零星的岗哨，估计苏军那边也是差不多的安排，但具体的情形没法看清楚。

第25工兵排的排长鲍曼军士长在傍晚的时候找到了我，准备一起研究一下工兵需要做什么准备工作。天有些暗，月亮被云层给遮盖了。我们和一队装甲

第4章 在乌克兰

掷弹兵一起走了1公里到河岸边。周围非常安静,只听到潺潺流水声。岸边茂密的树木给了我们很好的掩护。可以看到河岸距离河面大概有一个1—1.5米的断层,如果对岸也是这个样子,那坦克要爬上岸还是有困难的。我们另外也要探查一下河水有多深,河床是否可以承受58吨重的虎式坦克通过。步兵告诉我这一段河流都很浅。我把衣服脱掉了,要亲自去摸摸底,看看实际情况。我仔细听了一下,对岸没有动静。我慢慢下到水里,大概有1.5—1.7米深。河流比较平缓,我只剩个脑袋还在水面上,就这样到了对岸。河床还是比较结实的,淤泥不多,但对岸果然和预期一样的陡峭。同时水下有一段陡坡深达2.5米,虎式是没法在这个角度下顺利入水的。我回到了德军这边的岸边,士兵们帮我爬上了河岸,大家隐蔽在草丛里讨论行动计划。鲍曼军士长表示问题不大,他们可以爆破两侧的河岸,给虎式制造出一条通道来。河流本身的流速,河床和水深都不是问题。

步兵兄弟们随后和我们分享了热茶,进攻计划就这么定了下来。我一个人在夜里开车回到哈尔科夫。万事俱备,就等进攻命令了。

6月28日是我的21岁生日,正式成年了。舍夫中尉给了我成年证书。晚上准备了丰盛的晚餐,新任营长卡根内克少校也加入了我们。

6月剩下的几天很快就过去了,战斗确定将在7月5日打响。在3周前,我们还在哈尔科夫时,周围的苏联人中都已经开始流传这个消息。7月1日,3连离开哈尔科夫,到达哈尔科夫–别尔哥罗德公路边上的托罗科诺耶集结阵地,此地位于别尔哥罗德以南30公里。这场本来预计在5月打响的战役,因为希特勒希望等到豹式坦克装备部队而推迟了2个月之久。使得战斗的突然性完全丧失,苏联人5月就开始发现德军的调动,而且德军的战略意图也很明显:消灭苏军的突出部,可以将防线缩短150公里,并将苏军在中线和南线的机动部队消灭掉。苏军积极行动起来,将阵线加固得严严实实,强力的预备队虎视眈眈。我们也对此心知肚明,一场苦战无法避免。但真的打起来后,苏军防御的严密还是令我们大吃一惊。而且苏军指挥官和士兵的素质也日渐成熟,完全不是1941/42年间的那种乌合之众了,其战斗意志和能力完全可以和德军匹敌。

7月4日晚上6点,部队朝别尔哥罗德前进,跟在第7装甲团后面。我的2排4辆虎式赶到了队伍的前面,率先驶向预订渡河地点。鲍曼军士长的工兵已经开始准备爆破作业,我们的人睡在坦克里,就等着进攻打响的命令。因为我们排担任整个部队的开路先锋责任,我感觉压力有点大。

7月5日凌晨4点10分,德军在进行了40分钟的炮火/空袭准备后,第6和第7装甲掷弹兵团的步兵和工兵划着橡皮艇强渡顿涅茨河。工兵很快就在两岸

285

上都安装好了炸药。我们坦克发动机开始预热，乘员们饱餐完毕，打开电台，等待工兵给我们行动信号。苏联人的反炮火准备开始了，各种炮弹和火箭弹都密集地射向渡河点。这时我们看到了鲍曼军士长发出的2颗绿色信号弹，爆破完成了。我的坦克按照事先安排好的顺序开始渡河！我们很快地冲到了岸边，鲍曼军士长给了"一切正常"的手势，坦克下水。一切顺利，我们到达了对面，准备登陆。但发现河床由于爆炸变得松软起来，履带打滑空转，无法爬上对岸松软的河岸，又试了一次，还是不行，渡河失败！我立马用无线电通报了这一情况，部队留在原地进行火力支援。

我们碰到了附近的工兵营营长，他奉命正在搭建一座可以承重60吨的浮桥。之后坦克就可以从桥上过去了。

魏戈尔的324号虎式准备拖着我的坦克回到了德军一侧的岸上。他那车的炮手耶克尔承担了艰巨的任务，游过来将牵引绳挂在我车上。在齐胸深的水里，还要冒着苏军炮火，这可不是个轻松活。终于成功了，我们开到了修建的浮桥边。

工兵们在苏军猛烈的炮火下没有掩护地拼死工作，表现出了超人的斗志，仅花了5个小时就造好了桥。而步兵兄弟们则在没有坦克掩护的情况下继续进攻。我们看到了第一批被后送的伤兵，从他们口中得到的都是坏消息。苏联人的防守非常顽强，组织严密，2个进攻的坦克掷弹兵团都遭受了重大损失，却没有什么进展。我们对在河的这边爱莫能助感到深深的负罪感。

下午2点左右，坦克终于通过浮桥，进入战斗！为了这个桥头堡，步兵以血肉之躯顽强防守到了现在，终于可以缓口气了。

我们在拉祖姆诺耶（Razumnoye）火车站越过了铁道。这里是第7装甲掷弹兵团的作战区域。苏军在铁路线附近构筑了防线，挡住了德军步兵的进攻。我仔细观察后发现苏军防线由地堡和隐蔽得很好的反坦克炮构成，很不容易发现。之前步兵的战斗进行得很惨烈，几乎是面对面的白刃战，要争夺每一个步兵坑，每一个机枪阵地。我们立马投入战斗，步兵跟在后面前进，坦克使用榴弹射击，可以给苏军步兵最大杀伤，我不记得这时候有碰到苏军坦克。战斗进展得不错，到天黑的时候转入补充燃料弹药和车辆维护中。晚上得到了第二天的进攻任务。

舍夫中尉带着1排和3排跟在我们后面通过浮桥。下午他带领部队在第7和第6装甲掷弹兵之间作战，他们面对的拉祖姆诺耶也是块难啃的骨头。

2排在6日直接支援第25坦克团作战。我们的任务是在早晨通过步兵打开的缺口朝东北面继续拓展桥头堡，为之后第25装甲团的前进铺平道路。我们和

第4章 在乌克兰

1943年7月1日，503营再次回到了托罗科诺耶的森林。魏纳特少尉在和舍夫中尉交谈，大战在即。

树林依然抵挡不了烈日，舍夫打着赤膊在做饭。

在托罗科诺耶的2连。右起为崔索夫中尉、罗德军士长。2连的一些虎式在侧面有悬挂附加装甲板的挂钩，这些东西对周围的士兵也构成一定的威胁。

503重装甲营战史

鲁贝尔车组乘员在暖日下享受午餐。左起为约翰·施特洛姆、瓦尔特·艾施利格、阿尔弗雷德·鲁贝尔。

弹药补给队的比尔曼二等兵和施密特代理下士。

士兵们养的狗在炮塔上小憩。

第4章 在乌克兰

这三个人表情看着有些凝重。无线电员海因茨·布莱蒂赛、炮手韦斯特豪森下士（坐炮塔上）、驾驶员威利·格林。

2连的兄弟们则看起来对即将到来的大战乐观得多，他们的名字已不可考。他们并不知道德军的作战计划早已被苏联人知晓。

穆勒上士、卡尔·迈尔和海因茨·布莱蒂赛下士正在收听广播。每个连都配备一台飞利浦牌国防军广播接收器（WR1P），其接收频率在190—425千赫兹和517—1 540千赫兹之间。既可以用干电池，也可以连接到发电机上使用。士兵们亲切地喊这广播叫做古斯塔夫。

另一张照片中，穆勒正在调台。背后的虎式用树枝伪装了起来，以躲避日益密集的苏军飞行侦察。

第4章　在乌克兰

1连正在进行战前训话。左起为哈斯少尉、舍夫中尉、布尔梅斯特上尉、不知名、伦道夫军士长、布尔吉思军士长、不知名、柯斯伯特总军士长，其他人无法识别。

连里的摩托带来了邮件。左起为不知名、舍夫、伦道夫、不知名、魏纳特、柯斯伯特、弗里茨、穆勒，其他人无法识别。

补给连在路上，开路的是著名的大众桶车。

1连的哈塞连军士长驾驶着他的大众桶车，照片摄于城堡行动之前。

第4章 在乌克兰

该团的先锋部队一路打到了巴特拉特斯卡娅-达查（Batratskaia Dacha）。

仰攻这道山脊对坦克来说总是有些挑战的，还好我们的车辆没有抛锚的情况出现。我们以战斗队形冲入苏军阵地，粉碎了他们的防守。我看到3公里外进攻方向上是一片宽阔的林地，看起来很可疑。我们慢慢地接近那里，我让2排停下来，等到装甲团跟了上来才继续前进。我打开炮塔边的舱盖朝外面张望，发现坦克边正好有一个散兵坑，1名苏军士兵睁着惊恐的眼神也正在看我。我给他作了一个朝坦克后面走的手势，他没有任何反应，我掏出手枪对着他，又作了一遍让他走的姿势，还是没有反应。我朝他边上开了一枪，想让他明白我是认真的，还是没有反应！我只好找到一枚手雷朝他那边扔去，没想到他捡起手雷，朝坦克扔了回来。我赶快命令驾驶员狂开出去50米远，惊出一身冷汗。后来这小子被跟在我们后面的步兵俘获了。

我记不清楚我们在那里待了多久，从拉祖姆诺耶谷底朝山脊进攻确实花费了我们不少时间。我看到大概有40—50辆Ⅲ号和Ⅳ号坦克跟在虎式后面前进，我不清楚后面是否还有别的部队，估计应该是第7装甲掷弹兵团。

到目前为止，还只能算小打小闹。之后的才是真正的挑战。坦克继续前进！我们接近了树林，里面没有道路，左边有一处的树木要稀疏一些，虽然对虎式来说还是有点狭窄，但也没有别的选择可以通过这片林地了，因此部队顺着口子冲了进去，正在此时，苏军开火了，这火光明显不是一般的反坦克炮射击发出的，开近了才发现原来是苏军的SU-152自行火炮，第一次遭遇这个对手！其外形低矮，伪装得很好，但其弱点是射速太慢。我右侧的2辆虎式立刻掉转车头开始和它对射，明显我们的射击精度要高出一筹来。很快苏联坦克就冒起了黑烟。通道的左边又出现了几辆T-34，很快被我们干掉，随后我们继续缓慢推进。

前面越来越窄，又有苏军开火了，我的虎式被炮弹击中了前装甲，幸亏装甲够厚，没有对我们造成伤害。我也不知道到底被击中了多少次，在这么狭窄的道路里作战绝对违反坦克的使用规则，我开始怀疑是不是苏军故意布置的陷阱。我们后来发现苏军很狡猾地隐蔽了大部分反坦克炮，他们的目标是跟在我们后面的轻型坦克。第25装甲团的坦克受到了一些损失。必须要赶快扭转我们在这里被动挨打的局面，我查看了一下地图，看到左边有一处高地，我指挥车队朝那里开去，看到高地在前方大约2 000米处。终于要走出这片林地了。突然间，大约有20门火炮一起朝我们射击，里面夹杂了重炮和坦克炮。我们立刻转身躲进森林，这样冲出去简直就是自杀。我通过无线电通知装甲团："原地待命，要求空军支援。"很快空军给了回复："30分钟内开始空袭。"

夏天待在坦克里真不是件好受的事情，人人都大汗淋漓，口渴难耐。脸和手都被废气熏黑了。趁休息赶快打开舱盖透透气，战斗时，舱盖是必须要关紧的。这种早期型的虎式车长塔有大约20厘米高，当车长在里面观察战场情况时，很容易被击中的炮弹打伤头部。为了减少这种情况，我们宁愿牺牲良好的视野，也只在下面通过潜望镜观察。新型的虎式降低了车长塔的高度，给我们提供了更好的保护。舱盖也改成平推的样式，这样就可以在作战时也开着舱盖了。

空袭开始了，一波波斯图卡俯冲轰炸机尖叫着（因为其在起落架上安装了风笛）冲向苏军阵地。在最后一架斯图卡还没拉起的时候，我们就发动坦克冲了过去，终于摆脱了这噩梦般的树林。我还没来得及高兴，就发现坦克开不动了，我打开舱盖观察，发现右侧的履带踏上了地雷。我立刻在无线电里通知我们排和装甲团注意雷区。两辆虎式和装甲团继续前进，布吉斯的虎式留下来作伴。我和炮手顺着断了履带的那侧从车后面爬了下去，这样不会踩到雷。发现损伤不是很严重，大部分履带还在轮子上。

接下来我们要看看坦克四周是不是还有地雷。除了无线电员坐在设备边上外，其他人都出动开始探雷。我们在树林边上发现有一些雷埋着，大约8—10个木质外壳的地雷，用草遮盖着。一旦发现了，就很好解决了。我们都知道如何解除它的引信。

舒尔茨中校带着装甲团的主力在我们身边经过。我赶快过去汇报了情况："我们修好后，会很快跟上你们。"我们随后更换了被炸坏的3块履带板，将履带重新装上。这绝对是个重体力活，大家都使出了吃奶的力气。出乎意外的是在装甲团大部队通过后，我看到了3连维修排的1辆1吨牵引车，这种半履带车辆的越野能力不错。我立刻叫住他们帮一把手，果然机械师是专家，很快就帮我们搞定了履带。整个行动装置并没有受到地雷多大的影响，坦克又能开动了！我们握手致谢后，回到各自的车辆，顺着前面部队的轮印追赶起来。最后在巴特拉特斯卡娅-达查与大部队会合。先头部队停在了另一道苏军防线前面。

我们在忙了一天后，准备好好休息一下。"先马，后骑士"这句古代骑兵的老话对装甲部队同样适用，我们先要给坦克补充弹药、加油、加冷却水，保养一遍后才轮到自己。大家在坦克后面倒下就睡。

我这里也尝试重新拼接一下舍夫中尉带领的3连（缺2排）的战斗经历。3连7月5日在克鲁托依-洛格（Krutoy Log）投入战斗，我猜测当时和他们一起行动的是第25装甲团2营。我确定第25装甲团当时分为两部分分头作战。3连在克鲁托依-洛格的战斗中有2人伤亡，分别是维修排的海因茨·乌德里希上士和1排的1名无线电员阿达伯特·艾斯勒代理下士。

在粉碎了当地的苏军抵抗后，清理工作交给了第106步兵师。3连和第25

第4章 在乌克兰

装甲团2营继续前进。他们也在林地碰到了苏军的第二道防线，随后跟着1连打通的道路也来到巴特拉特斯卡娅-达查。7月6日，3连阵亡4人：维修排的恩斯特·安格勒下士、炮手赫伯特·佩茨卡下士、装填手威廉·施杜勒二等兵和装填手罗伯特·施戴宁格。

第三天，我的4辆虎式再次担任开路的任务。今天似乎比昨天要容易许多。早晨出发没多久就碰到了一道苏军防线，但抵抗比我们预想的要弱很多，并且没有纵深，很快就被我们突破了。我记得当天没有碰到什么像样的抵抗，不断有零星的苏军发起没有组织的反击。我们在晚上到达了米奥索思德沃（Miasoedovo），这里是一个防守严密的交通枢纽点。步兵开始渗透进这座城市，我们留在城外。

7月8日的任务是防守第7装甲师的右翼，我们的阵地是第6装甲掷弹兵团占据的位于米奥索思德沃以南4公里处的一座高地。我得到的任务是警戒高地的东面，所以放了2辆虎式在山脊上，这样可以保证有最好的观察和射击阵地，但苏军在这一天并没有给我们什么表现的机会。晚上也平静地度过了。9日一早也很安静，我美美地睡到自然醒。装甲团的指挥官找到我，让虎式去侦察山谷下的林地里是否藏匿有苏军。我让2辆虎式待在后方担任警戒并提供火力支援，自己和绍尔比尔的虎式前往侦察。在离树林还有400米的地方停下来进行观察，什么都没有看到，所以继续前进，这时候苏军开火了，我看到有一枚炮弹直直地朝我这车飞来，击中了车体。几乎同时，第二枚炮弹也打中了我们。车前涌起一阵尘土，我看不清楚前面的状况，只能朝大概的方向打一炮撞撞运气。又有一枚炮弹击中了我们的右侧。我只得驾驶车辆回撤到出发的地方。两辆虎式都受了伤，但幸运的是坦克并没有被贯穿，只是撕裂了侧裙板和外侧的路轮。看来苏联人很清楚虎式坦克的弱点，就是瞄准这些地方打。后方警戒的两辆虎式也加入了炮战，他们看到树林里隐约有两辆苏军自行火炮在活动，发射了几枚炮弹后就立马逃得无影无踪了。我将情况报告给了装甲团团长，既然我们无法轻松地清理这块林地，所以就先撤了回去。晚上格罗曼上士过来看我们，告知舍夫中尉正带领部队在米奥索思德沃作战。格罗曼还带来了邮件和一些补给品，包括一盒巧克力，太棒了！阿尔伯特·施密特二等兵在8日阵亡了。我还得知1连的耶梅拉特少尉在战斗开始的第一天就阵亡了，他是我在温斯多夫装甲兵学院的同学，竟然就这么地离开了我们。从家书里得知，父母都安康，他们现在搬到了上贝伦堡，那里很安全，真是太好了。

7月10日一早我就起来担任执勤任务。我简直不敢相信眼前的一切，可以很清楚地看到苏联人的坦克在树林里移动，1辆、2辆、3辆坦克就像猴子般灵敏地在树间穿梭。还没等到我的炮手逮住目标，眼前又过去了两辆坦克。我们终于开火了，没有打中，休整距离后又是一炮，苏军一辆坦克冒起了黑烟。至少有10辆苏军坦克在我们眼前晃过，可以确认有1辆被击毁了，另外1辆被击伤。

总的来说，这几天部队都无所事事地待在高地上静待苏军。大家没事就清理一下武器，打打牌，晒晒太阳。我数次到团部看看有没有新的命令，完全没有变化。我和团长一起喝了一杯，让我有种回到和平日子的错觉。终于在11日早晨得到了带我的排回到3连建制的命令，离我们现在的位置大概有1公里远。就这样结束了和第25装甲团一起作战的经历。团长告诉我："干得不错，合作很愉快。"

通往3连的路上有一块区域已经不在德军手上了。如果我要安全的话，就需要绕远路过去，我不想那么麻烦，决定带部队走近路。这片地区不见人烟，我想加速通过，保佑千万别碰到苏军。但真是怕什么来什么，在一个弯道上，苏军开火了，立马击中了我这辆车。车里一片黑暗，内部照明坏了，驾驶员齐格勒下士将坦克往后开。我们后面那辆虎式发射了榴弹消灭了那门30米外的苏军火炮。我们停下来察看损伤，一枚榴弹卡在虎式的炮盾下，这种炮弹是无法击穿虎式的，但却将虎式的88毫米主炮的炮架震歪了，长长的炮管无法再保持正常的姿态，垂了下去。车内更是一场灾难，炮闸猛地朝上摆去，狠狠地把我的手压在了炮塔顶部无法动弹。外面的兄弟赶快把炮管抬起来，好让我把手抽出来，手上流出了很多的血。炮手福尔梅斯特下士帮我包扎了一下伤口。在换了1辆虎式带路后，部队继续前进。

之后倒是一路顺利。前面升起了一个白色信号弹，意味着友军就在附近。我们回应了白色信号弹。很快第7侦察营的1辆汽车就出现在了前面。跟着他们又开了15分钟，就到达了会合点。我向舍夫中尉报告归队。营医施拉姆博士处理了我的伤口，将受伤胳膊那侧的衣袖剪了下来，发现手臂上有一块手掌大小的皮肤被擦掉了。第二天，我就被送回了哈尔科夫的野战医院，也结束了我的城堡战役经历。

值得说明的是，我的排在战役里没有一人阵亡。4周后，我被送回国内在茨威考的一处医院进行疗养。在那里我得到了第25装甲团团长舒尔茨中校寄来的一个包裹和一封信。包裹里装着一枚一级铁十字勋章。舒尔茨写道："希望你收到铁十字勋章的时候后已经恢复了健康。同样也希望它能够给你带来和我们团一起艰苦战斗的回忆。"舒尔茨中校后来被晋升为少将并担任第7装甲师的师长，但几个月后就倒在了战场上。他是国防军中第6个获得了橡叶带剑镶钻饰骑士勋章的战士。

第4章 在乌克兰

赫尔曼·冯·欧普恩-布伦科斯基上校在库尔斯克战役期间是第6装甲师第11装甲团指挥官。

沃尔夫冈·托马勒上校在库尔斯克战役期间是第19装甲师第27装甲团指挥官。

第4章 在乌克兰

阿德伯特·舒尔茨中校在库尔斯克战役期间是第7装甲师第25装甲团指挥官。

普罗霍罗夫卡（Prochorowka）——传说还是传奇

（作者：阿尔弗雷德·鲁贝尔）

围绕库尔斯克突出部展开的城堡战役（苏军方面称作普罗霍罗夫卡坦克战）是历史上最大的坦克战。

1943年7月12日双方在这片位于别尔格罗德以北50公里处的狭窄区域投入了超过1 500辆坦克进行交战。想象一下这块区域只有500米宽，1 000米深就知道情景是多么的奇怪。

迪特·布兰特少将在他写的苏军战史《60年前：普罗霍罗夫卡》里开篇就提到了对这种说法的怀疑。

人们不需要亲身参加过坦克战或者需要对坦克战术有深刻的了解，也能感觉到苏联第5近卫坦克军指挥官罗德米斯特洛甫（Rotmistrow）少将对战事回忆里的蹊跷之处。

苏军故意夸大了他们的人员和装备实力的原因是想向世界塑造一个强大的形象。同时，他们还蓄意夸大了德军的实力，以便为他们的战果注水，数字是完全不可信的。

给个很简单的例子：苏军宣称在普罗霍罗夫卡和之后的一系列战斗中消灭了700辆虎式坦克。而在1943年夏天，德国陆军总共才有350辆虎式。这些坦克分配在中央集团军群和南方集团军群，最后在库尔斯克突出部投入了147辆虎式。我们营在1943年7月4日投入了40辆虎式，在8月1日的盘点中，还剩下9辆可用的虎式，另外有26辆在维修以及1辆被击毁。

所以怎么可能如同苏联人宣称的那样，普罗霍罗夫卡之战是世界上最大的坦克战呢？西方历史学家也没有认真去验证俄方的说法，只是照抄而已，这样以讹传讹，使得世界上都接受这种说法。

另外，尽管我们当时在另外一个地段作战，但我们在1943年7月12日及以后都从来没听说过德军在普罗霍罗夫卡进行过这么大规模的战斗，这种事情可能保密得那么好，我们竟然一点都不知道？

下面的地图展示了503营在城堡战役中的作战态势。

1连伴随第6装甲师，直属第11装甲团作战，3连伴随第7装甲师，直属第25装甲团作战，2连伴随第19装甲师，直属第27装甲团作战。

我们当时对这个安排非常不满意。从今天的视角来看，这个决定犯了分散实力的错误。强大的虎式伴随实力较弱的装甲师无法达成比较有价值的战略目标。

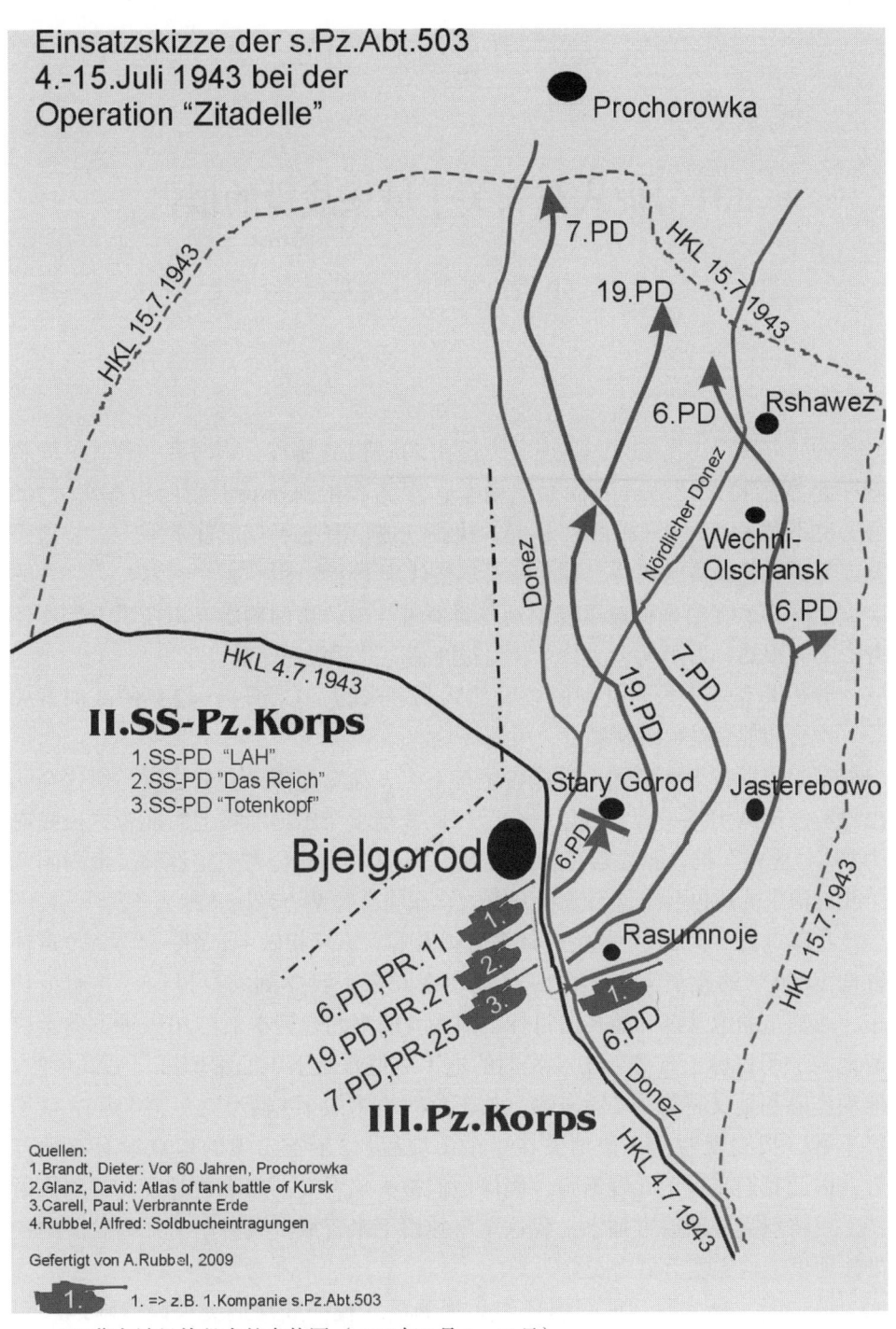

503营在城堡战役中的态势图（1943年7月4—15日）

131号虎式车长关于城堡战役的报告

(作者：霍斯特·哈塞)

1943年7月初我作为一名连军士长在503营1连服役，当时我和驾驶员埃利希·赫本施特莱特驾驶一辆大众桶车，跟随布尔梅斯特上尉的指挥车（100号）和芬德萨克军士长的131号虎式执勤（成员有炮手克尼普尔下士、装填手洛二等兵、驾驶员施密特二等兵和贝尔格代理下士）。

当时部队在哈尔科夫以北的别尔哥罗德作战，这两辆坦克担任后方警戒任务。天气很热，万里无云。野草长得很旺盛，几乎没过车轮。

芬德萨克军士长是从别的装甲部队调过来的，参与过1942年的高加索战役。这会儿他正被疟疾折磨着，发着高烧。

布尔梅斯特上尉看到他没法再坚持下去，命令他需要立刻住院。但这会儿也没有空闲的坦克指挥官可以任命，因此我请求布尔梅斯特上尉能否提拔我成为131号虎式车长，我之前在3连曾经指挥过1辆虎式，有一定经验。上尉同意了我的请求。所以赫本施特莱特开着大众车将芬德萨克带回营地去了。

我爬进131号虎式的炮塔，还没来得及和大家互相做个介绍，就发现9点钟方向1 600米的距离上有4辆T-34正朝南驶来。我立刻大声报警，并通报长车，两辆车的炮管都开始转向目标。因为我们车的炮管本来在10点钟方向，快速地瞄准了目标，首先射击。我们的炮手克尼普尔下士非常厉害，一发中的。他动作麻利地又将另外1辆击毁。长车这时也击毁了1辆坦克，第4辆T-34见势不妙，拔腿就跑，很快消失在一个山坡后。3辆被击毁的坦克没有都被打着，因此我们又补了几发炮弹，确保他们被火焰吞没。傍晚的时候，布尔梅斯特上尉将坦克开回后方加水，我这车单独留下来警戒。我将车子开到后面的一处洼地里，这样晚上更为安全。

第二天一早，我到前线担任炮兵观测员。在一处高地上可以清晰地看到2 500米外的村子。村子的右侧有一片丛林，可以看到那里不时有反坦克炮射击

第4章 在乌克兰

时发出的火光。我通过高倍望远镜看到在村子的左边藏着大约30—40辆T-34。我立刻想到了一个计划,如何将这堆正在集结的敌人消灭。我通知炮兵继续朝丛林里的苏军火炮射击,自己跑回虎式坦克,和乘员们说了一下我的计划,然后就开着虎式出发了。我们偷偷通过一片洼地,潜伏到那堆苏军坦克的侧面。炮手找到了合适的射击阵位,通过通话器让驾驶员停了下来。

这里可以清楚地看到毫无防备的苏军就停在那里。我看到1辆T-34在10点钟方向,发出命令:"坦克,10点钟方向,距离1 000米,穿甲弹。"炮手迅速将炮塔摇向10点钟方向,炮弹出膛!我看到炮弹在那辆车的右侧4米处错过,苏军开始还击,但炮弹落到了我们边上20米的沙地里。

本章作者霍斯特·哈塞连军士长

装填手洛的动作非常快,我们立刻打了第2炮,炮弹就像长了眼睛一样钻进了T-34上驾驶员和无线电员之间的装甲位置,那辆坦克立刻爆炸,发出了雨后彩虹般的色彩。本车的前装甲板也被苏军的一发炮弹击中,引起一阵晃动,幸亏我们先将炮弹打了出去,不然就不一定能打中对手了。因为刚才那一切发生得太快,其他T-34还没明白是怎么回事,我们没有浪费时间,在2 000—2 600米的距离上,从右往左地射击一个个目标,很快就消灭了9辆,它们都在燃烧,对我们来说,只有烧起来的坦克才可以放心地算作战果。这时候苏军的一个75毫米反坦克炮阵地开始狂热地朝我们这个方向胡乱射击,为了避免无谓的伤亡,我们撤离了战场。

天很热,在盖上舱门的坦克里温度更是高达45—50摄氏度,车里也没什么水喝了,这时候想起来还有大约20升水是用来冷却坦克用的,大家这会儿也不管那么多了,拿出来痛快地喝了一番,解了暑气。乘员告诉我,这水还是3月

1连在别尔哥罗德战场修整,照片摄于1943年7月。左起为布尔梅斯特上尉、勒万多斯基下士。在123号虎式上面的人是驾驶员汉斯·托默、海因茨·夸斯特代理下士、无线电员劳尔夫·斯舍尔。

122号虎式的乘员组和补给连以及修理连的同伴在一起休息。照片的中央站着的是车长威利·马库斯,右边的是托默下士。其他人的姓名已不可考。

第4章 在乌克兰

天际线上升起浓烟,炮管指向苏军可能的方向。库尔斯克战役于1943年7月5日打响,是整个战争的转折点。

坦克驶向别尔哥罗德。库尔斯克战役是历史上参战坦克数量最多的战役,并且彻底打破了双方的战略均势。

503营的虎式和第7装甲师并肩战斗。图中的Ⅳ号坦克带有裙板。

城堡战役中，大家聚在一起讨论作战。左起：魏冈上尉、奥姆勒中尉、布尔梅斯特上尉和林登少尉。

第4章 在乌克兰

一张1连摄于清晨的快照。库尔斯克战役不仅仅是一场陆战，空战同样激烈，双方每天都投入数百架次飞机。图中他们可能正在围观一场空战或是飞过的斯图卡。

331号和321号虎式开过一个燃烧的村庄。

作战区域的居民苦不堪言。

战争残酷的一面。第一辆T-34被烧死的驾驶员还垂在舱门上，其他几具尸体也倒在车边。后面是被击毁的不同型号的T-34。中间的炮塔是最后一辆坦克的，爆炸后飞出很远。

第4章 在乌克兰

苏军在库尔斯克战役中首次投入了152毫米炮的Su-152型自行火炮。图中的这辆因为爆炸,掀去了大半个舱室。

虎式在别尔哥罗德区域驶过一辆被击毁的T-34。

1连的1辆坦克受伤了，修理连派来了1辆桶车来察看情况。背景处是一门105毫米轻型野战炮经过此处。

赫伯特·波姆、里普下士、宾得、不知名者（都属于1连）正在察看1辆被击毁的T-34。一只全钢轮已经脱落。

正在将一名受重伤的党卫军士兵抬上虎式，随后将送往野战医院。

第4章　在乌克兰

图中的这辆133号虎式丢失了一个路轮。

被俘人员需要服劳役，图中他们和德军工兵一起在建设一条通道。

一名翻译正在询问被俘人员并做记录。

311

311号虎式的路轮全部被拆了下来。

杰克尔下士正在进行防空警戒。他的331号虎式被伪装得很好。苏联空军在库尔斯克战役中表现活跃。

杰克尔与他的坦克合影。

第4章 在乌克兰

334号虎式在维修行走装置,在两人中间可以看到从动轮。

2连一开战就闯进了雷区,大部分虎式的履带都受损。这带来了繁重的维修工作,乘员组都要出力。

这辆虎式的右侧履带受损。可以看到它配备了一个Ⅲ号坦克的杂物箱。

克莱纳下士正在查看他的100号虎式炮塔上的弹痕。这枚炮弹只是砸出了一个浅坑。

魏纳特少尉的311号虎式。炮弹将前装甲板的顶端撕裂，无线电员位置上的机枪座也被命中。

一辆虎式的指挥塔被击中，导致舱门关闭装置受损，必须更换。舍夫中尉正在查看这辆坦克。

第4章 在乌克兰

114号虎式被2辆18吨牵引车拖拽。第二辆牵引车直接用绳索拉着虎式,而第一辆牵引车拉着第二辆。

在上坡时显得很吃力。从经验来看,上下坡都是比较麻烦的作业。

213号虎式的一个路轮被击飞。

213号虎式的指挥官是冯·克诺贝尔斯多夫代理下士,他的父亲是奥托·冯·克诺贝尔斯多夫将军,其获得了橡叶饰和剑饰骑士十字勋章。

第4章 在乌克兰

213号虎式的正面照片。冯·克诺贝尔斯多夫代理下士在车长塔上。

200号虎式和2连的其他坦克穿过一个村庄。背负着弹药箱的步兵随同坦克作战。

242号虎式的一个路轮丢失后，驶离了战场。炮口用帆布包了起来。

243号虎式的轮子也出了问题，在1943年盛夏里，维修可是个苦活。

第4章 在乌克兰

舍夫中尉的300号虎式的发动机被击中，后来被苏军缴获。照片摄于1943年7月20日。

313号虎式的履带也被击毁，正在维修。

可靠性良好的水陆两用车，图片中的人物是卡尔·穆勒和马克思·科勒，摄于1943年7月28日。

一枚准备装载的500公斤炸弹。照片上的人物是霍夫曼二等兵、克莱纳二等兵、丢舍尔二等兵和施密特代理下士，摄于1943年7月。

第4章 在乌克兰

211号虎式也遇到了麻烦，所有的轮子都被卸了下来。

戈特霍德·乌德里希与同伴一起在把最后一个轮子装上去。右边的是海登军士长。每个路轮重达70—80公斤。

份的时候从米乌斯河里装来的，结果到了7月要不是想找水解渴，都忘了这事了。

  整个503营今天就我这辆虎式参加了战斗。不记得过了多久，布尔梅斯特上尉带着他的虎式回来了，命令我们跟着一起朝左开2公里，那里有一支苏军小分队试图突破德军防线。我们一边射击，一边前进，很快就消灭了5辆T-34。我刚刚下达了射击的命令，本车就被苏军一枚炮弹击中了炮管，我疯狂地朝装填手吼着将炮弹下膛，千万别发射，万一炸膛了，那就是个灾难！我弯下身通过炮膛往外看去，发现苏军的炮弹卡在我们的炮管上。本车已经无法继续战斗，因此通过无线电告诉布尔梅斯特上尉要求撤离战场，得到批准后，就离开了火线。到傍晚的时候，我们开到了维修站，在场的人都对卡住的炮弹吃了一惊。经过探查，我们发现这枚炮弹应该是由76.2毫米反坦克炮发射的。

  在这场40小时的战斗中，我们共击毁了16辆T-34。我也结束了短暂的"战斗部队"生涯，回到了连军士长的位置。

第4章 在乌克兰

从顿涅茨到第聂伯：1943.9

（作者：阿尔弗雷德·鲁贝尔）

城堡战役最后以失败告终。之前设想的战略目标——消除库尔斯克突出部的威胁，可以将正面防线从400公里缩短到200公里，并将口袋里的2个方面军（相当于德军的集团军群）歼灭并没有达成。战线南翼的进攻部队主要由第4装甲集团军和肯普夫战斗群构成，在付出沉重代价后，攻破了苏军重兵设防的堡垒区域。战役进行14天后，成功看起来近在咫尺，最高统帅部却决定终止战役（7月5—17日）。

这个决定出于两个考虑：

（1）位于北翼的进攻部队中央集团军群，莫德尔的第9军不仅没有能够突破苏军的防线，还在苏军的压力下被迫转入防守的态势。这使得钳形攻势缺少了一只臂膀。

（2）美军在西西里岛登陆，意大利军队几乎没有抵抗就撤退了。最高统帅部据此判断意大利人在盟军登陆亚平宁半岛时，也不会积极抵抗。德军必须要从东线抽调部队去支援地中海战场，而大部分部队只能从城堡战役的参战部队中调派。

苏军在库尔斯克区域投入的兵力相比德军有6倍的优势，而且战略上颇有曼施坦因的风采。在消除了北翼德军的威胁之后，他们又打出了一记下钩拳，目标是夺回哈尔科夫，从侧翼将德军包围在顿涅茨河和第聂伯河之间，这样可以将南方集团军群赶出第聂伯河东岸。

在意识到威胁后，德军从8月中开始撤离哈尔科夫，南方集团军在9月2日开始总撤退。德军在战场上的主动性从此丢失，苏军开始进入全面反攻的阶段。

503营在7月中—9月底主要进行了一些撤退的防御作战。我们沿着科维吉（Kowiagy）、梅拉法（Merafa）、马克思摩卡（Maximowka）和阿希特卡（Achtyrka）一路苦战撤退。部队拆散成排以下的小组配合团或者师级单位作战。一般来说，都没法再依靠连里提供补给了，只能自己解决问题，弹药和燃料尤其短缺。最糟糕的是找不到维修车辆，使得有些车辆因为小问题也被迫放弃。

路上塞满了难民，牛羊和运输各种东西的车辆，整个军队只能用蠕虫一样的速度撤退。这样的场景在整个第8军的区域里随处可见，第4装甲集团军的情况也好不到哪里。

我们的虎式坦克编号依然是114号，但这已经是第2辆了。第1辆的正面装甲被76.2毫米反坦克炮近距离击穿，左侧的传动装置被击毁，我们被迫弃车。乘员组还是1943年春开始的组

本章作者阿尔弗雷德·鲁贝尔

合。在8月底—9月底之间，我们在撤往位于第聂伯河的"东墙"时经常被指派执行不同的任务。比如护卫一个步兵师的撤退，或是作为后卫部队阻断苏军的追击。我们还不时地发动小规模的反击。因为没有回收车，我们必须要自己将损坏的虎式拖回去。所以我们都是白天担任断后，而晚上赶上撤退的部队。

在这期间，我们几乎没法睡上个安稳觉。坦克也没办法正常维护。因为桥梁承重的关系，虎式还经常需要绕路前行。如果情况需要，我们还要在夜间行军。虎式一般是炮塔指向6点钟方向，在队列的最后慢慢前进。记得有一次我和汉纳斯·里普的虎式给党卫军第8骑兵师担任护卫工作。这个师的指挥官是菲格莱茵少将（他娶了希特勒情妇爱娃的妹妹，但在1945年4月因有逃兵嫌疑被枪决）。因为我带了地图，所以在前面开路，里普的车则殿后。因为行军队列拉得很开，所以有时候两车间的无线电通讯也会丢失。天开始下起雨来，能见度降到了几米之内，很容易迷路。我们决定跟着指南针走，朝西就好！炮手瓦尔特·荣格带着冲锋枪，信号枪和手电爬出坦克在前面带路。我们在他背后贴

第4章 在乌克兰

军士长获得了一级铁十字勋章,魏纳特少尉给伦道夫军士长倒酒,站在中间的是布尔吉斯军士长。

331号虎式乘员组:海德下士、福克斯下士、不知名的二等兵、伦道夫军士长、勒加特。

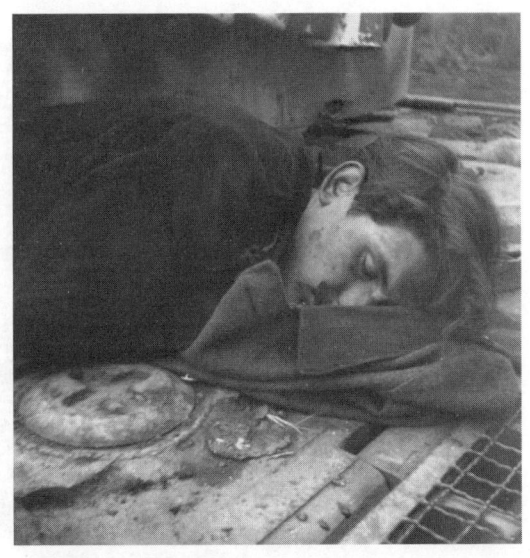

海诺·克莱纳居然可以睡得这么扭曲。

325

503重装甲营战史

从布尔梅斯特上尉的坦克上拍摄的战场，远处被击毁的坦克升起了浓烟。照片拍摄于1943年8月20日在马克思摩卡。

赫尔穆特·雷曼上士的虎式（1连）。他后来于1943年9月7日在梅拉法阵亡。

第4章 在乌克兰

132号和231号虎式正努力拖出陷入弹坑里的241号虎式。其中231号虎式在1943年夏末被反坦克炮击毁。132号虎式的车号依然是白色醒目的涂装，这时候的标准涂装应该是黑字套浅白色框。

正在给241号虎式系缆绳。

1943年9月摄于克拉斯格勒。一辆准备被牵引的虎式。塞弗特下士带着他的小狗在等待牵引车。

在梅拉法设立的野战修理站里，一台吊机将炮塔吊离了虎式。这种吊机只会在有大修的情况下才搭建起来。

第4章 在乌克兰

一辆配备3吨起重机的卡车,照片摄于1943年夏末。

修理连的格罗斯曼上士正在研究修理站应该设在哪里,他背后远处是维修连标志。

1连的君特·沃辛,摄于1943年9月在梅拉法。

修理连在这座被部分烧毁的漂亮屋子前设立了修理站。图中的卡车是补给连运输弹药的。

在塔罗沃的第一场秋雨后,噩梦般的泥泞地再次缠上了德军。图中最下面的车辆是福特底盘的"骡式"卡车。

第4章 在乌克兰

这辆18吨牵引车装备了一台比尔斯坦6吨起重机。看看这车的发动机盖的大小就知道其马力惊人了。

1943年夏摄于哈尔科夫。弹药补给队在车号为"WH-1279305"的卡车前合影。

1943年8月有12辆新的虎式运抵部队，为城堡战役做准备。这辆舍夫中尉的300号虎式也是其中之一，可以看到车长指挥塔已经是更平矮的新型塔了。

211号虎式在补给炮弹。全车人员都要参与进来。

第4章 在乌克兰

虎式编队停在行道树下。323号虎式上沾满了乌克兰典型的黑土。前面一辆332号虎式还装备着菲波（Feibel）式空气过滤器。

还是同一场景的照片，摄于1943年9月退往第聂伯河的途中。舍夫中尉在和别人谈话，旁边站立的人帮他拿着夹克。

333号虎式在前线行动的照片。炮塔外面挂置的烟雾器已经丢失，只剩下挂架。挂着的履带上写的数字现在已经没法搞清楚是什么意思了。

因为驾驶员在城堡行动中损失惨重，营长决定在波尔塔瓦开一个驾驶培训班。这辆334号虎式车正面竖了个小牌子表明这是教练车。

这个泥坑有点深，估计靠虎式本身是爬不出来了。

第4章 在乌克兰

这张照片里左边的是2连受伤的一名下士，中间的是党卫军帝国师的一名二级突击队大队长。右边被遮挡住一部分的是崔索夫中尉（2连），他于1943年12月阵亡。在1944年2月4日被追授金质德意志十字勋章（Deutsche Kreuz）。

1943年8—9月间的一张照片。一群党卫军士兵站在边上望着虎式。

503重装甲营战史

两支车队在一条溪流渡口遭遇。虎式让出道路给对方先行通过。右侧是1辆党卫军帝国师的无线电指挥车，其依然使用城堡行动中的伪装师徽。

虎式的纵队已经将道路压得十分泥泞。近处的1辆车上披了铁十字对空识别旗帜，防止被本方空袭。

1辆卡车正给332号虎式补给水，每桶有200升的容量。一名传令兵正在观察这次作业，看水还够不够给下一辆虎式。

第4章 在乌克兰

211号虎式正从车位里出来。侧裙板全丢失了。

舍夫中尉正在看车队编队前进。布尔吉斯上士的323号虎式正在做90度转弯。

虎式正在通过一处清理好的雷场，左边还有"雷区"的标牌。前面的一辆虎式是"231"号。

和装甲兵相比，步兵们则必须自己背着行李行军。

后面这辆虎式的乘员正站在炮塔上准备拍照。

第4章 在乌克兰

1943年9月中旬，部队逐渐到达了斯纳门卡。图中这些人都穿着潜艇制服，他们是库宾代理下士、沃尔夫上士和洛赫曼下士。

里普下士和芬德萨克军士长享受着秋日。请注意他们的帽子都是用帐篷材料缝制的。

沃尔夫上士和里普下士在斯纳门卡，摄于1943年9月。

所有的虎式在斯纳门卡都忙着维修。图中是324号虎式的乘员格哈特·多尔克、恩斯特·沙德、汉斯·瓦尔瑟下士和恩斯德·奥德。

手中拿棍子的是汉斯·瓦尔瑟，边上是恩斯特·沙德、格哈特·多而克和恩斯特·奥德。

在斯纳门卡的营地遭到了苏军的猛烈空袭，其中有些轰炸机还是从德军缴获的。图中是一枚没有爆炸的1800公斤炸弹。哈戈麦斯特下士和另外一名下士饶有兴趣在查看。

第4章 在乌克兰

一张有趣的集体照。后面的312号虎式上有15个战绩环,这种标记习惯在503营里并不流行。

3连的3名士兵:无线电员威廉·布劳恩下士、炮手劳尔夫·马泰斯下士和格哈特·朗格下士。

114号虎式的成员在林中的合影。驾驶员瓦尔特·艾施利格、无线电员阿尔弗雷德·普尔克、车长阿尔弗雷德·鲁贝尔、炮手瓦尔特·荣格（手拿王冠者）和装填手约翰·施特洛姆。鲁贝尔从党卫军那里搞来了一件迷彩服。

1943年10月7日，布尔梅斯特上尉颁发金质德意志十字勋章给戴着钢盔的芬德萨克。站在他身后的是斯门特少尉。

布尔梅斯特正在将"镜子"（因为德意志十字勋章闪闪发光，所以得此昵称）别在芬德萨克胸前。

第4章 在乌克兰

一张士兵们带着狗的合影。站着的人左起是多波特二等兵、诺伊伯特二等兵、劳工瓦萨里、奥尔多夫特二等兵、劳工帕查、舍维克二等兵、未希特代理下士、劳工米夏、布吕克曼代理下士。前排的人是比尔曼代理下士、邦特下士、施伦索克二等兵、补给连的霍夫曼二等兵。

格哈特·弗莱尔站在营副的Kfz 15车前。车子的发动机需要更换部件。

503重装甲营战史

两名漂亮的苏联女孩开心地驾驶着营部的摩托车。

在斯纳门卡的野战厨房车。图中的人是诺瓦克下士、霍恩代理下士、格哈特·柯尼斯二等兵、不知名、沃尔夫。

驾驶员托尼·乌班斯基代理下士和亚辛·杰克尔下士在察看一辆虎式的炮口制退器。

第4章 在乌克兰

大家在一起庆祝海诺·克莱纳获得一级铁十字勋章。前排左起是霍恩克、宾得、沃尔夫。桌子后面左起是里普、芬德萨克、科尼斯佩尔、克莱纳、特斯默、鲁贝尔、荣格、埃尔德曼、布瑟。照片拍于1943年秋在斯纳门卡。

大家在一起开心地唱着歌。之前的一系列苦战使得现在的平静尤为可贵。

军官们在享受午餐。图中的人是布尔梅斯特上尉、林登少尉、舍夫中尉、哈斯少尉。

哈戈麦斯特和营长卡根内克以及斯蒙德中尉在用P38手枪练习射击，这款手枪后来改型为P1后继续在联邦德国陆军服役。

穿着大衣的卡根内克刚刚射击完，他身后的是斯蒙德中尉和施拉姆医生。

第4章 在乌克兰

鲁贝尔上士和哈戈麦斯特上士给斯纳门卡附近的少女送上鲜花。

屋子的女主人和柯斯伯特总军士长以及阿什下士。

米德勒下士正饶有兴趣地看着柯斯伯特用树枝将泥巴从靴子上清理下来。

柯斯伯特总军士长和哈特曼马具军士长站在他们的屋子前。

柯斯伯特、克里克斯和哈特曼正在干掉一瓶酒。

第4章 在乌克兰

在修理车前的一组合影，下面打×者是格哈特·弗莱尔。

一辆欧宝闪电卡车无奈地陷在烂泥里，一辆18吨法莫牵引车正在帮其摆脱困境。

503重装甲营战史

莱因哈特下士、卡尔·穆勒无线电军士长和雅科布·来茨在1943年底的合影。背景是一辆正在维修的1吨牵引车。

1连的沃尔夫冈·布尔格、弗里茨·里默、布鲁纳二等兵和哈利·舒尔茨在施梅林卡的合影。

第4章 在乌克兰

2连的连副汉瑟军士长正在分发圣诞鹅，这味道一定不错。威利·那赫施德特是左数第三人，手里抱着一只鹅。

1944年1月14日，修理排遭到游击队袭击，多人阵亡。从左到右是汉斯·楚巴二等兵、威利·奥尔斯上士、阿尔弗雷德·巴顿二等兵、库尔特·敏克二等兵的坟墓。

1943年底1连的一辆被雪覆盖的桶车。

瓦格纳马具军士长站在同一辆桶车前。

1944年1月冬季的修理排。士兵们大部分都戴着国防军标准的冬帽。

第4章 在乌克兰

1943年底—1944年初，营里得到了数辆新的虎式。现在正在将它们进行冬季涂装。

阿德梅克中尉在训话。他来自第6装甲团，在那里获得了金质德意志十字勋章，接替布尔梅斯特上尉担任1连连长。阿德梅克于1944年1月24日阵亡于文尼查。

使用履带增强炮塔的防护开始流行。虽然这张照片不是很清楚，但是我们还是可以看到这辆虎式已经是新型的安装侧移车长舱盖的虎式。车上还载了几个水桶。

3连也在施梅林卡获得了新的虎式。图中是库纳特、海德、乌班斯基和乌德里希。

第4章 在乌克兰

虎式停下来短暂休息。穿着双面大衣的士兵们喜欢将绿色的那面朝外。

311号虎式在文尼查附近掉入了一个水坑。过来牵引它的虎式正在补充燃料。远处还有1辆。

在322号虎式前的合影。站立者左起第四人是海尔曼,他边上是伦道夫。第一排蹲着的左起是盖特纳,第二人是赛德尔。其他人无法认出来了。

100号虎式正在赶赴切尔卡瑟。

补给排在1辆欧宝闪电3吨卡车前合影。左起是多波特二等兵、施伦索克二等兵、霍夫曼二等兵、劳工帕沙、塔贝托二等兵、科林霍勒二等兵。

第4章 在乌克兰

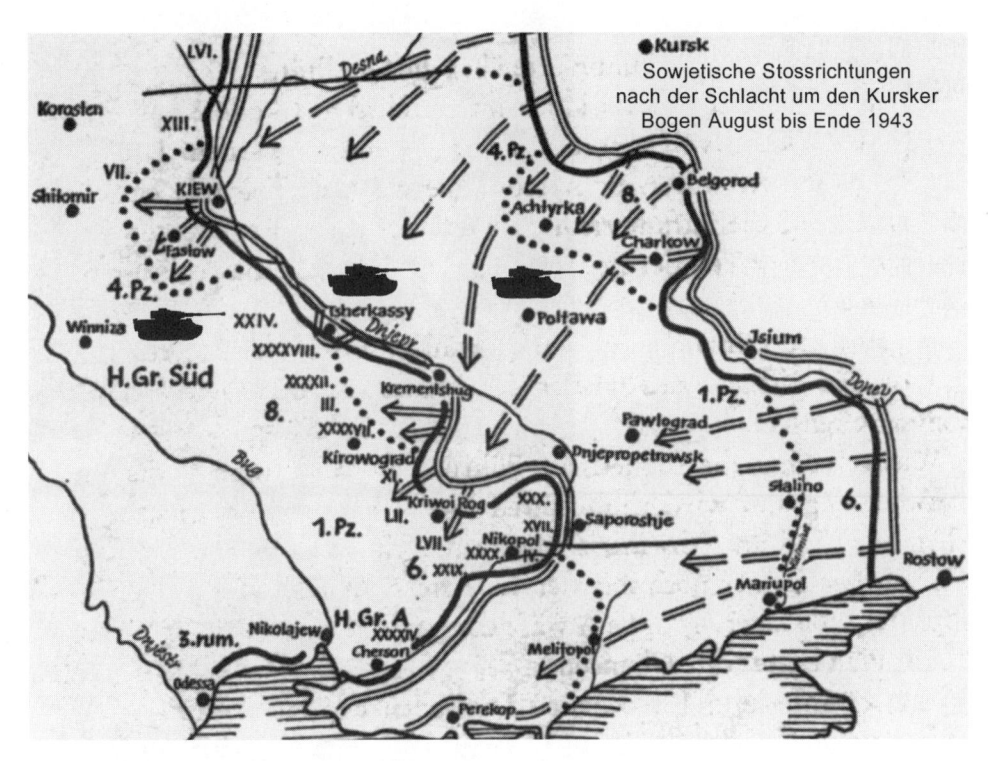

这张图反映了苏军在1943年8月到年底期间在库尔斯克突出部的进攻方向。

上了白色的带子方便我们识别。他在坦克前5—10米处走着，帮驾驶员识别壕沟或者泥沼地。我们在那个晚上，轮班做引路人。

骑兵师在我们后面，有坐马车里的，有骑马的，还有步行的，不多几个人还装备有机动车。我们很幸运，没有碰到苏军，也没有走散。当我们破晓时分到达普肖尔河（Psiol）河边的一个村庄时，被一座木桥难住了。不知道我们的坦克能否渡过这条4米深的河流，所以先让骑兵师通过后，我们再来尝试，看这木桥能否承受60吨巨兽的重量。除了驾驶员瓦尔特，其他人都下了车。他小心翼翼地成功将车开了过去。里普那车的驾驶员决定全速通过这座木桥，桥当即垮塌了，幸运的是，虽然桥的尾端已经落入河里，但前面的还连着岸上，虎式成功地过河了。

虽然整个行动成功地完成了，但是党卫军一些军官的所作所为却让人有些遗憾。一直到那会儿，我都以为这些军官也是纪律严明，关心下属的。但在那晚，我们的虎式里塞满了他们的军官，无论是炮塔里还是发动机藏盖上（堵住了进气口和散热口）。他们舒舒服服地坐在上面，喝着酒，毫不关心那些步行的

357

士兵们。我们很高兴在第二天可以摆脱这帮家伙。

最后终于到达了第聂伯河，我们指望着依靠这座"东墙"可以过一个安稳的冬天。此时的我们完全不知道我们营的其他部队包括补给连到底在哪里。虽然有无线电，但我们可以得到的信息还是很有限。

我们要首先寻找渡过第聂伯河的渡口，在克列缅丘格有一座工兵搭建的大型木质铁路桥。而我们看起来是留在东岸的最后一批部队了。为了将虎式运过河，需要使用特殊的铁路车架，但很明显，河的东岸哪里还剩这种特殊车架啊。我们辛辛苦苦地将坦克带了回来，难道就要抛弃在这里么。急中生智，我们想到了一个办法值得冒险一下。

埃利希·冯·曼施坦因，本图是佩戴橡叶饰骑士十字勋章时的标准照。

在河的东岸还有一小支工兵在准备炸桥，其中并没有军官负责。留给我们的时间不多了，桥预计在24点执行爆破。我们恰巧发现了一个能够装载24吨重的车架，赶忙将虎式推了上去。然后召集了二三十个人推着车架过了这1 000米长的桥。这大概是有史以来最奇怪的移动坦克的方法了。在西岸的守桥指挥官等我们到了，把我们全部抓了关禁闭。在半夜，这座桥梁随着爆炸引起的一道烈焰坠入河中。城堡战役和焦土政策（Verbrannte Erde）也正式成为了过去时。

德军的防线重新稳固下来。我们被运往斯纳门卡好好地休整了一下，有些幸运儿还可以回家探亲，享受休假。

根据一条战场上的金科玉律，士兵仅仅应该知道他需要完成任务的信息，所以我们完全不清楚南方集团军群从顿涅茨河朝第聂伯河的总撤退的情形。直到战后看到那些报道，我们才知道当时这么庞大的部队在苏军紧追的情况下是

第4章 在乌克兰

多么不容易地做到全身而退。很明显，这要归功于曼施坦因元帅那高超的指挥技艺才使得不可能为可能，而且给他麻烦的不光是苏军，还有上层的很大压力。

这场规模巨大的撤退包括了4个集团军15个军（总共63个师）上百万士兵，要从宽1 000公里，纵深300公里的阵地穿越第聂伯河上的6座桥梁回来，同时还要疏散20万的伤兵，还有不计其数的战略物资。在完成渡河后，部队又要立马沿着800公里的第聂伯河设防。

苏军成功地在河西岸建立了数个桥头堡，德军发动数次反击想消除这些威胁，但都没有成功。

"东墙"仅仅是一条只存在于想象中的防线，实际上什么都没有。希特勒禁止提前构筑防御工事，认为这个会鼓励士兵往后躲。所以第聂伯河几乎是条不设防的河流。

据说曼施坦因元帅后来坦诚这次撤退行动是他面临过的最大危机。最后的成功依赖以下几个因素：

- 战略指挥官果断地运用高超的指挥技巧。
- 能力超群的部队（军和师）完美地将计划转化为行动。
- 士兵顽强不畏牺牲地执行命令。

503重装甲营在切尔卡瑟战役：1944.1—2，南乌克兰

（作者：阿尔弗雷德·鲁贝尔，2008版）

回顾

503营存在的3年间（1942.5—1945.5）经历了苏联、乌克兰、波兰、法国、匈牙利、奥地利和捷克一系列的战役，它是陆军10个虎式营中历史最长的一支部队。就像施耐德上校在他著作的《虎式在战斗》（Tiger im Kampf）里提到的那样，503营是战果最显著的。而在参加过的这么多战役里，切尔卡瑟战役是最艰难，也是损失最重的一场。要为糟糕的战局负责的不是这样一支一线的部队，而是最高统帅部的那些先生们。我想通过这篇文章，在过去了60年后，重新以审视的眼光梳理一遍这场战役，当时的宣传中，损失惨重的切尔卡瑟战役被描述成了一场小胜，这也是值得商榷的。

当时我是一名预备军官学员，担任114号虎式的车长，从头至尾参与了历经27天的切尔卡瑟战役。根据自己的经历和与老兵们的交流使得我改变了当年的一些想法。在仅仅印刷了250本的1990年版里，10名亲历者的描述全方位地表现了这一战役。

作为2008新版的编辑，我重新写了一篇介绍的文章。我们得到了第3装甲军的战争日志和其他一些资料，可以一起探讨这场灾难的真实面貌。

那些拍摄于冬季清晨的照片把我的思绪又带回了战火纷飞的日子。地面被冰冻得硬邦邦，没有涂上冬季涂装的灰黑色虎式在白色的雪地上很扎眼。冬季常有的迷雾使得视野局限在1 000米左右，非常不利于我们发挥优良的88毫米远距离准头好的优势。战斗进行得很惨烈，1连在一天里就有4名士兵阵亡，10辆虎式也只剩下了4辆。不是我们的坦克战术有问题，而是解救5万名被围士兵的战斗太激烈，直到最后一刻，我们也没有放弃努力。这也是503营历史上损失最为惨重的一次战役。

第4章 在乌克兰

这个章节同样还献给营长卡根内克伯爵。他在这场战斗中受了重伤。他是一名坦克战专家。我还要特别地感谢他,是他同意在我受训晋升为军官后,接受我回到"家"——503营。

1943年的东线南部前线局势

历史学家们一般都把第6集团军在斯大林格勒的投降当作德军在战场上由盛转衰的标志性事件。而对于那些在东线每一个散兵坑或者每一辆坦克里作战的士兵来说,都会有不同的亲历事件让他们意识到战争失败了。对我而言,1943年夏城堡战役的失败让我意识到德国已经失去了赢得战争的机会。尽管我们投入了大量的部队和装备,但只取得了很有限的战果。当时我们并不知道集中这么庞大一支部队是以过度抽调其他战线兵力为代价的。城堡战役在起初取得一些胜利后,很快陷入僵局,反而是苏军随后开展了更大规模的反攻。事实已经很明显,德国的元气很难再得到恢复。

从1943年夏开始,德国陆军在东线日渐丧失战场主动权,只能疲于应战。这种情况下,根本不可能赢得对苏战争的胜利。盟军此时还没有攻入欧洲大陆,但东线的绞肉战和维持对西欧的占领已经耗干了德国的人力和物力。

德国几乎完全只能依靠自身的资源,军火生产遇到了越来越多的瓶颈。补充的飞机、坦克和车辆不再能够抵消战场上的消耗。1943年德军在东线的部队从214个师下降到190个师。只有精锐部队才能得到足够的补充保持完整的战斗力。反观苏军,部队从442个师上升到512个师,并且在美国的帮助下,克服了装备上的不足,尤其是拥有数量充裕的坦克和卡车。

到了1943年8月底,美国生产了6 207架飞机,大约1万辆坦克,13.8万辆机动车辆,150万吨食品,总共500万吨的物资。在1943年夏,德军感受到了这股汹涌而可怕的洪流。苏军用来对付南方集团军群的大约1/3的坦克和1/2的卡车都是美国制造。

盟军通过1943年的德黑兰会议达成了以下对德国的决议:

- 德国必须无条件投降。
- 战争一定要打到德国无条件投降。
- 德国必须被盟军全面占领。
- 德国不再成为一个独立的政治实体。
- 将设立国际法庭审判德国战争罪行。

纳粹政府不遗余力地向德国人民鼓吹战败意味着德国的终结，因此本来一些试图推翻纳粹求得和平的暗流也逐渐减弱下去。战争的双方都试图通过对工业基地、大城市的轰炸削弱对方的战争能力，打击民众的士气和斗志，但对于后者，双方都错了。德军后来继续作战的动力更多的是来自自认为的要为德意志民族的未来而奋斗的观点。普通德国人当时都被德黑兰宣言给震惊了，这是史无前例的民族危机。当时还有一种微妙的希望就是相信西方是不可能和苏联长期合作下去的。后来的历史证明了这个判断是对的，但德国还是承受了长期分裂的苦果。

对我们这些东线老兵来说，最直接的感受就是仗越打越难。回想起来，第1装甲集团军1942年对高加索的突击简直轻松得像一次武装春游。

然后先是第6集团军在斯大林格勒的覆灭，紧接着城堡行动又被证明是个错误。好在退守第聂伯河的过程比较顺利，使得我们安然度过了1943—1944年的那个冬天。

当时的第2乌克兰方面军的人员和装备规模都大大超过我们。本方唯一的优势就在于指挥官的战术、战略素养比较高，无论是班长或是车长，还是高级指挥官，都受到过完好的训练。但悲剧的是最高领导层的一些决定却不断扰乱部队正常的作战，使得战场形势急转直下。我的意思是希特勒会经常干预前线最高指挥官的决定，当然不可能说如果没有希特勒的干涉，战争的结果会扭转过来。但东线在1943—1944年冬的稳定是德军基层军官的灵活指挥和士兵的高军事素养创造的。指挥官和士兵之间的相互信任一直保持到了战争结束，并帮我们度过了最糟糕的日子。

这时的东线从波罗的海延伸到黑海，长达2 240公里。除了政治和军事形势之外，大家还要注意士兵的心理情绪变化。对很多士兵来说，参军为祖国而战是件自豪的事情，但现在的德国却被罪犯组织纳粹控制，这两者间的矛盾开始在很多人心里慢慢发芽。随着战线日益靠近德国，有越来越多的难民寻求军队的庇护，人性和尊严开始发光。虽然我们已经被纳粹绑进了战争的深渊，但时局的发展让我们在此时越来越相信是在为自己的国家和生存方式和对手进行殊死搏斗，面前的对手会强加给我们一些无法接受的东西。

常年的战争使得我们远离平民的生活，也远离了家人，家是提供温暖和安全的避风港。而现在我们的士兵之情提供了安全感，虽然没法完全取代家的作用，但士兵们互相帮助，不仅是在具体的一些事情上，而且是在心理上有慰藉的作用。指挥官和士兵同甘共苦，没有特权。他们起着榜样作用，哪怕是面对危险。

尽管完成任务永远是第一位重要的，但指挥官有责任保持部队的战斗力。

如果损失太大，或者部队会遭受毁灭性的打击，指挥官如果还有选择就应该拒绝命令，即使可能威胁到自己的仕途。我们的连长和营长就是这样来保护我们避免无意义的损失。

南方集团军群（曼施坦因）在1943—1944年冬的态势

尽管本章是关于503营在切尔卡瑟战役中的表现，但还是要先回答一个问题："为什么两个军的部队会被包围住？德军最高统帅部难道还没有从斯大林格勒吸取教训么？在那里覆灭的可是第6集团军25万人啊！"或者是因为苏军战斗力强，而德军战斗力弱导致的？

事情的起因远没那么简单。但下面这些因素要考虑到：

- 希特勒的将领缺乏对前线的了解，制订的计划更多依托于自己乐观的想象。
- 部队缺员缺装备的现象非常严重，地图上看确实这个师还存在，但战斗力可能只有1/3强，仅相当于一个团。
- 没有足够的预备队。
- 苏军越来越强，尤其是得到美械援助后。

正如我之前提到过的那样，德军的战术修养要远高于苏军，这在一定程度上抵消了苏军的数量优势。但希特勒经常干预东线的指挥，使得战斗部队无法根据当时的具体情况作出正确的决定。

本来德军亟需利用冬季的瓶颈期养精蓄锐来迎击苏军春季攻势。而高层幻想通过一系列战斗使得德军重新夺回掌握区域作战的主动权。首先是重新和困在克里米亚半岛的第17集团军建立起陆地交通线。

这期间，当面苏军的第1乌克兰方面军和第6、第1近卫坦克集团军成功地将德军南方集团军群的左翼从普里皮亚季河（Pripjet）往西逼退，使得南方集团军群的右翼过于突出，沿着第聂伯河配置。因此最高统帅部决定克莱斯特的A集团军群暂缓打通克里米亚半岛的通道，转而尝试在文尼查-科尔孙朝北突击，和中央集团军群会合包围苏军在第聂伯河西岸的部队，因此，在切尔卡瑟和科尔孙的两个军被委派了这一重要任务。

德军在1月下旬展开了对乌曼地区的进攻。除了在切尔卡瑟和科尔孙的第

11军和第42军以外，还投入了第47军、第7军、第52军以及第3装甲军，总共15—18个师的部队来进行这场200公里的征途。

布莱特的第3装甲军下辖贝克重装甲团，以及第1、第16、第17装甲师和党卫军"警卫旗队"装甲师和第198步兵师。统帅部认为这是一支无敌的装甲铁拳，但是他们没有注意到的是这些曾经辉煌的番号所代表的实力已经大大缩水，而且部队的真实位置甚至不在他们以为的地方！

同时，苏联春季泥泞季节已经到来，牢牢地黏住了部队前进的速度。乌克兰西部的道路状况在这个季节非常糟糕，仅有的道路干燥的时候如同沥青，潮湿的时候可以将步兵的靴子直接剥下来，车辆也会寸步难行。只有履带车辆还可以行动，但是也是缓慢而且油耗量极大。苏联人和我们面对一样的困难，只不过他们对这些情况更熟悉。当苏军卡车陷入困境的时候，当地的居民会被无情地征用来抬车。更走运的是他们装备了美国卡车，其性能比苏德双方制造的都要好，而且因为美国提供了海量的卡车，就算扔掉一些，也完全不心疼。

1月20日左右，切尔卡瑟一带的第9军和第42军面临被苏军第6和第5近卫坦克集团军包围的威胁。我们因此也加紧地朝北突击。在作战日志上记载如下：

1月24日：突破比拉（Bila）阵地

1月25日：在索斯诺夫（Ssosnoff）交战

1月26日：防守索斯诺夫

1月27日：在奥楚尔特纳亚（Otschertnja）发生坦克战

1月28日：突破奥拉托夫

1月29—31日：防守奥拉托夫

尽管我们损失惨重地到达了梅德温（Medwin），但是苏军的第5近卫军和第20坦克军还是在斯文哥罗德卡（Swenigorodka）完成了合围。希特勒僵硬的"支撑点死守战术"完全不如之前南方集团军群惯用的运动战来得有效。当位于东普鲁士狼穴里的人终于意识到形势是多么严峻的时候，我们又要撤回出发的原点，朝新的方向重新回到烂泥地里进行战斗。这次是配合第3装甲军朝东去解围。最高统帅部沮丧地发现，德军在新年后没多久又陷入了一场灾难。

503营在斯莫林卡-乌曼区域（1943年底—1944年初）

我们营在1944年1月初于斯莫林卡地区重整旗鼓。部队在去年最后几个月

第4章 在乌克兰

从第聂伯河到布格河之间的战斗中受到了一些损失。我们迫切需要人员和装备，尤其是虎式坦克的补充。我们这时作为第1装甲集团军的后备队。斯莫林卡是一座乡村小镇，在第聂伯河和布格河之间，非常适合部队重新"整理内务"，之前的战斗都是以2—3辆虎式为单位进行的，编制和指挥极为混乱。原本45辆虎式的编制，实际上只有4辆可用，损失了差不多20辆，剩下的都趴在维修厂。1月份，送来了35辆刚出厂的虎式。我们114号车组得到了一辆安装扁平新型指挥塔的虎式，这样指挥官面临的被76.2毫米反坦克炮削掉脑袋的威胁得到了有效控制，而且你关闭舱盖时也不用像以前那样需要上半身探出去才能关了，新的舱门采用了旋转的形式。

斯莫林卡是由罗马尼亚人管理的。这些罗马尼亚人过得和国王一样，甚至还有啤酒喝。要知道，在东线，啤酒是很罕见的，士兵是不允许随便喝酒的，而且紧张的补给线根本不可能再给啤酒腾出位置来。所以斯莫林卡给大家留下了美好的回忆，尤其是充满了啤酒的味道（罗马尼亚语的啤酒词为piwo）。我们感觉到已经远离了前线，远离了战争。我和一名罗马尼亚牙医住一栋楼，尽管我没有床睡，但这样的布尔乔亚的情调自从离开哈尔科夫后就没有享受过了，能有个沙发睡已经很让我感激涕零了。有一个高音喇叭整天都在吵着，晚上也不消停。这是中央控制的，你只有把电源切断了才能摆脱它的骚扰。我们确实真的想过去这么做。

当新坦克送到部队后，我们不紧不慢地开始坦克的调试和新兵的训练。

在1944年1月10日的半夜里，我们的美梦被炮声打断。苏军的装甲部队突破了西北面的防线，而并没有人通知我们，不知道是指挥部看漏了我们还是电话线坏了，没法通知。我们立刻动员起来，准备战斗，但似乎这股苏军朝别的地方去了。到了清晨，503营收到命令，乘铁路前往文尼查，在那里加入了贝克重装甲团。除了上尉卡根内克伯爵的503营的20辆虎式，还有欧勒上尉第23坦克团2营的25辆豹式一起加入。

风不是很大，有雾，下着雪，气温徘徊在0摄氏度。

当我们从文尼查朝北进发的时候，完全不知道未来的几周会那么的残酷。

第11和第42军的被围

这一节我们来回顾一下这两支部队是怎么被包围的。第47军的指挥官冯·福曼少将在他的回忆录《切尔卡瑟》里清晰地回顾了这个事件并提出了很多独到的见解。当时第47军位于第3装甲军右侧，正在斯文哥罗德卡以南作战。当时最高统帅部和集团军群之间关于作战计划出现了比较大的分歧。他同时指出第1装甲师对事态的恶化不应该承担完全的责任，整个战局的发展完全超出该师的能力之外。在最高统帅部的来往命令里，他们发现了一些不切实际的、基本性的错误。"太少，太晚了。"正如斯大林格勒战役一样，最后承担失败苦果的是普通士兵。

第3装甲军的进攻：1944.2.4—17

（作者：冯·福曼）

第3装甲军像一把尖刀一样深深刺入苏军纵深30公里处。其西侧由第34步兵师提供不太牢固的防守。其东侧则直接暴露在苏军面前。这时候距离被围部队还有另外一个30公里，而口袋里已经被压缩到了葛罗迪舍彻（Gorodischtsche）和科尔孙一带，处在解围部队的正东方。从一开始就发现，北线进攻是个严重的错误，鲜血和弹药都浪费在了无用的地方。

端坐在东普鲁士的人终于意识到了进攻梅德温是个错误的选择。第3装甲军被命令停止朝北进攻，转而从维诺格兰［Winograd，博亚尔卡（Bojarka）以南15公里］出发朝东面的科维吉（Kwitki）进攻，途中会经过戈尼洛伊—蒂基特斯河（Gniloi Tikitsch）边的布申卡-里斯扬卡（布申卡-Lissjanka）村。这是一条最简短、最直接的解围路线。但是5天已经被浪费掉了，调整组织新的进攻方向又花了2天时间。之前辛辛苦苦打下来的戈尼洛伊—蒂基特斯河沿岸的土地都要被放弃了。随着来自北面苏军施加的压力越来越大，加强后的第16装甲师向南收缩。布莱特将军以第16和第17装甲师作为支柱放在中央，第1装甲师防守南翼而党卫军第1装甲师"警卫旗队"负责北翼。

2月11日，战斗取得了不错的进展。霜冻使得地面变得坚硬，德军新的攻势出乎苏军意料。第1装甲师顺利地占领了戈尼洛伊—蒂基特斯河河边的布申卡，第16和第17装甲师合力在河的左岸建立了一个桥头堡。

苏军第16装甲军看到德军在2月9日至10日的撤退后，很受鼓舞，继续朝南猛攻过来。北翼的党卫军"警卫旗队"装甲师逐渐后退。第17装甲师不得不抽调部队前往支援。

第16装甲师渡过了半结冰的戈尼洛伊—蒂基特斯河，继续朝东突进。其不顾没有掩护的北翼，大胆地占领了达舒克卡（Daschukowka）。第1装甲师没有利用占领的布申卡桥头堡，而是继续朝南前往里斯扬卡。

这个决定可能是因为在苏军压迫下作出的，但部队愈加偏离了前往科马洛卡（Komarowka）的既定路线，也远离了包围圈的方向。里斯扬卡在河的北岸，戈尼洛伊—蒂基特斯河上只有一座桥连系两岸，是一个天然的屏障。这条河大约20—30米宽，差不多一人多深。冰块在河面上漂浮着，河水并不算太湍急。被围困的第11和第42军在后面突围中因为没有去到南岸的途径而付出了惨痛的代价。

2月13日和14日比较平淡。第1装甲师在一番苦战后受阻于里斯扬卡。第17装甲师从达舒克卡以东发起的夺取渡河点的进攻也徒劳收场。第1装甲师尝试渡过戈尼洛伊—蒂基特斯河的行动以失败告终。同时，苏军第16装甲军从博亚尔卡插入了继续东进的德军第16装甲师的后侧，迫使它分兵防守西面和北面。在极端恶劣的条件下，贝克中校的部队还是成功占领了迟士尼兹（Chishinzy），离被围部队仅仅10公里之遥。但他无力凭借仅剩的部队防守苏军第5近卫坦克军的不断冲击，被迫撤离那个村庄，往西退去。

第3装甲军在2月15日和16日继续尝试突破苏军的包围圈。这次第16装甲师担任后侧和北翼的防守，第1和第17装甲师的任务是占领德舒什尼茨（Dschurschenzy）南面的239高地，而贝克战斗群则要朝科马洛卡突击。但里斯扬卡的那座桥被炸毁了，整个行动失败。所有的部队已经无能为力，装备也损耗殆尽。

在这个关头，第11和第42军（施特默尔曼和里普）得到突围的命令，他们在2月16日夜选择西南方向开始行动。为了配合他们，第3装甲军的先头部队竭力守住里斯扬卡-奥柯特亚布（Oktjabr）-迟士尼兹一线。两支部队相距仅仅10公里，但却是那么残酷地隔离了生和死。贝克中校在2月17日成功地带领部队到达了239高地，并将苏军缠在波恰平齐，但没法更多地帮助被围部队了。救援行动来得太晚，太弱了。

施特默尔曼的突围行动：1944.2.16—17

在指挥层意识到解围行动不可能由第3（布莱特）或者第47装甲军（冯·福曼）完成后，在2月15日作出了被困部队自行突围的决定。

第8集团军通过无线电在11点05分发布了以下命令：第3装甲军受困于天气和补给原因无法继续推进。施特默尔曼集群必须依靠自己的力量朝朱尔任齐（以南2公里）的239高地方向发动决定性的突围行动，在那里和第3装甲军会合。突围主力由里普少将指挥的第42军担任。所有的部队尤其是党卫军第5装甲师"维京"必须集中使用，禁止分头攻击。

突围计划已经拟定好。在2月16日23点，部队将在没有炮火准备的情况下从迟尔克-科马洛卡一线出击。由三个战斗群构成，他们将悄无声息地前进，最终在239高地与第3装甲军会合。

这三支部队的构成和攻击区域安排如下：

右路：迟尔克的军部B分队。进攻路线：跨越彼得罗夫斯科耶（Petrowskoje）的234.1高地以南至朱尔任齐以南。

中路：第72步兵师从迟尔克东南面出发。进攻路线：沿着朱尔任齐东南面森林的北面前进—239高地以北—奥柯特亚布。

左路：维京装甲师从科马克卡（Komarkowka）出发。进攻路线：与第72步兵师平行在239高地以南前进。

第8航空军在天亮的时候开始监视侧翼苏军的动向。第3和第47装甲军也发动牵制行动来吸引更多苏军，减少突围部队的阻力。

所有的师以三个波次前进：步兵、重武器、火炮和车辆。

殿后部队由第57和第88步兵师构成，他们在尚德罗卡（Schandorowka）构筑了防御阵地，要坚持到收到撤退密码后才可以最后一波走。第57步兵师将跟随维京师，而第88步兵师跟随第72步兵师。

能够移动的火炮、坦克、突击炮和其他重武器都将一起撤退，不能移动的或者没有弹药的武器就地销毁。

命令里还提到了1 500名伤员只得被留在尚德罗卡，由必要数量的医生照看，他们可以自行计划逃亡行动，这一点后来挽救了相当数量的人。

在东北方向，苏军开始追击德军的殿后部队（第88和第57步兵师）。德军很惊险地阻挡住其突破。但苏军已经逼近到离尚德罗卡只有3公里的地方，随时都有可能对云集在该地的德军造成毁灭性的打击。

在西南方向的科马洛卡村，维京师2月16日打响了战斗。苏军显然也是抱了死守的决心，在一个早晨，该村易手了4次。本来要在这里进行出发编队的计划也被迫取消。如果立刻开展全力的反击，很有可能暴露德军的突围方向，并吸引来更多苏军。所以德军将集结地的设置往后方挪动了一些。所有部队的顺序要跟着一起改变，但命令传达方面显然出了问题。"序列、改变序列、无序……"，这句拿破仑的名言再次证明是对的。

包围圈现在就像个高压锅，所有的排气孔都被堵上了。一旦哪里有个口子，就会引发大爆炸。5万人马被压缩在一个50平方公里的地方。这造成了极大的混乱，大家完全施展不开，想要恢复秩序也是非常困难的一件事情。突围

第4章 在乌克兰

行动甚至都不能在计划的时间和方向上展开。

随着时间的推移,形势愈加紧张起来。一方面,神经已经无法承受拖延了,另一方面,部队重新编队时间又不够用,感觉没有个尽头。指挥官们也束手无策,现在的状况是无论他下达什么命令都只会引起更大的混乱。大家只能无助地忍受心灵上的煎熬,然后问自己是不是已经竭尽所能,对得起士兵们。

在15日和16日的战斗中充分暴露了战争复杂的一面。要安排3个师的前进路线和无数补给车辆的运转不是个容易活。泥泞的地面使得部队的行进速度如龟爬一样。苏军有很好的视野观察突围的部队,喀秋莎和火炮毫不留情地将死亡投送到拥挤的人群里。

抛锚的车辆、燃烧的弹药车和倒塌的屋子塞满了狭窄的道路。浓烟、尖叫和垂死者的呻吟,再加上苏军低空俯冲的轰炸机构成了地狱般的情景。本方的防空火炮也在忙着射击对方目标,用完弹药后就被炸毁。各种部队从东面、北面、南面涌到了一起,滚滚洪流只有一个方向——西面,自由的方向。Freiheit(自由)作为了当天的口令。

所有的电话联系都中断了,安置在苏联农车上的无线电机也只能断断续续接到信号。仍旧待在希尔基(Chilki)的施特默尔曼将军只得凭借有限的情报继续指挥突围。

必须要不惜一切代价突围!通过桥梁后,立刻开展爆破作业。所有没用的武器和装备、文件,甚至私人物品都被烧毁了。和这些平日里珍藏的东西作告别是件难受的事情,但在现在的局势下,只能携带近战用的装备,其他东西都可能拖累你走不出包围圈。

夜黑得比较早,天也开始下起了雪,这都有助于德军的逃亡。天气越坏,逃出去的机会越大。苏军似乎也开始麻痹起来,火力开始变弱。即使在最危急的尚德罗卡也开始好转起来。各部队逐渐都做好了出发的准备。决定命运的那刻即将来临。

三个攻击群的第一波冲击在23点准时打响。奇袭取得了很好的效果,打了苏联人一个措手不及。包围圈开始被打破,看起来突围已经要获得成功了。当然前提必须是布莱特的第3装甲军牢牢地控制住239高地和波恰平齐。

15点收到的最后一次无线电报告称奥柯特亚布被占领。这之后,施特默尔曼将军就不需要再指挥部队了。剩下的就是一场每个人与死亡的竞赛了,任何编制都丧失了意义。军官们的指挥范围仅限于周围一圈能听到他喊声的人。整个撤退变成了一场溃退。

那一晚的情形已经没法复原了,很多幸存者的回忆都相互冲突,指挥体系完全失效。第二波和第三波部队按照预计的时间出发，因为没有准确的消息，他们只能假设第一波部队已经成功地打开了突破口。4万人就这么朝西涌去。所有人都坚持一个信念，那就是只要走上几公里，就能和正前来接应的兄弟们会师！

这个幻想很快就被恶魔般的苏军坦克、大炮击碎了。炮弹纷纷在人群中爆炸，被撕裂的躯体遍地都是。一些被部队本来要带走的伤员在这种情况下也只能听天由命了。

在绝望的驱使下，无数人拿着随身的武器继续前进。数百来自不同部队的人一组组朝西前进，要是遇到军官，就跟着军官走。尽管突破了苏军的步兵和坦克的阻挡，但在弹如雨下的情况下，伤亡高得吓人。

令人害怕的事情还是发生了。把守朱尔任齐-波恰平齐的不是布莱特的第3装甲军，而是苏联人。布莱特的部队还被牵制在迟士尼兹、奥柯特亚布和里斯扬卡。

只有小股的部队在夜幕和大雪掩护下逃出了包围圈，在奥柯特亚布终于碰到了德军的装甲部队。

第二天天亮的时候，有些无望的士兵开始朝南行进，因为那里听起来枪炮声小些。大部队也跟着开始转向。果然，苏军在这里的防守比较薄弱，但问题是这里没有跨越戈尼洛伊—蒂基特斯的桥梁，河面上的冰层也不足以支撑人通过。在紧逼的苏军压迫下，大部分人丢掉了武器，跳进了冰河。很多人被淹死了。就算那些游到对岸的幸运儿也没有安全，离里斯扬卡还有一段空旷地带，苏军的T-34和火炮依然可以轻松地射杀这些被冻僵的人。只有再过了这道鬼门关的人，才成功地逃进了第1装甲师的怀抱。

也有些后卫部队的成员在17日和18日撤退到德军控制区域。他们已经超限度地完成了自己的使命。大约2万—2.5万幸存者被安置在乌曼以北的区域休整，没有人可以回答他们为什么会陷入这种绝境的原因。在经历了21天地狱般的战斗后，这批人已经丧失了战斗能力。士气非常低落，对统帅的信任也荡然无存。

第11军和第42军的番号被取消。苏军沿着他们留下的缺口，在3月渡过了布格河以及第聂伯河，兵临普鲁特河（Pruth）。

国防军公报上的报道

（作者：冯·福曼）

国防军公报在1944年2月18日是这么报道切尔卡瑟战役的结果：

第4章 在乌克兰

"被围部队成功突围。一度被切断退路的国防军和党卫军部队在施特默尔曼将军和里普将军的率领下从1月28日起就与优势苏军进行艰苦的战斗并最终突破了敌人的重围……布莱特将军指挥的装甲部队和冯·福曼少将的部队克服了不利的天气以及路面情况,为被围部队成功突围创造了良好的条件。苏军受到了巨大损失,在2月4—18日间共被击毁728辆坦克和自行火炮,被缴获800门火炮以及数千人被俘。

塞德曼少将指挥的第8装甲军也为战役的成功作出了重要贡献。运输部队和空军在恶劣的天气和苏军猛烈的拦截下,依然给被围部队送去了大量弹药补给,并带出了2 400名伤兵。为了这一任务,空军损失了32架运输机。苏军有58架飞机被我空军或者防空部队击落。"

要想更好地理解切尔卡瑟的故事,听听对手的故事也很有趣。当时朱可夫元帅是斯大林的副手,在他的《回忆和思考》里非常主观地记录了这场科尔孙-舍身科斯季(Schewchenkowski)战役(苏联方面对切尔卡瑟战役的称法)。叙述中充满了苏联式的意识形态。苏军士兵永远是英雄,指挥官没有犯过任何错误;德军则是懦弱愚蠢的胆小鬼。当然,如果你仔细去读他的书,不难从各种掩饰中看出事情的真相。由于夸大战果永远是心理战的一种,其对敌我双方都会产生巨大的影响。

从朱可夫的书里也能看到苏军对对手的仇恨以及尊重。没有一个德军将军逃出切尔卡瑟包围圈。施特默尔曼将军在包围圈里阵亡,里普将军被俘。最后一辆坦克也没有逃出包围圈。

苏军试图希望通过自由德国全国委员会(由愿意和苏联合作的德国战俘构成)来瓦解德军的抵抗。他们使用了传单、高音喇叭、广播,都不奏效。但蹊跷的是,卡根内克营长在奥拉托夫附近毫无缘故地被一名坐在跨斗摩托上穿德军制服的士兵开枪打成重伤。

贝克重装甲团

这个组合是独一无二的。一般每个装甲团都会在装甲师的结构下作战。一个装甲团下面会辖有2—3个营。而贝克装甲团是为了解救陷于切尔卡瑟的德军而组建的部队,指挥官是中校贝克博士,原来的威斯特伐利亚第11装甲团团长。贝克装甲团就存在了2个月(1944年1—2月)。在2月25日任务结束后就解散了,各部队归还原先的建制。

1944年2月营长卡根内克少校正拿着地图布置切尔卡瑟作战。左起为侦察排排长哈斯少尉（戴大衣帽者）、副官林登少尉和冯·卡根内克。

3连的舍夫中尉指着他进攻区域的一个重点，卡根内克少校和2连的比勒菲尔德少尉（左边微露出脸）正仔细听着舍夫中尉的讲解。

第4章 在乌克兰

大家正在讨论局势,如何将被困在科孙/切尔卡瑟的友军救出来。

这幅画面让大家想起了一年前刚到苏联,在卡尔梅克大草原作战的情景,坦克朝着无垠的天际线开去。这张照片拍摄于切尔卡瑟解围战期间。

虎式和一些步兵在一起。后面黑色的物体是空投补给剩下的降落伞，这是被困部队唯一可以指望的补给线了。

中校弗朗茨·贝克博士，第11装甲团的指挥官。在切尔卡瑟作战期间指挥贝克重装甲团。他在1944年2月21日获得带剑骑士十字勋章。

在坦克前面可以看到空投的补给舱，还连着降落伞。这种方式保证被围部队可以得到最低限度的给养以继续作战。

第4章 在乌克兰

贝克重装甲团除了503营的虎式之外，还有第11装甲团的豹式以及数辆突击炮和一些步兵。

进攻前的集结。豹式也在炮塔上挂了履带来增强防护。

503重装甲营战史

这辆311号虎式的迷彩涂装很特别。后面还可以看到112号和313号虎式。

这几名补给连的士兵把自己包裹得紧紧的。背后那辆德伊茨卡车也用石灰涂上了冬季伪装。

"坦克前进"。值得大家注意的是炮塔右侧的物件，它是为了坦克近战使用的。

第4章 在乌克兰

这辆132号虎式的履带出了问题。炮塔指向6点钟方向，左侧履带已经被卸下。右侧的一个路轮也被拆了，虎式复杂的行走装置经常被污泥和冰雪卡住。照片摄于1944年2月。

为数不多的几张欧宝"骡子"的照片之一。503营也装备了这种为东线特别研发的半履带卡车。

这辆131号虎式的轮子也被拆开,准备更换新的。虽然天寒地冻,大家兴致还是很高。

这辆T-34/76是陷在一个泥坑里被苏军放弃的,后来被德军回收。T-34炮塔边的人是里彻二等兵(1连),左边第5人是施贝特上士。

第4章 在乌克兰

这辆T-34是1944年2月在奥拉托夫发现的。它的炮塔是模仿德军坦克样式改造的。图中1连的艾德曼上士正在察看。

这辆装备恐怖的152毫米炮的SU-152在乌曼地区被击毁并殉爆，它是虎式可怕的敌人。

贝克装甲团的部队有：

- 503重装甲营的20辆虎式（满编为34辆虎式）
- 23装甲团2营的25辆豹式（满编为46辆豹式）
- 1个自行火炮营
- 1个有架桥设备的工兵营
- 1个山地营

本章要特别提一下该团指挥官弗朗茨·贝克博士。他曾是哈根的一名后备役军官，职业为牙医，出生于1898年，1944年时他46岁，是一名能力很强的的指挥官。

他的指挥风格镇定而又果断，作战表现出色，体恤下属。他似乎有神奇的第七感，总能化险为夷，而且对装甲部队的运用有独到之处。

我尤为佩服他的一点在于，虽然他是装甲部队的指挥官，但他同时还担任坦克车长，参加前线作战。在1943年的城堡战役里，我们第一次相遇。当时他还是第11装甲团2营的指挥官。在一次他指挥的夜袭中两军并肩作战。这场战斗后来被我们称作"七村之战"。贝克很聪明地让2辆俘获的T-34打头阵，这样苏军听到熟悉的发动机声音就放松了警惕。这个做法获得了成功。在天亮的时候，德军乘员将伪装拆掉，露出炮塔上的德国铁十字标记，随后朝周围开火。

下面是一段简短的贝克博士传记（作者维尔·费，《武装党卫军的装甲战斗》）：

在城堡战役失败之后，德军经历了艰苦的战斗，然后退守第聂伯河。这期间一名不是职业军人出身的军官担任了第11装甲团的指挥官，他就是预备役少校贝克博士，之前担任该团2营营长。

他在一战中志愿参军，并一直坚持到战争结束，其中2次负伤，最后以上士/替补军官的身份退役。在完成他的医学和牙医学的学位后，在哈根当了一名牙医。当时重生的德国国防军征召他担任第65坦克营的后备役少尉。

在1940年的法兰西战役中，他担任中尉指挥该营的一个装甲连。很快在1942年晋升为后备役上尉，开始担任第11装甲团2营营长，当时该团在法国休整。在苏联战役开始后，他被晋升为少校，在优势苏军面前守住了顿河到顿涅茨河之间的通道，并因此在1943年1月获得了骑士十字勋章。

1943年7月，他在别尔哥罗德东北方向通过夜袭在苏军一支装甲纵队的眼皮底下抢占了一个桥头堡（上文提到过的让T-34打头阵之战，被称作幽灵行军)。在这次行动中他获得了2枚坦克击毁勋章（他自己座车的战果）和金质战伤勋章，因为他第5次受伤了！很快，他又得到了骑士十字勋章的橡叶饰作为褒奖。

1943年秋，他又晋升为中校，担任第11装甲团的团长。他头脑十分冷静，每次作战都是一马当先，面临危险从不畏惧。在担任装备虎式和豹式的贝克重装甲团指挥官期间，他成功地突破了切尔卡瑟包围圈，行动中共击毁268辆对手坦克。因此他得到了骑士十字勋章的剑饰。

1944年7月，他被任命为新成立的第106装甲旅旅长并被晋升为上校。

随后又数次负伤，还屡次出现在国防军公报上。最后在1945年他担任在匈牙利作战的第13装甲师指挥官，并晋升为少将。整个战争期间，他的座车共被击毁过13辆！

战后，经历过超过500场装甲战的贝克将军又回到了牙医老本行，最后在1978年12月12日以80岁高龄在一场车祸中离世。

贝克博士回忆录

巴拉班诺卡（Balabanowka）包围圈：1944.1.25—30

1944年1月中，我担任第6装甲师第11装甲团的指挥官。南方集团军群（曼施坦因元帅）发来调令，命令我立刻去向第1装甲集团军的胡贝将军报到。胡贝将军命令我指挥一个重装甲团（一营虎式加上一营豹式）去完成一项特殊的任务。

当时的情况是对手已经突破至文尼查，在德军的防线上深深地插入了一根钉子，这个必须要赶快消灭掉。但这个任务对我们来说却不是最大危机。因为苏联多达5个的装甲军出现在文尼查北部100公里附近，随时可能进犯文尼查。

集团军群没有足够的力量去阻挡苏军这支大军。唯一的办法寄托在要形成包围苏军的态势可以迫使这5个军后撤。

所以这项艰巨的任务落在了重装甲团的身上。当时切尔卡瑟包围圈还没有完全形成。进攻准备在第二天的早晨6点开始，方向朝东。目标是奥拉托夫（Oratow），要在那里和东面过来的部队会师。第101山地师负责我们北翼的安全。

进攻准时于6点打响。果然成功地将5个苏军装甲军吸引到了巴拉班诺卡包围圈以外。贝克重装甲团巧妙地每天进攻一支苏军，并将对方打败。

在总共5天的交战中，共摧毁了对方267辆坦克。本方受到的损失相当的轻微，仅是1辆虎式和2辆豹式。

在其中第3天的时候，由步兵在右翼发起的进攻在索索夫（Ssossow）受阻，曼施坦因已经决定放弃进攻了。温克将军（第1装甲集团军参谋长）决定再尝试一下无线电联系贝克了解战况。贝克确认索索夫挡住了部队的进攻。

但他随即派出了豹式营前去支援进攻索索夫，尽管这不在他的进攻范围之内。部队出现在苏军的后方，很快打败了他们的抵抗，为步兵扫清了障碍。本来党卫军第1装甲师"警卫旗队"要在对手北面过来的坦克部队被打败后，突入奥拉托夫，但其党卫军第1装甲团因为缺油被迫停顿下来。他们和后方的补给线被苏军切断了。

贝克重装甲团这时恰巧在附近区域，击毁了这股苏军的20辆坦克。更到位的是，贝克重装甲团还主动将油料送到党卫军第1装甲团手里，这件事情也通知了该师的师长韦希（Wisch）党卫队旅队长。

第二天，贝克重装甲团又找到机会在大雪中突破了苏军重兵把守的反坦克阵地，击毁了25门反坦克炮。豹式和炮兵营击退了苏军想冲出包围圈的尝试。

这时的第503重装甲营前进到奥拉托夫以东，与刚到达这里的第16装甲师完成了合围。

切尔卡瑟：1944.2.3—20

朝梅德温突进：1944.2.3—9

贝克重装甲团与第16装甲师开始朝东北方向的梅德温进发。苏军的防守阵地布置在相邻800—1 000米的两座高地上。如果正面直接攻击，必然会损失惊人。所以我们清晨6点在正面展开了佯攻，天刚亮的时候，豹式营已经从侧翼包抄到了对手的后方。

在8点半，豹式营从苏军后方发动的袭击完全出乎他们的意料。利用苏军的混乱，贝克重装甲团和第16装甲师的侦察营从正面发动了强攻。一战下来，共击毁了80辆苏军坦克，反坦克炮和其他武器的数量多到没法统计了。

重组，朝东进军，2月10日

道路的泥泞没有丝毫的好转，这使得行军异常艰难。糟糕的天气还导致机械故障增多。我们下一步的任务是占领布申卡附近跨越戈尼洛伊—蒂基特斯的大桥。我们也不确定这座大桥是否还在，豹式营被派往夺取弗兰克卡（Frankowka）那边的桥。那座桥被埋满了地雷，准备爆破了，但德军成功地在最后一分钟夺取了它。这座桥本来不在既定的进攻路线上，是我们临时把握住了机会。正如估计的一样，苏联人炸毁了布申卡大桥。我们隔着河击毁了对岸对手的30辆坦克。

糟糕的天气还在继续，这造成了一些非战斗减员，同时补给工作也受困于烂泥路，无法进行，仅仅依靠空投补给是不够的。在迟兹尼被攻克后，第1装甲师重新与外界联系上了。在2月17日我们成功地接应了他们突围。因为缺少燃料，当天无法继续朝德舒真兹（Dshurzhenzy）和239高地前进。

2月18日，我们得到了少量的汽油，立刻行动，夺取了德舒真兹南面的239高地，其实这只能算一个小山梁。

一队队苏军在我们面前朝西前往弗兰克卡，准备从德军手里夺回这个桥头堡。我们隐蔽在苏军纵队200米外的地方等待时机。在看到他们行军队形中有一段缝隙时，我们立马插了进去，跟着他们朝西行驶。他们没有发现我们是德军！很快，我们到了弗兰克卡的桥头堡位置，苏联人开始朝左右散去，准备包围。这时候指挥官命令大家"自由开火"，我们达到了奇袭的效果。之前和桥头堡的守军已经联系过了，所以我们一边发射约定好的信号，一边碾过苏军冲进了桥头堡，周围的苏联人还是没弄明白到底是怎么回事。随后我们和守军一起打退了苏军的进攻，在完成了任务之后，将桥给炸毁了。

在第二天天蒙蒙亮的时候，我们已经毫发无损地突破了对手的拦截线回到了德军阵地。

国防军公报1944年1月31日报道

"……在1944年1月24—30日间，胡贝将军指挥的国防军和党卫军部队在空军支持下，在博格彼施特舍（Pogrebischtsche）地区击溃了10个以上的苏军步兵师和数个装甲军。布尔什维克们被俘虏了6 500人，阵亡8 000人，损失了700辆坦克和自行火炮，680门火炮，340门反坦克炮，数百辆卡车和不计其数的其他武器和战略物资。德军方面尤其要嘉奖的是巴克少将指挥的第16装甲师和贝克中校指挥的重装甲团。"

1944年2月25日第1装甲军的命令

副本！

指挥官
第1装甲集团军
1944年2月25日

今日命令！

贝克虎式装甲团在今天要解散了。各参战部队将归还原先建制。这支部队成立期间战功卓著。一月中他们为了解救被围部队而组建。会起到击碎苏军阵地的铁拳作用。这支部队从布利兹克耶（Britskoje）出发后，就所向披靡。

他们打败了数量占优势的苏军装甲部队并且为步兵突破防线创造了条件。在这之后，该团担任了部队的尖刀，果敢地插入苏军纵深，最后成功地和从东面过来的友军会师，切断了南线苏军的退路，并消灭了他们。但英勇的指挥官并没有满足仅仅是完成既定的任务，他又率领部队主动进攻正在奥拉托夫火车站北面正在集结的苏军装甲部队，并重创苏军。

几天后，部队经过重组后，承担起了解救被围困的第11和第42军的任务。贝克虎式装甲团继续势如破竹。在一次大胆的奇袭中，他们突入苏军内部，成功地将战线推到库楚沃卡（Kutschowka）一线。在短暂的休整了2天之后，该团前出至古尚卡（Guschanka），在克服了泥泞的道路和不利的天气后，成功强渡戈尼洛伊—蒂基特斯河。他们永远冲在整个部队的最前方，虽然只剩下数辆坦克，但并不畏惧优势苏军。

在距离包围圈只剩8公里的时候，成功与同时突围的部队会合了。

为了表彰他们在这些决定性日子里的优异表现，最高统帅决定给该团勇气过人的指挥官颁发钻石橡叶骑士勋章，并嘉奖全团官兵。

我自己也很感谢该团的付出。他们在第1装甲集团军的历史上留下了闪光的一页。我祝福勇敢的指挥官和贝克虎式装甲团在以后的日子里一切顺利。

签署 胡贝
装甲兵上将
第1装甲集团军指挥官

第4章 在乌克兰

1944年1月底—2月初的态势

1944年1月20日，我们营乘坐火车到达了文尼查。在斯莫林卡补充了几辆刚出厂的虎式后，营里装备的数量只达到了35辆，远不及编制中的45辆。而真正可以作战的虎式又只有25辆，这个数量不断地由于战损、机械故障和维修进度而波动。卡车的数量也有差不多比例的下降。在111辆越野车辆剩下了68辆，这意味着原本有的234吨运载能力只剩下了119吨。前线的恶劣路况下，只有越野能力强的卡车才可以开过泥地，将补给运送到一线部队，而运力不足，导致补给出现了严重的问题。

人员上也缺编严重。28名军官编制中缺少7名，其中包含2名连长和3名排长。274名士官编制缺少34名，主要是坦克作战人员。自1944年1月1日起，军官中又有3人阵亡，4人负伤，士官里有12人阵亡，16人负伤。士兵倒是补充及时，达到了694人的满编状况。一个有趣的事实是，营里还包括了90名志愿人员的编制（苏军战俘，大部分是乌克兰人，自愿跟随德军从事非作战的劳务），有一段时间缺口有50—60人之多。主要是由于缺少胜任的驾驶员或者副驾驶员，因为战俘的数量也减少了，德军恶化的局势开始显现出来。

1944年1月的报告里，整个营的训练和健康状况都算良好。2月的时候，报告则称"战斗的胜利极大地鼓舞了士气"。

这是503营在加入贝克重装甲团的状况。成立这支部队的初衷并不是因为切尔卡瑟包围圈。当时第3装甲军正在朝北面的梅德温急行，着手消灭那里的3个苏联军。但由于苏军的数量优势太大，任务无法完成。在浪费了时间和力量在这次行动后，第11和第42军的包围也在1月28日成了铁板钉钉的现实。第3装甲军这时候只得后撤30公里，准备解围行动。503营集结在舒本尼-斯陶（Schubenny Staw）地区，而修理连则待在曼科卡（Mankowka）。补给部队在鲁班尼-莫斯特（Rubany Most）扎营。

这期间营长卡根内克伯爵在1月28日受伤，1连连长阿德梅克中尉在1月24日进攻奥拉托夫的战斗中惨烈阵亡了，这样该连就没剩下一名军官，剩下的大约5—6辆虎式由芬德萨克军士长指挥。我当时是114号虎式的车长，正准备去军官预备学校受训。对2连的整个情况不是很清楚，而3连连长瓦尔特·舍夫中尉是唯一一个幸存下来的连长，他们连健全的坦克也是最多的。我们在1月21日出发时有大约25辆虎式，到2月3日进行切尔卡瑟作战时还有18—20辆。

根据人员和坦克的情况，舍夫将原先的3个连建制打乱直接设立了4个排。

排长分别是芬德萨克军士长、伦道夫军士长、海登军士长和萨克斯军士长。除了芬德萨克外，其他3个排长都来自原来的3连，而舍夫也事实上担任了503营的实际指挥官。

第4山地师派了一营200名士兵和他们的15辆装甲运输车也加入了贝克团。这对缺乏步兵支持的装甲团来说是个好消息。其中一半的山地步兵分配给了503营。哈斯少尉担任补给和维修事务与团部的联络官。他也是营里剩下的3名军官之一，其他2人是舍夫中尉和营医施拉姆博士。

布莱特少将指挥的第3装甲军下辖第1、第16、第17装甲师，党卫军第1"警卫旗队"装甲师，第198步兵师。为了解救被围部队，第3装甲军以下序列作战：

- 第16和第17装甲师和贝克装甲团在中央直扑239高地，在渡过戈尼洛伊—蒂基特斯河之后，占领弗兰克卡东北面的高地。
- 第1装甲师负责右翼的进攻，保护主攻部队的南侧。
- 党卫军第1"警卫旗队"装甲师负责左翼的进攻，保护主攻部队的北侧。

进攻将在2月11号早上7点半打响。

2月11日

第一波攻击部队在天还没亮的时候就出发了。地面有一些冻结，几乎没有雪。

当天亮的时候，部队在波索卡（Bossowka）-布申卡公路遭遇到数辆T-34和一些反坦克炮的拦截。苏军在损失了7辆坦克后撤退。为了占领弗兰克卡附近跨越戈尼洛伊—蒂基特斯河的桥梁，503营被命令支援执行任务的豹式和步兵。在中午时分，弗兰克卡被攻下。但因为虎式重量的限制，无法使用这座桥梁，所以只能滞留在河的南岸。我们晚上驻扎在村子北边的一片高地上。本来以为山地兵会帮我们守夜，结果发现只是我们一厢情愿的想法，最后还是要靠自己啊。我们将虎式排成一个椭圆，所有炮口朝外。大部分坦克都正面朝前线，少部分朝着侧面和背面，天黑了之后，只能看到相邻的2辆坦克。坦克的舱盖全部锁住，只有一名哨兵带着冲锋枪、信号枪和手雷从车长指挥塔稍微探出点头来观察四周，大家每小时轮换一次，其他人尽量在坦克里睡得舒服些。晚上比较安稳，除了不时有些枪炮声响起。

第4章 在乌克兰

弗兰茨-威廉·洛赫曼在他的无线电员舱口探出身来。可以看到舱盖上有可转动的观察镜。

施比克曼代理下士和克兰二等兵在虎式炮管边。

齐格弗里德·格律特二等兵的坟墓，他阵亡于1944年3月27日。

图片中央的是维尔纳·格拉斯，正在修理一辆虎式的行动装置。后面的虎式编号的最后一位数字被挂着的履带遮盖住了。

第4章 在乌克兰

这辆15×号虎式使用的已经是节省橡胶的全钢轮。照片摄于1944年3—4月间在布雷尚尼。

1944年3—4月间正在修理100号虎式的悬挂系统。左起为维尔纳·格拉斯、弗兰茨—威廉·洛赫曼、赫伯特·里彻、海因茨·穆杰。

1944年3月有19辆新生产的虎式运抵部队。图片中可以很明显看到虎式在运输时用的是窄履带，正常行军用的宽履带（72.5厘米）摆在中间。整个车身已经涂上了防磁涂层。

右边第二人是123号虎式的瓦尔特·维尔纳。他于1944年初获得了二级铁十字勋章。

第4章 在乌克兰

中间的冯·哈戈麦斯特上士和右边的2连连副在一起,左边的是奥托·汉瑟总军士长。

1944年4月间在杰尔诺波尔被503营击毁的1辆约瑟夫·斯大林Ⅱ型重型坦克。巨大的炮塔被内部爆炸掀翻。

这辆斯大林Ⅱ型重型坦克用的还是KV坦克的底盘。但其炮塔和车身的防护要优于KV-Ⅰ和KV-Ⅱ型坦克。

从斯大林Ⅱ型重型坦克射出来的122毫米炮弹可以轻松击穿虎Ⅰ。但因为其弹药是分装的，射速很慢。

第4章 在乌克兰

舍夫站在122号虎式炮塔上。防磁涂层在战斗中开始脱落。

舍夫为了拍摄一组宣传照爬上了他的122号虎式。

舍夫在继任3连连长后晋升为上尉,并在1944年2月23日获得骑士十字勋章,这张图可以看到耳机和喉头送话器的使用状况。

亚辛·杰克尔下士总是可以找到舒服的地方待着，比如这张在1944年4月摄于杰尔诺波尔的照片。

从他的穿着来看，温度已经比较宜人了。

1944年春在米特迈尔战斗群里。大家站在一辆虎式上吃午餐。左起为亚辛·杰克尔、海因茨·布莱迪瑟、胡伯特·罗茨和格哈特·布。

第4章 在乌克兰

杰克尔下士的虎式陷入了一个土坑里。杰克尔坐在炮管上,旁边是2名帮忙的当地人。

503号虎式通过铁路运输到利沃夫,然后开到卡帕腾的陆军修理厂。

1944年春，101号虎式在波兰南部的特奥蒂波尔卡（Teofipolka）。

这辆营部的虎式轮盘碰到了问题，现在被架了起来进行更换。

第4章 在乌克兰

3排排长海登连军士长正在为修理出主意。

1943年底—1944年5月,营部坦克上的编号由罗马数字Ⅰ—Ⅲ改成数字1—3。

戈特霍德·乌德里希下士站在300号虎式的驾驶席上。照片摄于1944年4月胡贝包围圈作战期间。

一辆被击毁的SU-85坦克歼击车。被烧焦的乘员倒在车外。

第4章 在乌克兰

修理排的一辆桶车带着他们去下一个工作点。修理连的代号"I"一般都会写成字母"J",这是为了避免与罗马数字I混淆。

一辆虎式在1944年春经过斯坦尼斯劳(Stanislau)的一座教堂。

503营隶属贝克重装甲团的战斗经历：1944.1.19—2.22

准备
1月19日：在斯莫林卡装车，准备铁路运输
1月20日：在文尼查卸车
1月21日：贝克重装甲团正式成立

进攻梅德温
1月22日：准备攻击巴拉班诺卡边的梅德温
1月23日：进攻比拉阵地
1月24日：突破比拉阵地
1月25日：索索夫地区爆发装甲战
1月26日：索索夫地区的防守作战
1月27日：在奥楚雷特纳（Otscheretnja）以南进行装甲战
1月28日：在奥拉托夫火车站爆发装甲战，占领该地
1月29日：在奥拉托夫作战
1月30日：防守奥拉托夫
1月31日：在奥拉托夫西北方向进行防守

进攻切尔卡瑟
2月1—2日：为了新任务进行转移
2月3日：进攻鲍洛卡（Pawlowka）
2月4日：突破鲍洛卡
2月5日：进攻沃特勒卡（Wotylewka）
2月6—7日：防守沃特勒卡
2月8日：进攻雷皮基（Repki）
2月9日：在雷皮基地区作战
2月10日：准备进攻弗兰克卡
2月11日：进攻弗兰克卡，建立桥头堡
2月12日：在弗兰克卡附近扩大桥头堡
2月13日：在切舍诺卡（Tschessnowka）进行装甲战

第4章　在乌克兰

2月14日：防守切舍诺卡
2月15日：在朱尔任齐以南进行攻防战
2月16日：进攻239高地
2月17—18日：掩护239高地的友军，占据了突围通道
2月19日：边战边撤到戈尼洛伊—蒂基特斯河边
2月20日：在波索卡休整
2月21日：公路撤回乌曼
2月25日：贝克重装甲团解散

其间的战斗：1944.1.22—2.25

1月22日

我们并不清楚进攻整个作战计划，因为整个战争期间，保密工作做得很好。正如克劳塞维茨说的那样，士兵只要知道什么时候开战，朝哪里出发就行了，其他的只有军官可以知道。这样对敌才可以更安全。

那天的天气对我们进攻有利。地面结冰，云层很低，装甲兵的视野良好，地面平整。战斗在1月22日打响，我们的连长阿德梅克中尉不幸阵亡。进攻整体比较顺利，几乎没碰到苏军坦克。

至1月底

我们朝北进攻，目标是到达第聂伯河，包围我们东侧的一支苏军。1连剩下了10辆虎式，大部分损失都是由于机械故障造成的。苏军被打了个措手不及，但很快就得到了增援，双方陷入僵局。

2月1日

改进过的虎式性能不错。我们的驾驶员瓦尔特·艾施利格总能化险为夷。但有时候他也有点太信赖虎式的质量了，我不得不在通话器里给他些建议，如果朝那里开，车子可能会"受伤"。

2月2日至11日

雨后的道路很泥泞，轮式车辆遇上了大麻烦。

苏军试图将德军整个第1装甲军包围起来。我们从背后威胁苏军的近卫坦克军，一路攻占了鲍洛卡、沃特勒卡和雷皮基。1连的人员和装备损失一直在

上升，除了连长外，我们在1月12日—2月31日间共损失了11名士兵。2月初还有的10辆虎式现在只剩下了4辆，其中包括114号虎式。2连和3连的损失同样惨重，营长受了重伤，3连连长开始承担指挥整个营的重任。

2月12日

苏军第5近卫坦克军和第20坦克军于1944年1月28日在斯文哥罗德卡会师，完成了切尔卡瑟合围，当时他们以为困在包围圈里的是德军第1装甲军。预计到德军会竭力解围，苏军集结了大约80多辆坦克和50门反坦克炮来阻击或是反扑。这股部队朝弗兰克卡北部迎面过来，是德军解围必须要消灭掉的一个障碍。在贝克重装甲团左翼的503营被命令夺取切舍诺卡东侧的道路。战斗于9点打响，空袭成功地摧毁了苏军没有防护的反坦克炮，解决了虎式的一个心腹大患，因为这些炮在地面进攻时很难被提前发现。

我们摧毁了大约20—25辆苏军坦克。第16装甲师和贝克重装甲团摧毁了另外70辆坦克和40门反坦克炮。今天的战果是占领了纵深5公里，宽仅3公里的区域。负责侧翼的第1装甲师和党卫军警卫旗队装甲师在战斗中也要不断注意保持和主力的距离，保证两侧的安全。但随着第16和第17装甲师的推进，侧翼的这两支部队无法跟上前进的速度，这又迫使主攻部队抽调力量前去协助。同时第3装甲军正面的两个苏军装甲军又比德军估计的实力强。我估计当时德军自身只有编制的一半实力。

到当天晚上，503营在切舍诺卡以南宿营，该村还在苏联人手里。部队的补给现在只能依靠晚间的空投了，因为部队的后方经常有苏军出没，再加上糟糕的路面，已经指望不上卡车运输补给。

这天营里有5辆坦克战损，其中4辆彻底报废，1辆还可以修理。我们不幸地失去了4名同伴。

晚上并没有等来空头补给。用三堆火构成的三角形空投指示区也白准备了。一夜无事，一场小雪将温度又拉下来几度，但还不足以使地面冻住。坦克经过路面留下深深的痕迹，而轮式车辆的重量还不是地面可以承受的。

2月13日

天亮的时候我们从东北方向进攻，在梅德温-里斯扬卡公路转向东面，路上遭遇了从梅德温过来的7辆苏联T-34坦克和美制谢尔曼坦克，击毁了其中的6辆。我们随后在公路上布置对东面和北面的警戒，苏军没有组织地发起连级规模的坦克袭击，时间和方向都不固定。

第4章　在乌克兰

第1装甲师没有能够吃下里斯扬卡的苏军，被拦在了戈尼洛伊—蒂基特斯河边，没有完成巩固进攻方向侧翼的工作。有一种不公平的指责称第1装甲师在这个村庄浪费了太多时间，使得被围部队丧失了更多突围的机会。但他们没有考虑到该师本身就已经短缺坦克，而且还没有足够的步兵支援，怎么能够要求他们很快地占领里斯扬卡和奥柯特亚布呢？

部队挺进到离包围圈只有10公里的地方。但在这剩下的10公里塞满了苏军装甲部队。一般来说，装甲部队在快速机动中，可以忽略侧面的威胁，果敢行动，但是在进攻防守森严的地区时，就必须警戒侧面，防止被包抄。行动中，芬德萨克和伦道夫的排干掉了大约10辆苏军坦克。切舍尼奇（Chischinzy）和朱尔任齐这两个村子都塞满了苏联坦克和步兵。运输补给的飞机终于在战斗机的护航下从乌曼飞出来了。它们飞得非常低，大约只有10米高，将油桶、油泵和弹药准确地送到了我们身边，但倒霉的是很多补给在空投时被摔坏了。我们的坦克分别开到不同的空投点，进行加油和补充弹药。

不知道怎么搞的居然没有带来口粮，我们早已经只能靠紧急配给过日子了，因为很少进到附近的村庄，所以也没有额外的补充，更何况村里的人一般都跑空了。

上面命令贝克重装甲团沿着迟士尼兹-朱尔任齐公路尽可能地前进，并坚守住这条公路，直到第16装甲师占领迟士尼兹并且第1装甲师占领里斯扬卡。那之后我们要转向东南，占领6公里外的卡马洛卡（Kamarowka）村。这时候原来1连剩下的虎式就只有芬德萨克、艾德曼和我的了。

2月14日

第16装甲师占领了迟士尼兹。我们在朱尔任齐公路上坚守阵地，打退了最少4波苏军的坦克突击，击毁了至少20辆坦克。同时我们还要对付苏军步兵。步兵很好地帮我们消灭了苏军的坦克猎杀小组。雪和雾气使得战场上可视度不高，我们要等到苏军坦克到了非常近的地方才能发现对方。

新的任务又分了下来，很可能是由于进攻卡马洛卡的行动不顺利。第1装甲师仍旧没有突破里斯扬卡。对朱尔任齐和卡马洛卡的进攻花费了太多时间和精力。包围圈里的形势进一步恶化了，苏军从各个方向施加压力，德军遭到很大损失，留给他们的时间不多了。

我们新的计划是攻克苏军把守的朱尔任齐村和波恰平齐村之间的239高地。突围部队一路从卡马洛卡突围出来，就可以从高地两边逃往德军后方。这个计划的实质就是突围只能靠被围部队自己了。解围行动基本上已告失败，503

营只剩下了9辆虎式。

2月15日

503营继续停留在朱尔任齐附近的公路上，据说有大量苏军坦克正在当面集结。我们在天还没亮的时候就朝东北方向进攻过去，希望可以打对手一个措手不及。

可视度很差，当我们和苏军在近距离遭遇并交火时，我们的惊讶程度不亚于他们。根据这个情况，我们判断防守朱尔任齐的坦克和步兵不会少。我们在这次行动中干掉了14辆坦克，本方1辆虎式全毁，2人阵亡。这次行动的主要目的就是希望可以误导苏军认为我们的进攻方向是在迟士尼兹和朱尔任齐之间，大量聚集在此的苏军证明我们的欺骗行动成功了。我们在天黑前回到自己的营地，准备第二天对239高地的进攻。现在还剩7辆虎式可以作战。

2月16日

在第3装甲军的后方区域，卡车包括救护车都需要编队在坦克的护卫下才能行动。我们的营医施拉姆博士开着一辆没法战斗但还能移动的坦克，起码可以起到唬人的作用。

现在到了被困部队能否突围的关键时刻了。我们的任务仅限于清除朱尔任齐附近一片林地的苏军。山地步兵伴随我们进攻林地，这时候冲出几辆T-34，立马被干掉了，不时还有零散的苏军坦克冲出来，看起来像是用作支援步兵的，到了晚上，我们一共击毁了20辆左右的坦克，本方也有些损失，芬德萨克军事长的坦克侧装甲被T-34的炮弹击中，引起了发动机大火，部分乘员受伤。这是不多的T-34利用85毫米炮击毁虎式的战例。在500米极近的距离里，虎式只有8厘米厚的侧装甲和后装甲都是可以被穿透的。

俯冲轰炸机支援我们进攻，苏军阵地上升起了阵阵浓烟。贝克重装甲团用8辆虎式、9辆豹式和12辆装甲运兵车朝包围圈发动了最后一次努力。其他第3装甲军的部队严密防守侧翼，防止我们又陷入新的包围圈。

党卫军"警卫旗队"装甲师和第1装甲师负责防守右翼，之前该师是负责左翼的。在2月16日，终于拔除掉了对行动构成极大威胁的里斯扬卡和奥柯特亚布。503营被命令后撤2公里以保持和第16装甲师的接触，在我们的右面是第1装甲师和"警卫旗队"装甲师。

239高地成为整个突围部队5个师，4万人的生命之路。贝克重装甲团一定要守住朱尔任齐和波恰平齐村之间的这条通道。

第4章　在乌克兰

当晚11点突围行动打响。

2月17日

最高统帅部似乎仍然认为一切尽在掌握，突围可以按计划顺利地进行。但我们通过前线不完整的信息，知道整个行动已经是一片混乱了。解围部队被命令东北方向的所有部队朝卡马洛卡进攻，期望在那里接应上突围部队。

双方约定晚上用白色闪烁信号灯作为指示突围部队本方位置的信号，突围部队也应该用相同的信号表明身份。夜里可以听到包围圈方向传来激烈的枪声。苏联人在我们之间布置了面朝两边的防线，拼死拦截。

我们只能指望突围部队可以成功地带领大部队从狭窄的通道逃出来，而且苏军的防守没有纵深。但事实粉碎了我们的幻想，行动开始还算有模有样，可很快就变成了一场无序的大逃难，损失惨重。

在大约凌晨4点的时候，我们听到了附近响起了脚步声。是脚步声！是苏联人还是德国人？他们是德国人！大部分人都显得精疲力竭，步行过来的，没有了武器。营指挥官让那些没法再走路的同胞坐上武装运兵车后撤。破晓的时候，我们收容了大约500—600人，把他们送到了团部。施拉姆医生带着医疗队来给这些人做紧急治疗和身体检查。但他们完全无法满足那么多人的需要，后来在布基（Buki）设立了一个收容营。不管条件怎样，他们现在起码是安全的了。

真奇怪，苏军的反应没有想象的那么敏捷。如果他们混在德军里杀过来的话，绝对会导致一场大灾难。天亮之后，又有2群各500—600名士兵的队伍穿过我们的阵地。苏军这时候开始活跃起来，除了不停地炮击外，小股坦克部队也出现在我们的前方。在干掉一些T-34之后，我们回到了239高地附近。

整个一天都有德军不断地以个人或者小组的规模逃过来，苏军似乎有点准备不足，并没有有效封锁住，虽然他们有足够的力量将德军混乱的突围击碎。我们的坦克手看到从死亡线里逃出来的兄弟们都不免很感动。

2月18日

逃出来的人流还是源源不断。我们继续坚守在239高地上。很明显苏军的指挥失误帮了我们大忙，大约2万—2.5万人成功突围。驻守朱尔任齐的苏军貌似是第一个反应过来的，发动了几次袭击，都被我们击退了。随后我们开始边打边撤，首先退到戈尼洛伊—蒂基特斯河，随后回到了出发点弗兰克卡。

2月19日

贝克装甲团带着剩下的6辆虎式和5辆豹式按计划朝西南方向撤退。第3装甲军在撤退途中还发动一次小小的反击，成功地摆脱了苏军的追击。

2月20日

到切尔卡瑟战役落幕的时候，503营只剩下了1/10的实力。劳尔夫·弗洛姆上尉作为新任营长来到了部队，正式取代之前负伤的卡根内克伯爵。舍夫中尉荣获骑士十字勋章并被晋升为上尉。

2月21日

503营的装甲分队和轮式分队都朝乌曼开拔。

100号虎式无线电员汉斯·约辛·泰森的回忆

汉斯·泰森下士在此期间是100号虎式上的无线电员，这里也将他的日记与大家分享。他的描述很好地反应了当时虎式坦克兵的心声。

1月24日

在半夜里完成了补充燃油和弹药的工作。清晨6点，部队开始朝东北方向突击。战斗刚开始，100号虎式的主炮就被击中。炮弹穿透了驾驶员和无线电员之间的钢板，但奇迹的是没有任何人受伤。阿德梅克中尉在更换坦克的时候，头部被击中阵亡。冯·科贝尔少尉接任指挥。在越过雷区后，队形得以重新组织起来。苏军用反坦克炮和步兵发起了反击，但被击退。我们在中午到达了村庄。最后停在了戈尼洛伊—蒂基特斯的岸边。

冯·科贝尔少尉的坦克也出了故障，但在火线上抢修好了。战斗在入夜后继续进行。尽管苏军火力猛烈，我们沿着河又占领了一座村庄。冯·科贝尔少尉在探出头和伴随步兵联系时被击中头部，受了重伤。库宾中尉在尝试营救少尉时被击中阵亡。为了重新补充弹药和燃料，我们撤离了那个村庄。

1月25日

我们在凌晨2点的时候通过3连和工兵们搭建的浮桥，渡过了戈尼洛伊—蒂基特斯河。河对岸欢迎我们的是苏军各式武器里射来的怒火。居然没有人被击中。在晨曦中，我们继续向前推进。苏军在夜里用大量的反坦克炮构建了一道难啃的防线。在留了很多血和丢弃了数辆豹式后,部队终于继续可以北行了。芬德萨克军士长登上我们的坦克,担任车长。苏军的防线以村庄为中心,两侧连着大片林地。想绕过去基本不可能。我们在中午重新对这个村庄发起了进攻。但运气没有站在我们这边,在一片雷场中损失了几辆坦克。

在我们正要突破这道障碍的时候,苏军突然发起更猛烈的炮击,还有坦克投入了反击。我方又损失了几辆坦克。在我们击毁了苏军8门反坦克炮和20辆坦克/自行火炮之后,苏军终于撤出了这个村子。我们乘胜追击,占领了一座火车站。在晚上,我们又一鼓作气用仅剩的燃油和弹药占领了索索夫村。

1月26日

苏军用反坦克炮、坦克和火炮对索索夫发起了凶猛的反扑。我们由于缺少弹药,只能被动挨打。补给在13点终于送了上来,我们立刻出击。战斗在入夜的时候因为大雾而终止。

1月27日

早上部队逼近到村庄外围。一路上,本方损失了几辆坦克。就在我们准备进入村子的时候,苏联人从隐蔽得很好的工事中猛烈开火。

攻守双方就这么僵持了几个小时,谁也没有取得明显的进展。我们的坦克右侧履带被击中,只得撤出战斗,由另一辆坦克拖至后方。另外也有几辆坦克因为战损被回收了。苏军从右翼试图发起对德军的袭击,结果反而被全歼。

因为被打坏的右侧链轮齿没有备件,我们在将履带作了紧急处置后,把坦克开到了修理连继续修理。在回去的路上,我们"检查"了几辆苏军被击毁的坦克。

1月28日

这天就彻底花在替换右侧链轮齿和其他损伤上面了。由于苏军的空袭,工作被数次打断。

1月29日

112号和132号虎式由于故障被迫留在了苏军阵地上,乘员们在弃车前先毁坏了坦克的主炮。我们在29日晚试图用一支由100号虎式牵头的装甲小分队回收这两辆坦克,但苏军早做好了充分的准备,在周围布置了大量反坦克地雷和火炮,使得我们不但无法靠近,还被多发炮弹击中。100号虎式的左链轮被打掉了，而且车身有一处被贯穿。行动被取消。

1月30日

我们修好了行动装置后开始连夜撤退。修理连的大众桶车不小心冲到了坦克的前面，被巨兽班的虎式压成了铁饼，沃尔曼二等兵和威尔克二等兵不幸遇难。多纳斯二等兵受了重伤，好歹幸免于难，被大家从大众车的残骸里拖了出来。

1月31日

部队朝着盖辛（Gaisin）行军。当天111号虎式的别尔格二等兵被一枚穿甲弹击中身亡。在前一天，营长卡根内克上尉和哈塞连军士长也受了重伤。

1连在一月里损失了不少兄弟：

阿德梅克中尉

奥尔斯下士

敏克二等兵

舒伯二等兵

米尼克二等兵

维森法斯二等兵

威尔克二等兵

别尔格二等兵

海德装甲兵二等兵

巴顿装甲兵二等兵

库宾代理下士

沃尔曼二等兵

2月1日

在回营的路上。路上滚轮坏了，又占用了我们不少时间。直到晚上才归队，这时候部队正在火车站准备装车。

2月2日

我们的坦克到中午才装上火车。在这过程中，沙夫下士获得了一级铁十字勋章，受伤躺在医院里的哈塞连军士长也同日获得了一枚。晚上，火车到达了克里斯汀诺卡（Christinowka）以北30公里的波塔舍。

第4章 在乌克兰

2月3日

我们在凌晨4点到达波塔舍后,就开始寻找宿营地。找到后,立刻开始清理武器,然后才能休息。下午5点,部队开拔朝布基(Buki)出发,在那里补充了燃料后,继续前往战役集结地,并于第二天早晨4点到达。

2月4日

解救被困在切尔卡瑟42军的战斗于清晨6点打响。我们作为头车冲在最前面,在离苏军阵地还有几百米的地方碰到了激烈的火力。虽然我们消灭了众多的苏军坦克和火炮,但是因为雾气,我们无法清楚地识别苏军的防守阵地,战斗进展非常缓慢,直到周围的雷区被工兵清除后,速度才重新起来。苏军在一个铁路道口构筑了最后的防线,我们一鼓作气突破了这里,占据了苏军的交通线,缴获了大量的轮式车辆和火炮。苏军的一波反扑也在损失了几辆坦克后消退。

我们和鲁贝尔的114号虎式奇袭了一个村庄,击毁了一辆谢尔曼并俘获了数辆卡车。在入夜的时候,我们撤出了村庄,回到大部队里进行补给。

2月5日

芬德萨克的排一早出发支援步兵占领了沃特勒卡村。晚上,苏军在夜色的隐蔽下突进了村子,但除了丢弃几辆重型坦克外,一无所获,最后被从东北角赶了出去。

2月6日

3辆坦克被抽调出来在沃特勒卡村外进行警戒任务。因为浓雾阻碍了视野,要求我们打起十二分的精神,不能放过任何可疑的地方。几天的暴雨将道路变成了泥潭,补给已经有几天没能送上来了。而苏军不顾生死的依然一轮轮冲过来。弹药基数已经降到了屈指可数的程度。有1辆虎式给我们3辆坦克送上来了总共15枚炮弹。这时,有1辆虎式被调派到2连的阵地,我们剩下的2辆虎式分享了这些弹药补给。鲁贝尔的坦克在发射完所有的弹药后,撤回了村里。我们摧毁了最后3辆T-34,挽救了局势,其中1辆是在6米的近距离被击毁的!

这场战斗持续了一天一夜。

2月7日

在早上终于肃清了村子周围的苏军,其中包括数辆苏军重型自行火炮SU-152。

2月8日

苏军在晨曦中以重兵发动了对沃特勒卡村的反攻。我们于7点发动了反击,逼迫苏军撤退。这时候雾气突然散开,我们的视野一片开阔,得以在2 000米的距离上痛击逃窜中的苏军,一口气消灭了5辆坦克。部队本想趁胜拿下西南面的鲍洛卡村,结果因为缺油不得不终止了计划。

苏军的一支装甲部队在晚上从东南方向再次发动了袭击,依然以惨痛的失败结束。光是我们车就击毁了7辆坦克。我们在半夜补充了燃料后,前往鲍洛卡村,这个村子白天已经被豹式部队占领了。

2月9日

这天是个好日子,所有人分享了一头猪。除了苏军不时的炮击和空袭,这天还算安静。晚上突然得到准备进攻的命令。我奉命前往指挥部担任传令兵。晚上10点,坦克开始编队,可出发一直推迟到凌晨2点。

2月10日

每隔数公里就安排了一个补给站,我们得以顺利地补给油料和弹药。在行进了30公里后,到达了进攻集结地。

2月11日

我们在早上领到了数周来的第一批家信。8点的时候开始发动新一轮的解围行动。很快攻克了苏军的第一道反坦克炮防线并缴获了数辆斯大林管风琴(火箭炮)。

中午,部队到达了山谷中的弗兰克卡村。大群苏军坦克突然出现在对面的高地上,双方在1 800~2 000米距离上进行炮战。大约20辆苏军坦克很快冒起了浓烟。我们的坦克被数枚炮弹击中,鲁贝尔的坦克履带被打断。几辆豹式也被击毁。艾德曼上士和我们的坦克在晚上负责村子西面的警戒,同时燃起给空投补给飞机的信号。遗憾的是,"鸟"没有到。

第4章 在乌克兰

Wehrmachtberichte

1. März bis 30. April 1944

Das Oberkommando der Wehrmacht gab bekannt:

25. April 1944

Südwestlich Kowel wurde nach mehrtägigen harten Kämpfen unter schwierigen Geländeverhältnissen die Masse einer bolschewistischen Kavalleriedivision eingeschlossen und vernichtet. Die Sowjets verloren dabei mehrere tausend Tote und zahlreiche Gefangene. 38 Geschütze sowie zahlreiche andere Waffen wurden erbeutet.

Der Unteroffizier K n i s p e l in einer schweren Panzerabteilung im Osten schoß in der Zeit von Juli 1942 bis März 1944 101 Panzer ab.

Das Schlachtgeschwader Immelmann hat sich unter Führung seines Kommodore, Ritterkreuzträgers Oberstleutnant S t e p, an der Ostfront besonders bewährt.

有几名503营的成员曾被记录在国防军日常报告上。这里展示的是1944年4月25日有关库特·科尼斯普下士的内容。

库特·科尼斯普在1944年5月20日获得了金质德意志十字勋章。这张照片是一个月后在奥尔德鲁夫，赫尔曼·哈斯连军士长祝贺他时拍摄的。

舍夫上尉给了伦道夫总军士长一些好酒，他帽子上戴着非官方的503营营徽。这张照片后来由伦道夫送给他的炮手，以祝贺他取得了第103个战绩（在不同车组完成）。

3连的一帮人在晒太阳,当时他们驻扎在多纳-维特拉(Dorna Vatra)。最后一排是埃尼克、怀斯,中间一排是芒戈尔斯、尼曼、马泰斯、罗思曼,蹲着的是施比克曼和乌德里希。

格哈特·朗格下士和劳尔夫·马泰斯下士。拍摄于1944年4月在比斯特里茨(Bistritz)。

格哈特·朗格、劳尔夫·马泰斯、汉斯·福尔迈斯特和威廉·布劳恩站在营房前。

第4章 在乌克兰

3连在克罗米亚（Kolomea）给一群匈牙利士兵培训虎式的使用。最左边的是盖特纳下士、伦道夫总军士长（伸出手臂者）、魏兰总军士长（侧头）和匈牙利士兵在一起。

右边的伦道夫穿着大衣，旁边穿着黑色制服的是突击炮部队的少尉。可以看到匈牙利士兵的制服是由皮质材料和棉布制成的。

舍夫少尉和一名匈牙利军官在交谈，注意他帽子上的虎式营徽是由88毫米炮弹壳制成的。

匈牙利士兵正在参观虎式坦克，右边站着的是海因茨·盖特纳。

海因茨下士在讲解虎式的构造，这辆115号虎式不属于503营。

约瑟夫·魏兰上士在讲解如何使用虎式的通讯设备。

第4章 在乌克兰

　　这张照片提供了更多关于培训匈牙利人的细节。除了虎式之外，画面里还可以看到Ⅲ号突击炮和Ⅳ号坦克，这也大致表明了匈牙利人在全盘学习德军装甲部队。

　　这辆虎式直接将房屋的一堵墙给撞开了。坦克炮塔上坐着的是匈牙利士兵。

503重装甲营战史

野地里的驾驶训练。这辆301号虎式（前312号）陷入了麻烦，远处的122号虎式准备过来施救。

匈牙利士兵在一旁观看营救作业。从指挥塔的形状来看，这辆虎式是早期型号，同时也没有这时期虎式常有的防磁涂层。

第4章 在乌克兰

1连军官们于1944年4月在利沃夫的合影。左起为不知名者、莫斯卡蒂尼、马库斯、汉瑟、埃伦特罗特、不知名者、不知名者、格劳蒙茨、特斯默、不知名者、克尼斯波、霍普纳、芬德萨克、不知名者、库克、米夏利斯、瓦格纳、里默、不知名者、福格尔。

1944年5月，2连在被运往奥尔德鲁夫的路上。最左边的是海因茨·施赖下士，中间的是阿尔弗雷德·根茨下士。

2营的士兵摄于1944年4月底。左起为伯恩特下士、汉瑟总军士长、约根下士、根茨下士、纳赫施德特下士。背后的建筑也涂上了防空迷彩。

2连的克拉科夫上士和吕森下士后来被送到战争学院去深造了。

2连连副汉瑟总军士长正在指挥士兵们在奥尔德鲁夫卸车。他的帽子上也有503营的非官方营徽。

第4章 在乌克兰

2月12日

容克飞机们终于给我们带来了弹药和燃料。一夜无事。

2月13日

我们一早就从弗兰克卡村进入桥头堡。进攻于8点打响。布申卡村在经历了一番苦战后被拿下，本方损失惨重。苏联人在村庄后面构筑了50多个坦克掩体和数不清的火炮掩体。艾德曼和我们的坦克率先冲上了高地，迎接我们的是猛烈的炮火。在干掉两辆苏军坦克后，我们车的指挥塔被击中，削掉了观测镜，火炮也无法转动。我们在撤离火线进行应急修理后，重新投入战斗。那天我们营和配属的豹式部队一共干掉了80辆苏联坦克。当晚我们和艾德曼的132号虎式担任警戒。

2月14日

2辆虎式和5辆豹式被抽调出来去占领朱尔任齐村，突围部队按照计划应该到达该村附近了。结果我们在那里没有碰到自己人，却迎来了苏军的问候。2辆豹式被当即摧毁，伴随我们的步兵被打成了筛子。对面的苏军是经历过斯大林格勒战役的精锐部队。在看到源源不断的苏军增援部队后，我们放弃了进攻的计划转入防守。尽管入夜后，我们又得到了1个连的援军，但我们依然无法撼动苏军牢固的防守。

2月15日

据保守估计，苏军晚上又得到了50辆坦克的增援，德军占据了迟士尼兹村的中央，而苏军在村子的另外一头。面临被苏军包抄后路的危险，继续防守这里没有太大意义，所以我们开始朝主力部队靠拢。艾德曼和我们的虎式担任掩护任务。糟糕的是，我们碰到了发动机过热的麻烦，只能以步行的速度前进。谢天谢地，苏军没有跟上来。我们跟着步兵回到了营里，比正常时间晚了2个小时。

我们和艾德曼的坦克都需要修理，因此继续撤往修理连。在路上碰到了正往前线赶的5辆坦克，其中包括100号、123号和121号虎式。他们中途迷路了，并冒失地冲进了一个苏军把手的村庄，除了121号虎式，其他都瘫痪在雷区里。指挥这个分队的林登少尉在第二天得了重病，没有活下来。

泰森的日记到此为止，因为他之后跟随坦克回到后方的修理站去了。切尔卡瑟战役正式结束的时间是2月25日。

阿尔弗雷德·鲁贝尔的总结报告

我在1月24日—2月14日参加了切尔卡瑟战役。我的虎式编号是114号，现在这已经是第三辆了。之前2辆都在战斗中损失了，但非常幸运的是，除了一人，其他老乘员组都还在！

有一种看法认为第3装甲军，尤其是第1装甲师下辖的第1装甲团没有尽全力去解围，反而是在里斯扬卡磨蹭了太长时间。我必须要驳斥这种不切实际的指责：

首先，看看双方的力量对比吧！5个苏军坦克集团军对2个德军坦克军（苏军坦克集团军的实力相当于德军坦克军）。另外恶劣的天气和糟糕的路面使得德军的进攻行动很难开展。当我们在烂泥里挣扎的时候，苏联人正从容地待在阵地上以逸待劳。

补给状况也很艰难。大部分的燃油弹药都需要由乌曼起飞的飞机进行空投。部队几乎一直处在断炊的状态。大量需要修理的车辆也使得修理连陷入瘫痪。而这么多问题不是一个简简单单就可以由意志和英勇就能克服的。

救援部队完全知道他们的任务是多么的重要，没有任何保存实力的想法。我们营就是个很好的例子。1月24日部队开始朝梅德温进攻时，一共拥有34辆虎式。在2月12日进攻弗兰克卡时，就只剩下了19辆，另外15辆都被击毁了。到了2月19日，仅仅剩下了6辆。

人员的损失也是相当之高。营长受了重伤，1连连长阵亡，7名军官负伤。在最后接近包围圈的时候，仅剩下了2名军官，其中1名负责战斗部队，1名负责后勤保障。

我脑海里到现在还能清楚地记得很多战斗细节。

● 我们撕开的口子非常之狭窄，甚至可以直接看到通道两侧的苏联人。

● 口粮几乎断绝了。我甚至让我的炮手瓦尔特·荣格从还没烧毁的苏联坦克炮塔上去看看是否还有他们的面包剩下来。有一次我们缴获了一大听美国牛肉罐头，另外在一辆卡车上发现一个200升的桶里装了半桶伏特加。不幸的是，这东西尝起来像是汽油。

● 我第一次经历了心理战。在坦克的极短波无线电里和地方的播音喇叭里，可以听到自由德国国家委员会的"同志们"给我们喊话。苏军还空投宣传

第4章 在乌克兰

册子，完全没有任何效果。

- 我们非常尊重那些空投补给的飞行员。他们有些是驾驶老式但好用的Ju-52运输机。有一次其中的2名飞行员、1个中尉和1个上士在飞机被击落掉入无人区后，被我们救了回来。然后大家分享了有着浓烈汽油味的伏特加。

- 在战斗的22天里，我和我的乘员组们没有进过任何一间屋子，哪怕是1个小时也没有。休息的时候，我们就睡在坦克里自己的岗位上。驾驶员和无线电员的座位是最舒适的，和今天小轿车里的弹簧座椅差不多。装填手的座位并不舒适，但起码炮塔吊篮的右侧是他的地盘，不算拥挤。炮手和车长只能缩在他们自己的凳子上，如果情况允许，我宁愿睡在坦克后侧的发动机舱盖上，起码那里比较暖和。平心而论，我们的处境比起步兵兄弟来真是好到天上去了。

- 2月15日我被调离114号虎式，也结束了连续11个月的车长职务。我到了在帕德博恩的第500坦克补充营，参加了3月的预备军官学校。但这段培训经历在我的记忆里完全没有其他事情的印象那么深。原因是什么呢？

切尔卡瑟战役打到了最关键的时刻。1连在这年里损失了5辆虎式和16名士兵（其中有些是可以避免的）。我们114号虎式在11个月的战斗里相当幸运，消灭了57辆苏军坦克。我们损失的坦克都是被彻底击毁的，所以我们不需要弃车时还要再炸毁自己的忠实伙伴。我一直在想，我们5个人在这场"我们的战争"中建立了非常好的默契，互相扶持，完成了使命。

我不得不离开战场，回到平静的祖国。我必须坦白，坐在教室里比坐在坦克车里要让人开心得多。但我没有忘记一起浴血战斗过的兄弟，在毕业重新分配部队时，我要求回到503营，这个愿望最后也实现了。

421

从豹式炮塔后舱口望出去的情景，旁边是一排豹式和一辆Ⅲ号坦克，后者是指挥坦克。

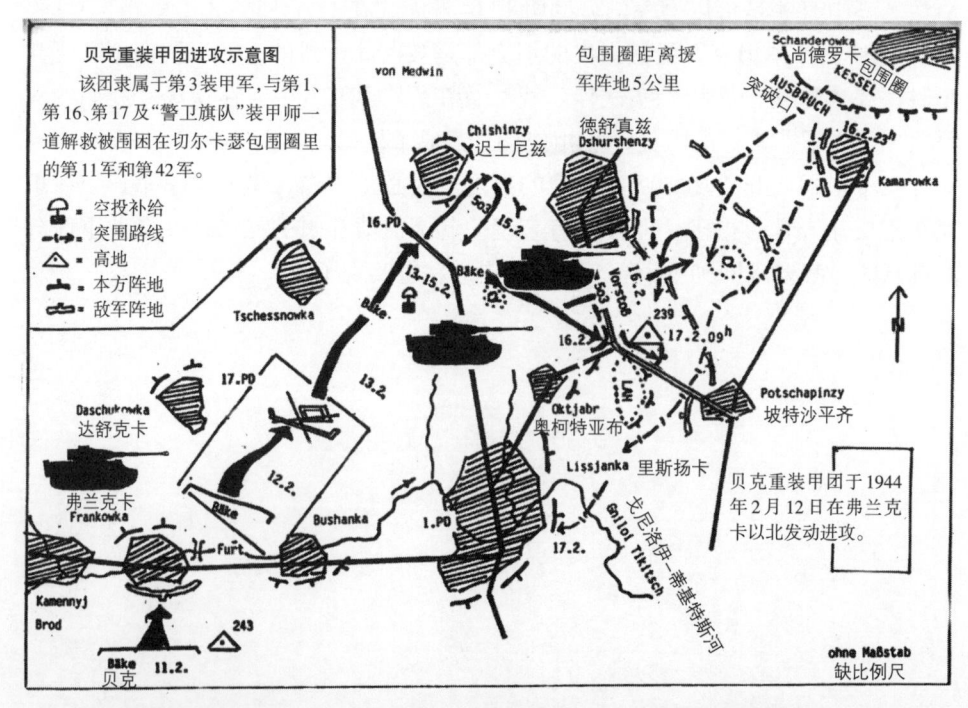

贝克重装甲团的进攻计划。为了解救被围困在切尔卡瑟的第11军和第42军，德军调集了第1、第16、第17装甲师以及党卫军"希特勒警卫旗队"装甲师。

第4章　在乌克兰

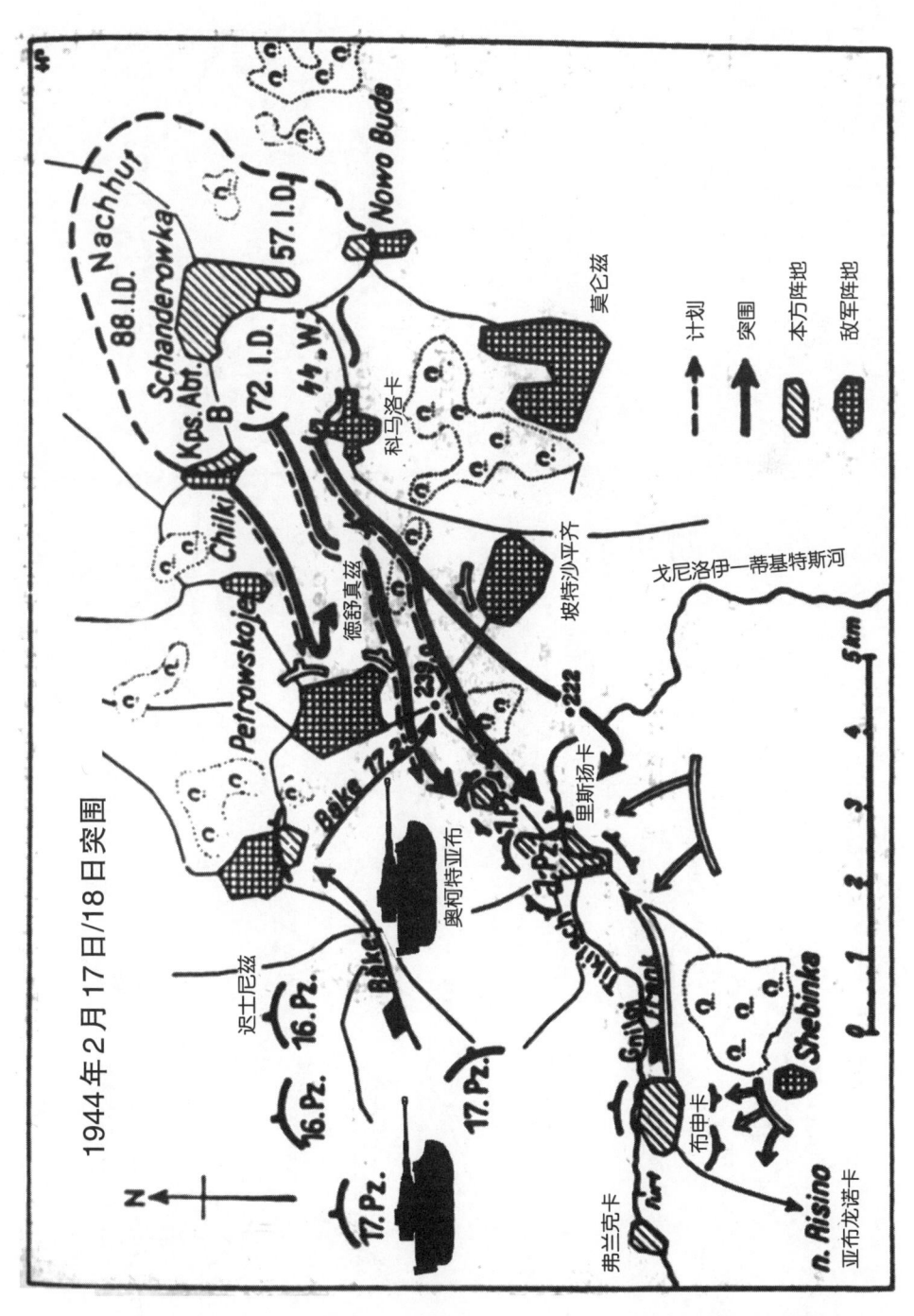

第11军和第42军在1944年2月17—18日的突围计划，最终成功摆脱被歼灭的命运。

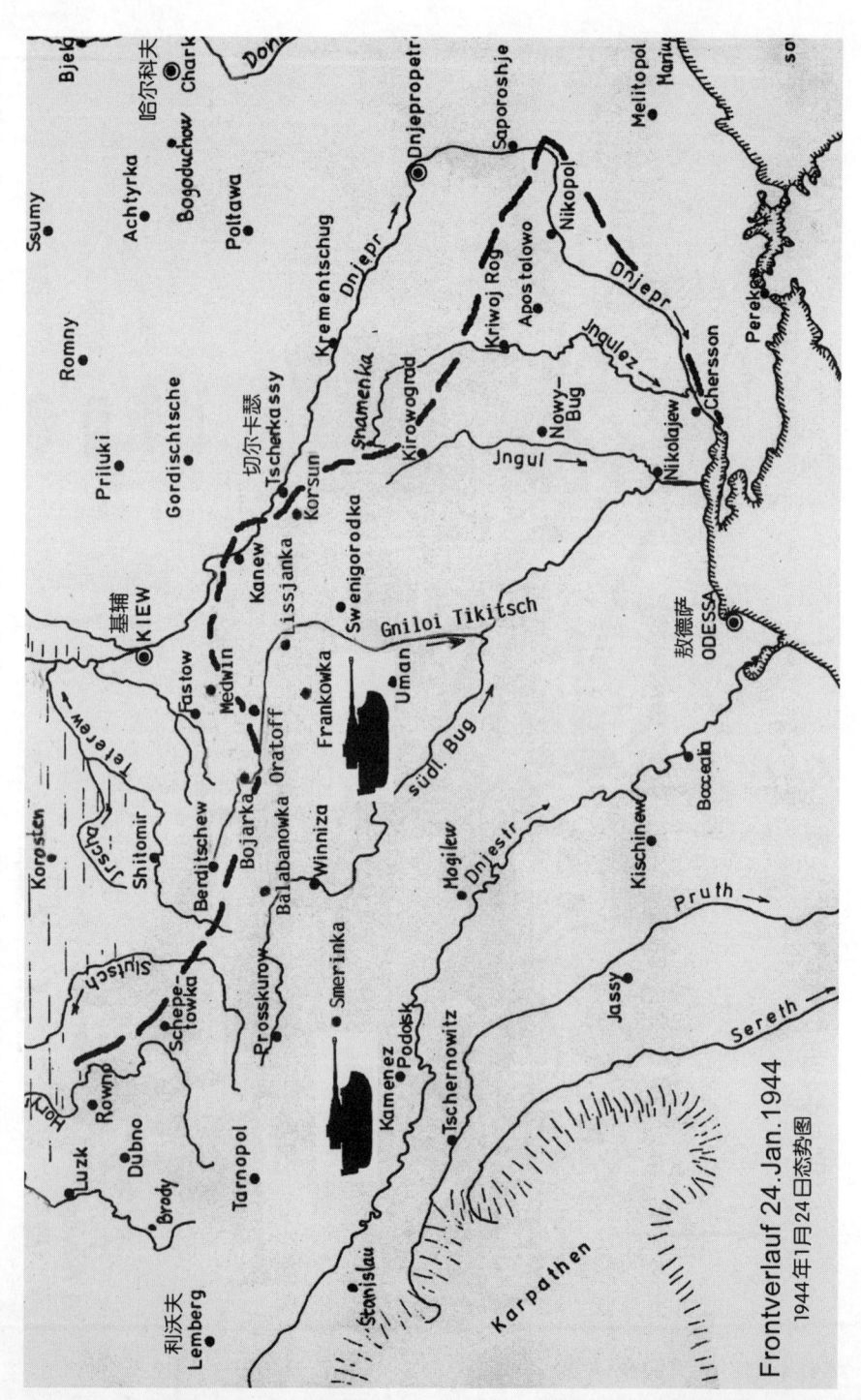

位于切尔卡瑟和科尔孙之间的德军在1944年1月24日被苏军包围前的前线态势图。

第3装甲军的战争日志：1944年2月

第3装甲军军部　　　　　　　　　　　　　　1944年2月17日

Ia

致
第1装甲集团军指挥官
每日报告

1）第3装甲军攻克239高地。

1300时，6 000名从包围圈里冲出来的士兵回到德军防线。预计到今晚可以有10 000—12 000人会通过第3装甲军的防线逃出包围圈。这些部队并不携带任何重武器或是车辆，建制已经不存在。贝克战斗群正在努力朝波恰平齐的239高地进攻，希望可以从那个方向挽救更多的被围部队。

空军的空头补给因为恶劣的天气已经中断。

本军的指挥也由于大部分无线电站无法正常工作而不顺畅。

第1装甲师：数次发起对奥柯特亚布和其东北区域的进攻，极大地缓解了正从其东面撤出来友军的压力。1130时占领239高地。在弗朗克中校受伤后，贝克中校承担了指挥奥柯特亚布附近部队的责任。1545时，贝克战斗群在进攻波恰平齐时遇到激烈地抵抗。目前，正在准备对于1615时从奥柯特亚布东面冲过来的一股苏军发动反击。

党卫军第1警卫旗队装甲师：该部队在奥柯特亚布的一个前卫分队参与了贝克战斗群在该地的一系列进攻以及防守行动。其他的部队正在前往里斯扬卡的路上。

第16和第17装甲师：无特殊进展。

第198步兵师：击退2个从闻诺格勒（Wingograd）北部和西北部突入的苏军团级战斗群，对其造成重大杀伤。该村还牢固地控制在本方手中。

6）稍后汇报。

7）通过进攻解救了更多部队。

8）俘虏2人，证实133名苏军官兵阵亡，击毁28辆坦克，2门自行火炮，1门反坦克炮，14挺重机枪，2挺反坦克枪，59把冲锋枪，2辆坦克。

9）暴风雪，公路和小路路况糟糕，轮式车辆在积雪时行动非常困难。

Ia（作业军官）

由舒伯特上尉审查修改

第3装甲军军部　　　　　　　　　　　　　　1944年2月18日
Ia

致
第1装甲集团军指挥官
每日报告

1) 第3装甲军在奥柯特亚布地区抵御恶劣的天气和强大的苏军施加的双重压力，给陷入重围的友军守住了一条逃生的通道。友军在布基地区得到了休息和重新编组，随后被送到后方集结区域。

今晚估计有3万名士兵可以突围。

本军无法提供足够的补给和撤退伤员，因为缺乏越野车辆。

关于本军在2月4—18日之间的行动，参看单独的报告。

苏军继续在北部发动团级力量的进攻。

第1装甲师：在奥柯特亚布和里斯扬卡东北外围击退苏军装甲部队进攻。恢复到之前的防线。

党卫军第1警卫旗队装甲师：前卫部队继续支持第1装甲师在奥柯特亚布—里斯扬卡区域的作战行动。

第16装甲师：击退防线前苏军脆弱的进攻。占领达舒克卡。

第17装甲师：苏军从波索卡东面的林地里发起一波团级的攻势，该师发动反击对敌造成重大伤亡。目前为止，确认了100具苏军尸体并俘获了60名俘虏。肃清波索卡东南方向的残余苏军。

苏军依然盘踞在波索卡森林里。

第198步兵师：这天总的来说比较平静。在维诺格兰击退苏军试探性的2次进攻。

第4山地步兵师：以下部队乘铁路到达，第13山地团主力，第94反坦克营部分，第94通讯营部分。他们正前往集结地会合。联络官已经到达军部。

5) 第1装甲师：舒本尼-斯陶

6) 稍后汇报

7) 防守

8) 俘获73名苏军，证实100具苏军尸体，摧毁7辆坦克，10挺重机枪，4挺反坦克枪，15支冲锋枪。

9) 暴风雪，只有马拉车可以在路上行走。

第4章 在乌克兰

2000时
Ia（作业军官）

由舒伯特上尉审查修改

每日报告附件
行动成果

2月4日开始解围行动时，当面苏军共计4个步枪师和1个机械化军以及正赶来的2个坦克军。

该日之前的雨雪使得路面变成无底洞，拖住了进攻部队。初期取得的胜利无法继续扩大。苏军得以有时间投入新的部队，第3装甲军面对的苏军迅速扩大到10个步枪师和5个装甲军（机械化军）。

苏军在我方的进攻下损失了大量的人员和装备。

从2月4—18日，共计消灭606辆坦克（自行火炮），336门反坦克炮，71门火炮，包括缴获或者摧毁16门多管火箭炮，1 346名俘虏，击毙数量更为巨大。

注意：第1份报告缺"2)、3)、4)、5)"，第2份报告缺"2)、3)、4)"皆因德文原版书缺，故译稿如此。

米特迈尔战斗群（新503营）

（多位作者合集）

1944年春，属于第3装甲集团军的第1装甲军在经过一番苦战后逃离了胡贝包围圈。但其装备遭受了重大的损失。

根据1944年3月1日我们隶属第4装甲军时的盘点报告，我们只剩下了24辆虎式。其中10辆还处在维修状态。在不断的战斗之后，大约有85%的卡车已经不能再被使用。本营的实力勉强达到了64%的编制。最高统帅部因此同意在3月划拨给503营12辆新出厂的虎式。

此时，曼施坦因元帅被解除了南方集团军群的指挥职务，接替他的是莫德尔元帅，部队也改称北乌克兰集团军群。503营这时也被调往西线以应对盟军的登陆。在此期间，我们花了几周的时间在德国的奥尔德鲁夫进行了换装和休整。

此时虎式接收分队已经带着12辆虎式在回乌克兰西部的路上，既然他们不能和正在回德国的部队会合，所以决定把他们暂时从503营调离，归第48装甲军指挥。因为我们没有再参与乌克兰的战事，只有一些关于他们作战的传闻。所以还是让我们听听这些亲历者是怎么说的。

君特·皮普格拉斯，1连

1944年2月15日，503营还驻扎在乌克兰的波塔舍，派了一个小分队去马格德堡的柯尼斯伯恩接收新的虎式。

除了我以外还有特斯默和施瓦茨曼（1连）、欧文曼（2连）、克茨曼和其他一些士兵。从布莱特劳坐火车到达陆军装备局所在的柯尼斯伯恩花了8天时间。

收到所有坦克后，装车运往利沃夫。苏军对南方集团军群的突破阻断了虎式坦克的运输道路。因此我们就近归属巴尔克将军的第48装甲军作战。1944年3月8日，部队从利沃夫出发朝东准备去到杰尔诺波尔。

第4章 在乌克兰

米特迈尔少校这时被任命为我们的指挥官。通往杰尔诺波尔的通道虽然只有5公里，但是很狭窄，且被苏军炮火覆盖，我们借助暮色才成功到达杰尔诺波尔，于半夜向当地指挥官冯·奈恩多夫将军报到。在这次行动中，没有遭受任何损失。

3月9日，战斗群朝东南方向前去解救被围困在斯梅克塞（Smykowce）地区的友军。在苏军于杰尔诺波尔发起的一次反击中，我们击毁了不少的坦克，随后突破到斯梅克塞将友军带回了捷尔诺波尔。在放弃了杰尔诺波尔周围地区后，我们边打边朝西撤去。

之后我们配属阿恩特少将的第359步兵师作战。他的指挥部位于赫楞科夫（Helenkow）。在沿斯特帕河（Strypa）的防守战斗中，我们还尝试在德尼索夫（Denisov）渡过斯特帕河发动夜袭。但只过去了第1辆虎式，桥就垮塌了，我们被孤单地留在河的东岸。米特迈尔少校命令我们继续进攻。我们随即和苏军交火，直到弹药耗尽，最后找到渡口，回到河的西岸。

3月26日对特奥菲波尔卡（Teofipolka）的进攻很成功。罗特曼下士在战斗中阵亡。战斗群指挥部移到了科佐瓦（Kozowa）。不停地战斗。4月初，我们进攻索巴达-兹罗塔（Soboda-Zlota）。在成功地占领了卡尔纳（Kalne）后，又协同哈塞工兵营一起攻克了乌瑟（Uwsie）。在那里我们发现被残杀的德军士兵和当地人的尸体。

在科佐瓦地区的防守从3月底进行到4月初。期间，我们去支援过匈牙利骑兵师的作战。我在马洛多迪（Malowdody）受了伤，随后被送到位于罗思罗茨（Roszlocz）的战地医院治疗。

5月30日我病愈出院，在奥尔德鲁夫回到503营的怀抱。

之前属于3连的格哈特·尼曼也参加过米特迈尔战斗群的战斗，对皮普格拉斯的讲述作了一点补充，有些双方不一致的地方。因为没有更多的信息可供我们比较孰是孰非，所以下面将原文登出供读者参考。

格哈特·尼曼

1944年3月26日，我在乱糟糟地撤退到波塔舍后，跟随魏兰上士（后负伤进了野战医院）和从施梅林卡撤出的奥纳索格少尉加入了米特迈尔战斗群。这支部队是在2月15日—3月8日之间组建的，我并没有经历这段时间。后来我曾经详细地研究过这段时间的国防军公报，其中有关于胡贝包围圈的一些战斗新闻，但并没有找到关于这段时间第48装甲军在杰尔诺波尔作战的报道。

我现在尽力将洛赫曼博士关于包围圈作战的介绍做一些探讨。整个作战区域大概是50—60公里。但我找不到详细的关于这个战斗群实力的资料，也没有对手的任何信息。更困扰我的是，这些新的坦克是如何在没有强大补给力量支持的情况下连续作战3个礼拜的？

根据奈恩多夫少将在1944年4月2日的国防军公报上的内容，有以下两点皮普格拉斯的内容需要更正：

1. 苏军的突破不是发生在北乌克兰集团军群时期，而是在南方集团军群的时候。这次更名是随着1944年3月30日曼施坦因元帅的解职一起进行的。而且突破的地点也不是利沃夫区域，正确的应该是据此地以东100公里的杰尔诺波尔地区。

2. 这个战斗群后来配属的也不是395步兵师，阿恩特少将指挥的应该是第359步兵师（国防军公报1944年1月22日）。

皮普格拉斯的文章里也没有提到怎么从利沃夫（3月8日出发）到杰尔诺波尔（3月9日作战），是铁路还是公路？两者的直线距离有120公里之多。根据经验来说，这么长的距离肯定会有几辆虎式抛锚。还有很多技术上的疑问，比如说一路上是否有足够的汽油提供？虎式在战斗中一直都没有受损？针对在斯特帕河的夜战，回程里到底是怎么渡河的，也完全没有交代。

关于3月26日之后我也一起经历的事件中，也有一些错误需要提出。

比如罗特曼下士阵亡的时间地点不是在3月26日于特奥菲波尔卡，而是在3月30日在进攻索巴达-兹罗塔地区。我是他那辆坦克的炮手。而且指挥部的位置起码在3月26日是在特奥菲波尔卡，而不是在科佐瓦。

有些问题我查了半天，也没搞明白。比如：到底谁在负责我们的补给？后勤工作到底是如何运作的？

在我加入这个战斗群的时期内，米特迈尔一次也没有和我们一起战斗过。他的战斗坦克一直停在指挥部边上，车内广播可以听到战斗中坦克之间的对话，但他几乎没有参与过。

还有一些问题，我也可以提供一些参考。

● 虎式的数量：加上奥纳索格少尉从布雷尚尼带来的2辆，整个战斗群一共有6辆以上（这2辆肯定是从大德意志装甲掷弹兵师来的）。

● 最后剩下的虎式：1944年4月17日战斗群解散的时候，其中的2辆开往位于萨诺克（Sanok）的陆军维修厂。我参与了当时的押运。其他的开往纳德沃纳（Nadworna），在4月26日由3连接收。在北乌克兰集团军群第1装甲教导队

第4章 在乌克兰

第1虎式教导连的番号下，我们于5月6—14日之间培训匈牙利士兵如何驾驭虎式。之后所有虎式转交给第509重装甲营。

- 在君特·皮普格拉斯受伤后，接替指挥的是哈曼少尉，具体的时间我没法查清楚了。
- 战斗群的解散：根据我的记录，最后一次战斗发生在4月8日，目标是乌西（Uwsie）村。这个地方后来被党卫军第9装甲师"霍亨施陶芬"拿下。战斗群之后在4月16日解散［米特迈尔少校则乐意将这个战斗群称作第503重装甲营（新）］。
- 军官有：奥纳索格少尉（米特迈尔的副官）、哈曼少尉、3连的波曼上士、杰克尔下士、罗特曼下士（阵亡）、霍恩克上士/军士长（1连）。

1944年4月9日，波曼少尉车上的无线电员（大德意志师）阵亡，姓名不记得了。

后来在纳德沃纳（Nadworna），培训匈牙利士兵的虎式（4辆）来自米特迈尔战斗群，之后在坦克交给第509重装甲营后，人员回到第503重装甲营。

北乌克兰集团军群第1装甲教导队第1虎式教导连（1944年）

1944年5月6—14日，503营3连的士兵在纳德沃纳用虎式培训匈牙利坦克兵。因为虎式装备不足，并没有将虎式装备匈牙利陆军，最后他们得到的是75毫米长身管的Ⅳ号坦克。

后来在匈牙利人的档案里，发现了几封奖章推荐信，是给3连的5名士兵的。因为匈牙利人很快投降了苏联，最后并没有颁发。这5人中包括格罗斯曼上士。

弗里茨·格罗斯曼上士：金质匈牙利皇冠十字勋章配战争荣誉和剑饰

1944年5月8日，他担任纳德沃纳装甲兵培训班的教官。在课程范围内，他详细地传授了小单位作战技巧。他深入浅出地传达成作战目的的方法和坦克间的配合技巧。同时也对苏军反坦克防御的布置特点有详细的教导，可以使得我方避免不必要的损失。他非常细致地培训学员如何使用德式装备，使得学员们可以更好地为国作战。

赫伯特·舒恩罗克上士：金质匈牙利皇冠十字勋章配战争荣誉和剑饰

1944年5月8日，他担任纳德沃纳装甲兵培训班的教官。他表现出了高度的专业性和翔实的关于装备使用的知识，使得学员可以在短时间内掌握所有的知识要点。他具有高度的敬业精神，和学员建立了深厚的友情并传授了丰富的知识。

恩斯特·莱因哈特代理下士：银质匈牙利皇冠十字勋章配战争荣誉和剑饰

1944年5月8日，他担任纳德沃纳装甲兵培训班的教官。他良好地将其丰富的技术知识传授给学生，尤其是在讲解无线电设备的使用和维护方面。他使通讯的实战作用深入人心。他对匈牙利学员表现出了极大的热诚，尤其是帮助他们克服语言上的困难。

戈特霍德·乌德里希代理下士：银质匈牙利皇冠十字勋章配战争荣誉和剑饰

1944年5月8日，他担任纳德沃纳装甲兵培训班的坦克驾驶员。作为一名经验丰富的驾驶员，他热忱地将自己的心得与学员分享。在上车实习中，他总是可以圆满地达成教学目标。关于在实战中驾驶员和坦克里的其他成员如何协作也作了精彩授课。他同样展示了坦克驾驶员如何最佳地完成任务，并用真实事例来帮助学员了解需要重视的方面。总而言之，他对课程的成功完成作出了重要的贡献。

汉斯·巴特尔斯二等兵：铜质匈牙利皇冠十字勋章配战争荣誉和剑饰

1944年5月8日，他担任纳德沃纳装甲兵培训班的教官。根据他的技术知识，他教授武器的使用、保养和维修。他在给匈牙利士兵授课时表现出了优秀的能力。并且他强调了时刻保持武器完好的重要性。他拿战场上可能出现的问题来举例说明，并一一讲解如何恰当地处理。他充满热忱地教导他的学员，并使得他们在很短的时间里掌握了武器的使用。